답이 보이는

지텔프 독해 실전편

시대에듀

머리말 PREFACE

지텔프에서 50점 이상을 목표로 하시는 분들이 꼭 넘어야 할 과제는 바로 독해입니다. 지텔프가 쉽다는 풍문을 듣고 공부를 시작한 대부분의 수험생들이 독해에서 배신감을 느끼지요. 지텔프 문법에 비해 지텔프 독해는 놀랄 만큼 난도가 높기 때문입니다.

지텔프뿐 아니라 모든 언어의 '독해' 시험에서 좋은 점수를 만들기 위해서는 두 가지가 필요합니다. 첫째는 독해력, 즉 해석력입니다. 시험의 목적이 수험자의 '독해(해석) 실력'을 평가하기 위함이니 당연합니다. 독해력을 구성하는 것은 어휘력와 구문 이해력인데, 여기에서 구문은 문장을 구성하는 문법적 구조를 의미합니다. 그리고 어휘의 수준과 구문의 수준에 따라 해당 독해 시험의 난도가 달라지게 됩니다. 단어를 많이 외우고 (지텔프의 경우 고2 수준까지) 자주 쓰이는 구문의 형태에 익숙해지면 (지텔프의 경우 고1 수준까지) 시험에서 요구하는 정도의 독해력을 갖출 수 있습니다. 둘째는 해당 시험의 출제 포인트입니다. 이 시험이 수험자에게 전체 글 요약을 원하는지, 특정 정보의 위치 찾기를 원하는지, 단락의 자연스러운 연결을 원하는지 등에 따라 문제의 형식과 오답 패턴이 달라집니다. 그리고 이러한 출제 포인트를 제대로 안다면 효과적이고 효율적인 문제 풀이가 가능해지죠.

이 교재는 '시험의 출제 포인트'를 제대로 파악하지 못하고, 그 때문에 자신의 영어 실력에 비해 낮은 점수를 받는 수험생들을 위해 만들었습니다. 본문 내용은 전부 이해하고 요약까지 할 수 있으면서 문제의 정답에는 확신을 갖지 못하는 분들, 문장을 한글로 옮기는 것까지는 할 수 있지만 의미상 paraphrasing을 찾지 못하는 분들, 지텔프 독해가 요구하는 것이 무엇인지 몰라 본문의 해석에만 급급한 분들에게 이 교재가 도움이 되기를 바랍니다. 시중 독해 교재들의 뻔한 해설집에 답답하셨을 분들에게 해갈이 될 수 있도록 전체 내용을 구성했습니다. 먼저 지텔프 독해가 문제를 어떤 식으로 만들고 오답을 어떻게 구성하는지 최대한 쉽게 설명하였습니다. 그리고 이를 통한 문제풀이 방법을 3단계로 정리했습니다. 5년간 130회 이상 지텔프 시험을 응시하며 만든 문제 세트를 통해 실전에 맞춰 충분한 연습이 가능하도록 했습니다. 또한 독해력이 부족한 분들의 독학을 돕기 위해 세세한 구문 분석을 추가했습니다. 이 책을 통해 쉽고 빠르게 지텔프 독해에서 원하는 점수를 만들 수 있기를 바랍니다.

저자 Katie

G-TELP 시험 소개

INTRODUCTION

G-TELP 시험이란?

G-TELP는 General Tests of English Language Proficiency의 약자로 듣기(listening), 말하기(speaking), 쓰기(writing), 읽기(reading) 등 언어의 4대 영역을 종합 평가하는 영어 평가 교육 시스템입니다. (단, G-TELP Level2만 국가고시, 국가자격증 등에 인정)

▲ G-TELP 시험 접수

G-TELP 시험 구성

구분	문항 수	시간
문법	26문항	20분
청취	26문항	약 30분
독해 및 어휘	28문항	40분

최신 경향을 반영한 문항 구성

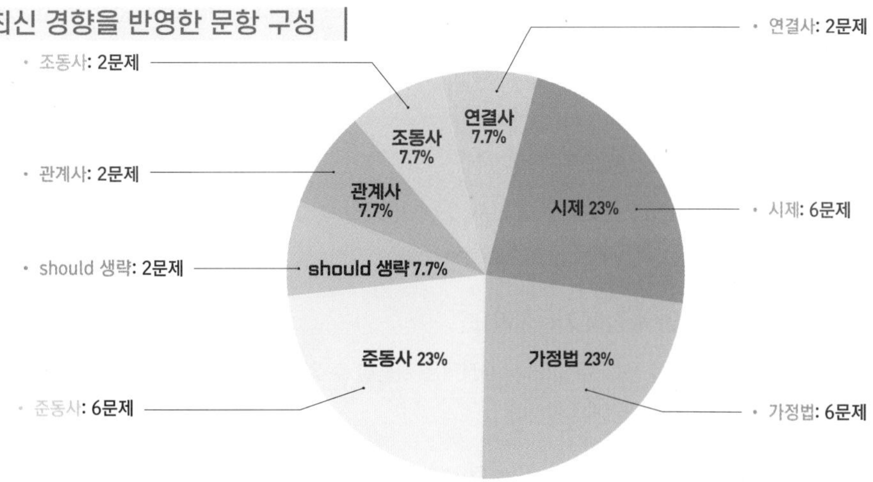

G-TELP 시험의 강점

❶ 토익보다 접근하기 쉽다!

토익에 비해 정형화된 문법 영역, 적은 학습량, 빠른 성적 확인, 문항 수 대비 넉넉한 시험 시간으로 원하는 점수를 빠르게 획득할 수 있습니다.

❷ 과락이 없다!

과목당 과락이 없어 문법, 청취, 독해의 평균 점수만 맞추면 됩니다.

❸ 빠르게 성적 확인이 가능하다!

응시일로부터 일주일 이내에 성적 발표를 해서 단기간에 영어 공인 점수를 취득할 수 있습니다.

G-TELP 시험 소개

G-TELP 시험일

❶ 매월 격주 2~4회, 15:00
❷ 시험시작 40분 전부터 입실할 수 있습니다. 10분 전부터는 입실이 불가합니다.

OMR 카드 작성

방송 안내에 따라 OMR 카드를 작성합니다. 작성 시 수험번호와 성명 등을 특히 주의하여 작성하여야 합니다. 이외에 Code라고 적혀 있는 칸은 개인 인적사항에 관한 것이므로 OMR 카드의 뒷면을 참고하여 본인에게 해당하는 사항에 체크하면 됩니다.

자주 묻는 G-TELP Q&A

Q 시험지에 메모가 가능한가요?

A 지텔프 시험은 시험지에 낙서나 메모는 원칙적으로 금지되어 있습니다. 하지만 본인만 볼 수 있게 작은 글씨로 메모하는 행위는 용인됩니다. 옆 사람에게 보이지 않는 선의 글씨크기로 자유롭게 메모나 노트는 가능합니다.

Q OMR 마킹 시간이 따로 있나요?

A 지텔프는 OMR 마킹 시간을 별도로 주지 않습니다. 시험시간 내에 마킹해야 하며, 시험종료(4시 30분) 10분 전부터는 OMR 카드를 교체해주지 않으니 주의하세요!

Q OMR 마킹을 잘못하면 수정이 가능한가요?

A 수정테이프를 사용해서 수정할 수 있으나, 수정액은 사용할 수 없습니다. 수정테이프는 고사 본부에서 제공되지 않으므로 개인이 꼭 지참해야 합니다.

Q 입실 전 꼭 챙겨야 하는 준비물은 무엇인가요?

A ❶ 신분증 – 주민등록증, 여권(기간 만료 전), 운전면허증, 공무원증, 군인신분증, 중고생인 경우 학생증(사진+생년월일+학교장 직인 필수), 청소년증, 외국인등록증(외국인) (단, 대학생의 경우 학생증 불가)
❷ 필기구(컴퓨터용 사인펜, 수정테이프)
❸ 손목시계
☆☆ 수험표는 고사실에 준비되어 있으니 인쇄하지 않아도 됩니다.

Q 수시시험과 정기시험의 차이점이 있나요?

A 국가고시, 국가자격시험, 기업체 채용은 정기시험만 인정됩니다. 수시시험 성적표와 정기시험 성적표는 다르므로, 수시시험 성적 인정 여부는 해당 기관에 문의하셔야 합니다.

G-TELP 성적활용 비교표

구분	TOEIC	G-TELP(Level 2)
5급 공채	700	65
외교관 후보자	870	88
7급 공채(국가직, 지방직)	700	65
7급 외무영사직렬	790	77
7급 지역인재	700	65
입법고시	700	65
법원행정고시	700	65
소방간부후보생	625	50
경찰간부후보생	625	50
경찰공무원	600	48점 : 가산점 2점 75점 : 가산점 4점 89점 : 가산점 5점
군무원	5급 700 7급 570 9급 470	5급 65 7급 47 9급 32
카투사	780	73
변리사	775	77
세무사	700	65
공인노무사	700	65
감정평가사	700	65
관광통역안내사	760	74
호텔경영사	800	79
호텔관리사	700	66
공인회계사	700	65

※ 출처 : www.g-telp.co.kr
※ 위 내용은 2024년 조사 자료이므로 자세한 사항은 반드시 각 기관(기업) 홈페이지를 통해 확인하시기 바랍니다.

구성 및 특징

문제 풀이 스킬 학습

지텔프 독해 문제 유형에 맞는 3단계 문제 풀이 스킬을 제시하였습니다. 문제를 정확하게 이해하고 오답이 구성되는 원리를 파악하여 목표하는 점수에 도달해 보세요.

문제 풀이 적용 연습

앞에서 배운 전략을 실제 문제 풀이에 적용해 볼 수 있도록 연습문제를 구성하였습니다. 3단계 문제 풀이 스킬을 완벽하게 자신의 것으로 만들 수 있을 때까지 반복해서 연습해 보세요.

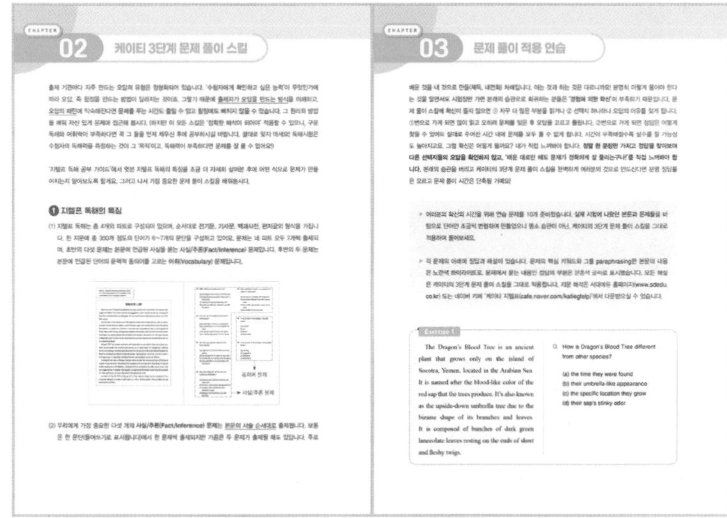

CHAPTER 02 케이티 3단계 문제 풀이 스킬

CHAPTER 03 문제 풀이 적용 연습

Exercise 1

The Dragon's Blood Tree is an ancient plant that grows only on the island of Socotra, Yemen, located in the Arabian Sea. It is named after the blood-like color of the red sap that the trees produce. It's also known as the upside-down umbrella tree due to the bizarre shape of its branches and leaves. It is composed of bunches of dark green lanceolate leaves resting on the ends of short and fleshy twigs.

Q. How is Dragon's Blood Tree different from other species?

(a) the time they were found
(b) their umbrella-like appearance
(c) the specific location they grow
(d) their sap's stinky odor

연습도 실전처럼

최신 출제 경향을 철저히 분석하여 실제 지텔프 시험과 유사하거나 약간 높은 난도와 유형으로 독해 모의고사 4회분을 구성하였습니다. 시험을 보기 전 본인의 실력을 점검해 보세요.

정확한 해석

의역된 해석은 문제편의 한글본을, 직독직해된 해석은 해설편의 지문 분석을 참고하세요.

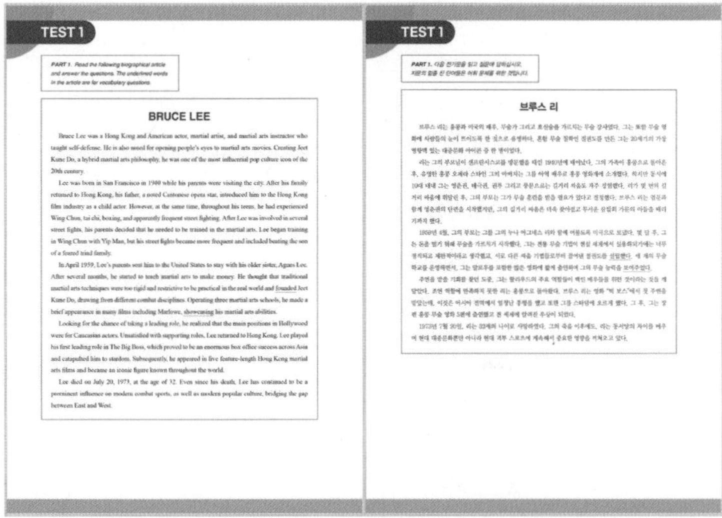

TEST 1

PART 1. Read the following biographical article and answer the questions. The underlined words in the article are for vocabulary questions.

BRUCE LEE

Bruce Lee was a Hong Kong and American actor, martial artist, and martial arts instructor who taught self-defense. He is also noted for opening people's eyes to martial arts movies. Creating Jeet Kune Do, a hybrid martial arts philosophy, he was one of the most influential pop culture icon of the 20th century.

Lee was born in San Francisco in 1940 while his parents were visiting the city. After his family returned to Hong Kong, his father, a noted Cantonese opera star, introduced him to the Hong Kong film industry as a child actor. However, at the same time, throughout his teens, he had experienced Wing Chun, tai chi, boxing, and apparently frequent street fighting. After Lee was involved in several street fights, his parents decided that he needed to be trained in the martial arts. Lee began training in Wing Chun with Yip Man, but his street fights became more frequent and included beating the son of a feared triad family.

In April 1959, Lee's parents sent him to the United States to stay with his older sister, Agnes Lee. After several months, he started to teach martial arts to make money. He thought that traditional martial arts techniques were too rigid and restrictive to be practical in the real world and founded Jeet Kune Do, drawing from different combat disciplines. Operating three martial arts schools, he made a brief appearance in many films including Marlowe, showcasing his martial arts abilities.

Looking for the chance of taking a leading role, he realized that the main positions in Hollywood were for Caucasian actors. Unsatisfied with supporting roles, Lee returned to Hong Kong. Lee played his first leading role in The Big Boss, which proved to be an enormous box office success across Asia and catapulted him to stardom. Subsequently, he appeared in five feature-length Hong Kong martial arts films and became an iconic figure known throughout the world.

Lee died on July 20, 1973, at the age of 32. Even since his death, Lee has continued to be a prominent influence on modern combat sports, as well as modern popular culture, bridging the gap between East and West.

TEST 1

브루스 리

STRUCTURES

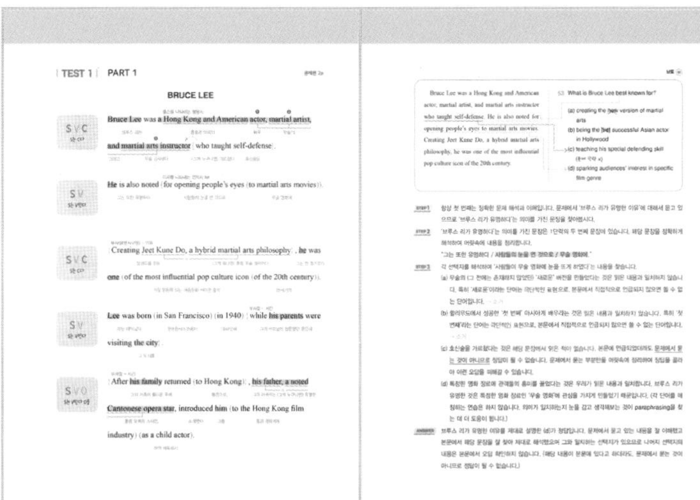

꼼꼼한 지문 분석

지문의 해석이 어려운 분들을 위해 문장 하나하나 상세하게 분석하였습니다. 독해에서 자주 나오는 문장 구조와 중요 구문들을 함께 학습해 보세요.

Step by Step

3단계 문제 풀이 스킬을 적용해 답을 찾아나가는 방법을 해설에서 상세하게 설명하고 있습니다.

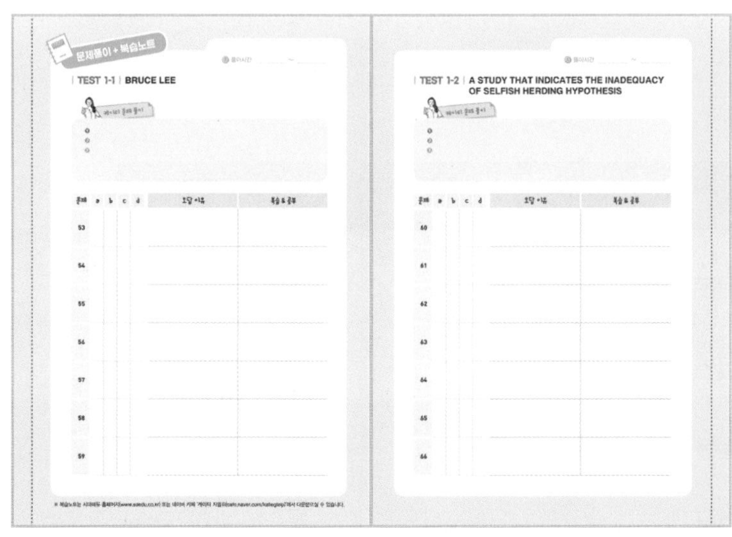

복습노트 활용

각 문항별로 오답의 이유를 적어보고 문제 풀이 스킬을 어떻게 적용하였는지 기록해 보세요. 나의 오답 패턴을 파악하고 복습하실 때 유용하게 사용하실 수 있습니다.

이 책의 목차 CONTENTS

전략

CHAPTER 01 지텔프 독해 공부 가이드 · · · 002
CHAPTER 02 케이티 3단계 문제 풀이 스킬 · · · 008
CHAPTER 03 문제 풀이 적용 연습 · · · 018

해설

CHAPTER 04 지문 분석 & 정답 및 해설 · · · 040

책 속의 책 문제

TEST 1 영문본 & 한글본 · · · 002
TEST 2 영문본 & 한글본 · · · 018
TEST 3 영문본 & 한글본 · · · 034
TEST 4 영문본 & 한글본 · · · 050

답이 보이는

지텔프 독해 - 실전편

전략

CHAPTER

01 지텔프 독해 공부 가이드

① 지텔프 독해의 구성

- 지텔프 독해는 총 4개의 파트로 구성되어 있습니다. Part 1 – 전기문(Biography), Part 2 – 기사문(Article), Part 3 – 백과사전(Encyclopedia), Part 4 – 편지글(Letter)의 정해진 형식을 가지고 있으며, 보통 5~7개의 단락으로 구성된 300~400단어 길이의 지문이 주어집니다.
- 독해 시간은 3교시로 40분이 주어지지만, 지텔프 시험 시간 총 90분 중 어느 때에 풀어도 괜찮습니다.
- 지텔프 총점에서 독해 28문제(4파트×7문제)는 총 35점(28문제×1.25점)을 차지하며, 지텔프 60점 이상을 목표로 하시는 분들은 필연적으로 독해에서 좋은 점수를 만들어야만 합니다.

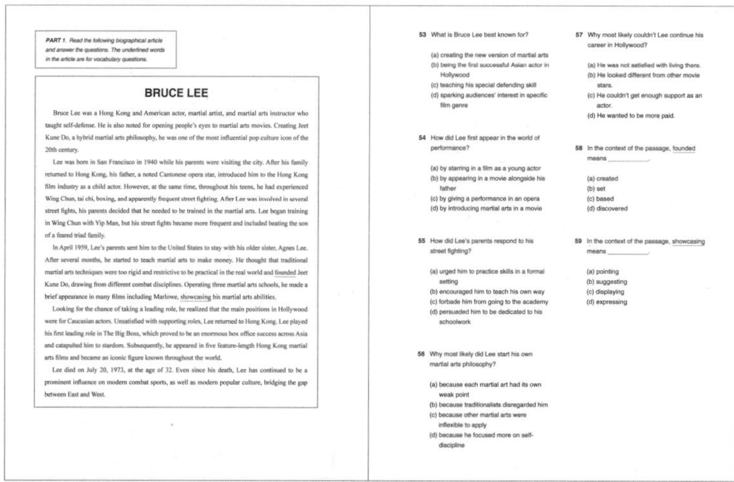

PART 1. Read the following biographical article and answer the questions. The underlined words in the article are for vocabulary questions.

BRUCE LEE

Bruce Lee was a Hong Kong and American actor, martial artist, and martial arts instructor who taught self-defense. He is also noted for opening people's eyes to martial arts movies. Creating Jeet Kune Do, a hybrid martial arts philosophy, he was one of the most influential pop culture icon of the 20th century.

Lee was born in San Francisco in 1940 while his parents were visiting the city. After his family returned to Hong Kong, his father, a noted Cantonese opera star, introduced him to the Hong Kong film industry as a child actor. However, at the same time, throughout his teens, he had experienced Wing Chun, tai chi, boxing, and apparently frequent street fighting. After Lee was involved in several street fights, his parents decided that he needed to be trained in the martial arts. Lee began training in Wing Chun with Yip Man, but his street fights became more frequent and included beating the son of a feared triad family.

In April 1959, Lee's parents sent him to the United States to stay with his older sister, Agnes Lee. After several months, he started to teach martial arts to make money. He thought that traditional martial arts techniques were too rigid and restrictive to be practical in the real world and founded Jeet Kune Do, drawing from different combat disciplines. Operating three martial arts schools, he made a brief appearance in many films including Marlowe, showcasing his martial arts abilities.

Looking for the chance of taking a leading role, he realized that the main positions in Hollywood were for Caucasian actors. Unsatisfied with supporting roles, Lee returned to Hong Kong. Lee played his first leading role in The Big Boss, which proved to be an enormous box office success across Asia and catapulted him to stardom. Subsequently, he appeared in five feature-length Hong Kong martial arts films and became an iconic figure known throughout the world.

Lee died on July 20, 1973, at the age of 32. Even since his death, Lee has continued to be a prominent influence on modern combat sports, as well as modern popular culture, bridging the gap between East and West.

53 What is Bruce Lee best known for?

(a) creating the new version of martial arts
(b) being the first successful Asian actor in Hollywood
(c) teaching his special defending skill
(d) sparking audiences' interest in specific film genre

54 How did Lee first appear in the world of performance?

(a) by starring in a film as a young actor
(b) by appearing in a movie alongside his father
(c) by giving a performance in an opera
(d) by introducing martial arts in a movie

55 How did Lee's parents respond to his street fighting?

(a) urged him to practice skills in a formal setting
(b) encouraged him to teach his own way
(c) forbade him from going to the academy
(d) persuaded him to be dedicated to his schoolwork

56 Why most likely did Lee start his own martial arts philosophy?

(a) because each martial art had its own weak point
(b) because traditionalists disregarded him
(c) because other martial arts were inflexible to apply
(d) because he focused more on self-discipline

57 Why most likely couldn't Lee continue his career in Hollywood?

(a) He was not satisfied with living there.
(b) He looked different from other movie stars.
(c) He couldn't get enough support as an actor.
(d) He wanted to be more paid.

58 In the context of the passage, founded means ________.

(a) created
(b) set
(c) based
(d) discovered

59 In the context of the passage, showcasing means ________.

(a) pointing
(b) suggesting
(c) displaying
(d) expressing

- 파트당 객관식 7문제가 출제되는데, **사실/추론(Fact/Inference) 5문제**와 **동의어 2문제**로 구성되어 있습니다. 글의 형식에 따라서 문제 출제 패턴이 크게 달라지지는 않습니다.
  - **사실/추론(Fact/Inference) 문제**는 본문을 바탕으로 주어진 질문에 올바른 정답을 고르는 문제입니다. 이때, 문제는 본문에 서술된 순서대로 출제됩니다.
  - **동의어 문제**는 본문에 밑줄 친 단어와 바꾸어 쓸 수 있는 단어를 고르는 문제로, 단어의 본래 뜻과 일치하면서 문맥적으로도 자연스러운 것을 골라야 합니다.

1. 네 개의 파트 × 7문제 = 총 28문제 (문제당 1.25점, 90분 내 자유)

2. 한 파트에 7문제 = 사실/추론 (Fact/Inference) 5문제 (본문에 서술된 순서대로 출제) + 동의어 2문제

② 지텔프 독해를 위한 준비물

기본적으로 모든 언어 시험의 독해 파트는 단 한 가지를 측정하기 위해서 만들어집니다. 수험자의 **'독해력'**이지요. 독해력은 '글을 읽어서 이해하는 능력'을 뜻하는데, 말 그대로 문장을 읽고 그 의미가 무엇인지 이해할 수 있으면 대부분의 독해 문제를 풀 수 있습니다. 거기에 각 시험의 **출제 특징**을 숙지한다면 조금 더 빠르고 쉽게 정답과 오답을 가려낼 수 있겠죠? 수험자의 독해 점수는 대략 아래의 구성으로 만들어집니다. 각 항목이 무엇을 의미하는지 알아봅시다.

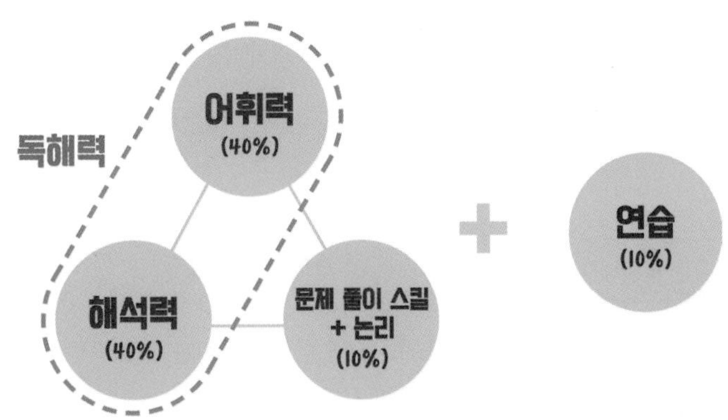

(1) 독해력 (어휘력+해석력)

기본적인 독해 능력이라고 하면 보통은 어휘력과 해석력을 의미합니다. 너무나도 당연하지만 문장을 구성하고 있는 각 단어의 의미(어휘력)와 단어가 결합되는 방식(문법/구문 독해)을 알아야 그 문장의 의미를 제대로 이해할 수 있습니다. 아무리 문제를 많이 풀고 함정을 피해가는 방법을 배워도 해석력이 뒷받침되지 않으면 절대로 확신을 가지고 정답을 찾을 수 없습니다. 독해력이 없는데 독해 점수를 높이길 바라는 것은 숫자를 읽지 못하는데 공식을 외워 수학 문제를 풀어보겠다는 것과 같습니다. 독해 시험의 가장 큰 목적은 수험자의 독해력, 즉 **'해석능력'**을 측정하는 것입니다. 해석능력이 부족하다면 높은 점수가 나오지 않는 게 당연합니다. (해석능력이 없는 수험자도 점수가 잘 나올 수 있다면 그 시험은 실패한 시험입니다!) 그렇기 때문에 독해 공부의 시작이자 필수는 독해력, 즉 단어를 외우고 해석능력을 높이는 것입니다.

(2) 문제 풀이 스킬 + 논리

두 번째는 문제 풀이 스킬과 논리의 습득입니다. 시험은 저마다 다른 목적과 특징을 가집니다. 그리고 그 목적과 특징에 따라 **문제의 형태, 오답의 패턴, 본문의 형식**이 달라지겠지요. 지피지기 백전백승! 내가 볼 시험이 어떤 식으로 문제를 만드는지, 어떤 논리를 이용하여 정답과 오답을 디자인하는지 이해한다면, 정답률을 올리는 동시에 문제 풀이 시간도 단축할 수 있습니다. 출제자가 만든 함정에 빠지지 않을 뿐만 아니라 엉뚱한 곳에 시간을 낭비하지 않을 수 있으니까요!

(3) 적용 연습

세 번째는 해석과 문제 풀이의 적용 연습입니다. 모든 공부는 **완벽하게 내 것으로 만들어 막힘없이 사용**할 수 있느냐가 중요합니다. 이것을 체득 혹은 내면화라고 하는데, 몸에 익지 않은 지식은 실제 시험에서 자연스럽게 사용하기 어렵습니다. 게다가 시간 여유가 없다면 평소의 안 좋은 습관대로 급하게 문제를 풀 가능성이 높습니다. 안 좋은 습관과 조급함이 만나면 더더욱 오답의 확률이 높아지겠죠? 그렇다면 나의 잘못된 습관을 고치고 새로운 문제 풀이 방법을 체득하기 위해서는 어떻게 해야 할까요? 먼저 기존의 습관이 잘못된 것이라는 인지가 필요합니다. 그리고 제대로 된 문제 풀이 방식에 대한 확신이 생겨야 합니다. '이 방식으로 문제를 풀면 정말로 정답이 나오는구나!'를 내가 직접 느끼고 경험해 봐야 선순환이 시작돼요. 시험과 똑같은 형식의 문제들에 배운 것을 **반복 적용하여 완벽하게 내면화**해 주세요. 그리고 그 후에 **'양치기'**, 즉 많은 문제들을 풀면서 문제 풀이 속도를 점차 줄여나간다면 여러분들이 원하는 점수보다 훨씬 더 높은 점수를 받을 수 있을 거예요!

❸ 자가테스트

모든 문제 해결은 생각보다 간단합니다. ① 나의 부족한 부분을 발견하고 ② 그에 따른 해결책을 찾아 ③ 실행에 옮기면 돼요. 그렇다면 첫 번째로 문제점 진단이 필요하겠죠? 나의 문제점과 그에 따른 해결책을 찾아봅시다.

■ 다음 글에서 모르는 단어를 전부 찾아본 후, 아래에 해석을 적어보세요.

Monet's first success as an artist came when he was 15, with the sale of caricatures that were carefully observed and well drawn. In these early years he also executed pencil sketches of sailing ships, which were almost technical in their clear descriptiveness. In fact, his life as a painter did not begin until he was befriended by Eugène Boudin, who introduced the somewhat arrogant student to the practice of painting in the open air.

정답과 비교하여 내가 쓴 해석과 **의미가 똑같은지** 확인해 봅니다.

직역 모네의 첫 번째 성공은 / 예술가로서 / 그가 15살 때였다, / 캐리커처의 판매로 / (그게 뭐냐면) 꼼꼼하게 관찰하여 잘 그려진. / 이러한 초기의 시기에 그는 또한 했다 / 항해하는 배들의 연필 스케치를, / (그게 뭐냐면) 거의 기술적이었던 / 또렷한 묘사에 있어서. / 사실, 그의 삶은 / 화가로서 / 시작하지 않았다 / 그가 외젠 부댕과 친구가 되기 전까지 / (그게 누구냐면) 알려주었다 / 이 어딘가 거만한 학생에게 / 그림을 그리는 것을 / 야외에서.

의역 모네는 15살 때 예술가로서 첫 성공을 거두었는데, 꼼꼼하게 관찰하여 잘 그려진 캐리커처들을 판매했다. 이 시기에 그는 또한 항해하는 배들을 연필로 스케치했는데, 그 또렷한 묘사들은 거의 전문가에 가까웠다. 사실, 그의 화가로서의 인생은 외젠 부댕과 친구가 되고 나서야 시작되었는데, 그는 이 거만한 학생에게 야외에서 그림을 그리는 행위를 알려주었다.

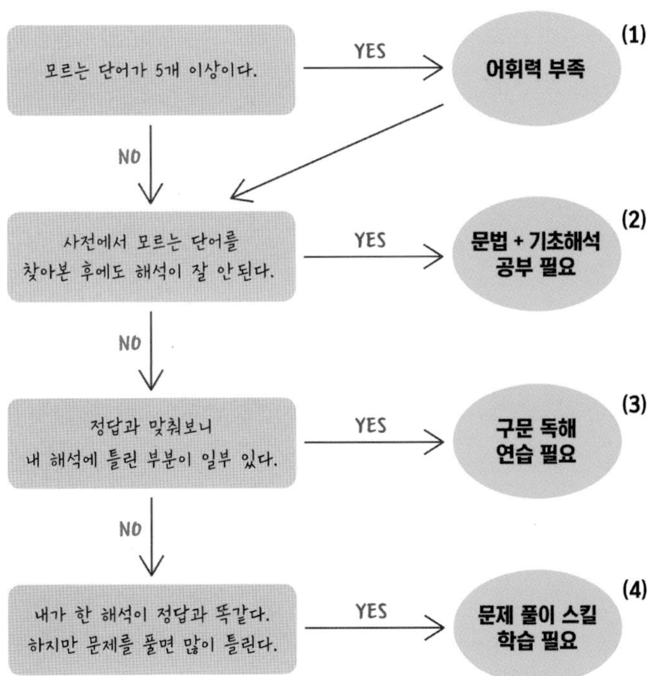

(1) 어휘력 부족

단어는 문장을 구성하는 기본 단위로 지텔프 독해에서는 한국 교육과정 기준 고등학교 2학년 수준의 어휘력을 요구합니다. 즉, 고등학교 2학년 수준의 어휘력이 없는 수험자를 걸러내는 목적으로 만들어지는 시험이라고 보아도 무방합니다. '주변 문맥을 통해 단어 뜻을 유추할 수 있지 않을까?'라는 생각도 할 수 있지만, 언어를 불문하고 한 문장에 모르는 단어가 2개 이상이라면, **절대로 그 문장의 의미를 이해할 수 없습니다.**

단어를 외울 때에는 비교적 레벨이 높은(가끔 쓰이는) 단어보다는 레벨이 낮은(자주 쓰이는) 단어를 먼저 암기하는 게 좋고, 개인의 수준을 고려하여 공부하기에 적합한 단어장은 '아는 단어 50% + 모르는 단어 50%' 정도로 구성된 단어장입니다. 직접 서점에 가셔서 중 · 고등학생용 단어장을 살펴보고 본인에게 맞는 단어장을 고르는 것을 추천합니다.

암기를 위해서는 그 단어를 자주 보고 익숙해지는 것이 가장 중요한데 이때 **시간차를 두고** 뇌가 단어를 잊어버릴 때쯤 **다시 보는 것**이 필요합니다. 이 과정이 반복되어야 단기 → 중기 → 장기 기억에 단어가 저장됩니다. 이론적으로는 400번 이상 노출되어야 한다고 하지만, 보통 수험생들이 이야기하는 회독 기준으로 20회독 정도면 중기 기억에는 저장할 수 있습니다. 단어 암기와 정확한 뜻 이해에 도움이 되는 방법으로 예문을 많이 읽는 것과 영영사전을 찾아보는 것도 강력하게 추천합니다.

참고로 '어휘력을 채운 뒤에 다른 공부를 시작해야지!'라는 접근법은 비효율적입니다. 단어는 무한하게 많고, 어휘는 시험 전날까지도 계속해서 채워나가야 하는 **연료**에 가까워요. 아래의 해결책들을 실행하는 과정에 **늘 함께하는 동반자(!)**로 단어를 외워주세요!

(2) 문법 + 기초해석 공부 필요

단어 뜻을 다 찾아본 후에도 해석할 엄두가 안 나거나 문장 구조가 안 보인다면, 혹은 내가 써 본 해석이 거의 다 틀렸다면 **기초 문법 공부부터** 필요합니다. 이때의 문법은 지텔프 문법이 아닌 영문법(영어 단어들이 연결되어 하나의 문장을 만드는 법칙)으로, 보통 구문 독해라고 지칭하는 경우가 많습니다. 그리고 이 단계의 학습자들은 보통 문법 용어 자체가 생소하기 때문에 책을 통한 독학이 어려울 수 있어요. 그런 분들께 EBSi 홈페이지에서 무료로 제공하는 **기초 구문 강의**를 추천합니다. 예비 고1 대상의 '영어 구문' 강의 중에 나와 맞는 것을 하나 골라 완강하면 중급 정도의 독해력에는 어렵지 않게 도달할 수 있습니다. 이후에 대략적인 문장 구조가 눈에 보인다면, 혼자서 충분히 독해력을 키울 수 있는 근육이 생겨있을 거예요!

(3) 구문 독해 연습 필요

모든 문장이 어려운 건 아니지만 (나에게) 어려운 구문이나 복잡한 문장 구조가 나오면 해석이 정확히 안되는 분들은 독학으로 충분히 독해력을 끌어올릴 수 있습니다. 본 교재의 지문을 활용하셔도 되고, 문제 풀이를 위해 아껴두고 싶으신 분들은 다른 교재를 사용하셔도 괜찮습니다.

먼저 단락 한 개 정도를 해석하여 **종이에** 적습니다. (머릿속에서만 해석해보는 건 추천드리지 않습니다. 우리의 뇌는 우리를 너무 사랑하기 때문에 내가 다 맞게 해석했다고 착각합니다.) 내가 쓴 해석을 해설본과 비교해 보고 잘못 해석한 부분을 찾습니다. 내가 잘못 해석한 부분이 문법 용어로 어떤 부분인지(부정사인지, 명사절인지, 분사인지 등) 체크하여 인터넷에 검색해 봅니다. 그 **구조가 만들어지는 과정부터 해석 방법, 예문, 심지어는 예외까지(!)** 정말 많은 자료들이 쉽게 설명되어 있습니다. 그걸 공부하시면 됩니다. 특히 예문을 위주로, 해석하는 방법을 정확히 공부하시고 단순한 이해가 아닌 공부, 즉 완벽하게 내 것으로 만드는 데까지 성공한다면 그 후에 같은 구문에서 해석이 막히는 일은 없을 거예요. 그리고 다행인 점은, 영어 문장을 구성할 때 자주 쓰이는 구문은 30개 내외입니다. 매일 모르는 구문을 찾아서 공부하더라도 30일이면 충분합니다!

(4) 문제 풀이 스킬 필요

모든 문장이 무리 없이 해석이 잘되지만(된다고 '생각'하지만!) 문제는 많이 틀리시는 분들은 '문제'보다 '글' 자체에 집중하는 경우가 많습니다. 문제를 다 풀고도 전체 글 흐름이 이해가 안 되면 찝찝하고, 그래서 머릿속에서 요약정리를 합니다. 시험이 끝난 후에도 글에 어떤 내용이 나왔는지는 다 기억하는데 문제는 다 틀립니다. 꼼꼼한 성격 때문이 아닐까 생각할 수 있지만 의외로 이런 특성을 가지신 분들의 90%는 **성격이 매우 급합니다**. 문장 하나를 천천히 뜯어 보는 게 매우 귀찮고, 그래서 앞뒤 흐름이나 전체 맥락에 의존하여 문장의 뜻을 유추합니다. 이런 분들은 막히는 부분이 나오면 아는 단어들을 조합하여 글짓기를 하는 경우가 많습니다.
여기서 가장 큰 문제는 지텔프 독해에 **전체 글의 전개방식이나 문단 간의 연결을 묻는 문제는 단 한 문제도 출제되지 않는다**는 겁니다. 다시 말해, 지텔프 독해는 정해진 한두 문장의 정확한 해석만을 묻습니다. 그 외 **너무 많은 부분을 읽게 되면 오히려 오답에 빠지기 쉽습니다**. 자, 그렇다면 어떻게 해야 '문제'에 집중해서 정답을 잘 골라낼 수 있을까요? 본 교재의 'Chapter 2. 케이티 3단계 문제 풀이 스킬'은 오답을 피해 정답을 고르는 최적의 문제 풀이 단계예요. 지텔프가 문제와 오답을 만드는 방법을 거꾸로 이용하면 여러분도 정확하게 정답만을 골라내실 수 있습니다. 당연히 모든 사실/추론 문제에 100% 적용 가능하고요! 이 문제 풀이 방법의 정확한 이해와 적용을 돕기 위해서 본 교재의 모든 문제 해설은 이 풀이법을 기준으로 하였으니, 마지막 장을 덮으실 때쯤엔 출제자의 눈으로 문제를 보게 되는 경험을 할 수 있을 거예요!

모든 발전은 나의 **문제점을 파악**하고 **그 해결책을 실행**하는 데에서부터 시작이라는 것을 잊지 마세요. 어휘력이 부족해서 해석이 잘 안된다면 어휘력을 먼저 채워야 하고, 특정 구문의 해석이 잘 안된다면 그 구문을 완벽하게 공부해야 합니다. 그리고 '케이티 3단계 문제 풀이 스킬'은 여러분의 잘못된 습관을, 또 실수를 막아주는 든든한 장치가 되어줄 겁니다. '문제를 많이 풀다 보면 외워지겠지, 알게 되겠지.'는 여러분의 희망사항일 뿐입니다. 공부 없이 문제 풀이만 계속한다면, 점수는 항상 그 자리에서 여러분의 시간과 노력을 비웃고 있을 거예요. 문제점을 해결하는 "진짜 공부"를 통해 빠르게 목표를 달성해 봅시다.

CHAPTER

02 케이티 3단계 문제 풀이 스킬

출제 기관마다 자주 만드는 오답의 유형은 정형화되어 있습니다. '수험자에게 확인하고 싶은 능력'이 무엇인가에 따라 오답, 즉 함정을 만드는 방법이 달라지는 것이죠. 그렇기 때문에 출제자가 오답을 만드는 방식을 이해하고, 오답의 패턴에 익숙해진다면 문제를 푸는 시간도 줄일 수 있고 함정에도 빠지지 않을 수 있습니다. 그 원리와 방법을 배워 자신 있게 문제에 접근해 봅시다. (하지만 이 모든 스킬은 '정확한 해석이 되어야' 적용할 수 있으니, 구문 독해와 어휘력이 부족하다면 꼭 그 둘을 먼저 채우신 후에 공부하시길 바랍니다. 절대로 잊지 마세요! 독해시험은 수험자의 독해력을 측정하는 것이 그 '목적'이고, 독해력이 부족하다면 문제를 잘 풀 수 없어요!)

'지텔프 독해 공부 가이드'에서 엿본 지텔프 독해의 특징을 조금 더 자세히 살펴본 후에 어떤 식으로 문제가 만들어지는지 알아보도록 할게요. 그러고 나서 가장 중요한 문제 풀이 스킬을 배워봅시다.

❶ 지텔프 독해의 특징

(1) 지텔프 독해는 총 4개의 파트로 구성되어 있으며, 순서대로 전기문, 기사문, 백과사전, 편지글의 형식을 가집니다. 한 지문에 총 350개 정도의 단어가 6~7개의 문단을 구성하고 있어요. 문제는 네 파트 모두 7개씩 출제되며, 초반의 다섯 문제는 본문에 언급된 사실을 묻는 사실/추론(Fact/Inference) 문제입니다. 후반의 두 문제는 본문에 언급된 단어의 문맥적 동의어를 고르는 어휘(Vocabulary) 문제입니다.

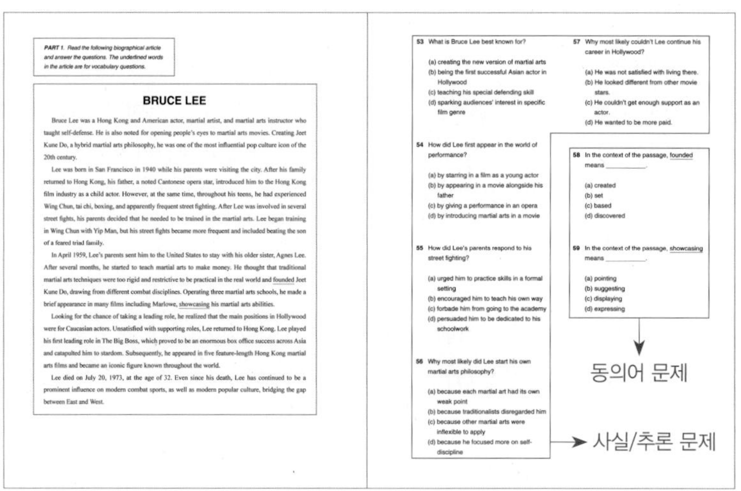

PART 1. Read the following biographical article and answer the questions. The underlined words in the article are for vocabulary questions.

BRUCE LEE

Bruce Lee was a Hong Kong and American actor, martial artist, and martial arts instructor who taught self-defense. He is also noted for opening people's eyes to martial arts movies. Creating Jeet Kune Do, a hybrid martial arts philosophy, he was one of the most influential pop culture icon of the 20th century.

Lee was born in San Francisco in 1940 while his parents were visiting the city. After his family returned to Hong Kong, his father, a noted Cantonese opera star, introduced him to the Hong Kong film industry as a child actor. However, at the same time, throughout his teens, he had experienced Wing Chun, tai chi, boxing, and apparently frequent street fighting. After Lee was involved in several street fights, his parents decided that he needed to be trained in the martial arts. Lee began training in Wing Chun with Yip Man, but his street fights became more frequent and included beating the son of a feared triad family.

In April 1959, Lee's parents sent him to the United States to stay with his older sister, Agnes Lee. After several months, he started to teach martial arts to make money. He thought that traditional martial arts techniques were too rigid and restrictive to be practical in the real world and founded Jeet Kune Do, drawing from different combat disciplines. Operating three martial arts schools, he made a brief appearance in many films including Marlowe, showcasing his martial arts abilities.

Looking for the chance of taking a leading role, he realized that the main positions in Hollywood were for Caucasian actors. Unsatisfied with supporting roles, Lee returned to Hong Kong. Lee played his first leading role in The Big Boss, which proved to be an enormous box office success across Asia and catapulted him to stardom. Subsequently, he appeared in five feature-length Hong Kong martial arts films and became an iconic figure known throughout the world.

Lee died on July 20, 1973, at the age of 32. Even since his death, Lee has continued to be a prominent influence on modern combat sports, as well as modern popular culture, bridging the gap between East and West.

53 What is Bruce Lee best known for?

(a) creating the new version of martial arts
(b) being the first successful Asian actor in Hollywood
(c) teaching his special defending skill
(d) sparking audiences' interest in specific film genre

54 How did Lee first appear in the world of performance?

(a) by starring in a film as a young actor
(b) by appearing in a movie alongside his father
(c) by giving a performance in an opera
(d) by introducing martial arts in a movie

55 How did Lee's parents respond to his street fighting?

(a) urged him to practice skills in a formal setting
(b) encouraged him to teach his own way
(c) forbade him from going to the academy
(d) persuaded him to be dedicated to his schoolwork

56 Why most likely did Lee start his own martial arts philosophy?

(a) because each martial art had its own weak point
(b) because traditionalists disregarded him
(c) because other martial arts were inflexible to apply
(d) because he focused more on self-discipline

57 Why most likely couldn't Lee continue his career in Hollywood?

(a) He was not satisfied with living there.
(b) He looked different from other movie stars.
(c) He couldn't get enough support as an actor.
(d) He wanted to be more paid.

58 In the context of the passage, founded means ____________.

(a) created
(b) set
(c) based
(d) discovered

59 In the context of the passage, showcasing means ____________.

(a) pointing
(b) suggesting
(c) displaying
(d) expressing

(2) 우리에게 가장 중요한 다섯 개의 사실/추론(Fact/Inference) 문제는 본문의 서술 순서대로 출제됩니다. 보통은 한 문단(들여쓰기로 표시됩니다)에서 한 문제씩 출제되지만 가끔은 두 문제가 출제될 때도 있답니다. 주로

물어보는 것은 본문에 언급된 인과관계와 관련되어 있으며, 절대로 본문에 언급되지 않은 사실을 묻지는 않습니다. 즉, 모든 정답은 시험지 안에 들어 있고 여러분의 지식이나 상식을 테스트하고자 하는 문제는 출제되지 않는다는 뜻이겠죠? 또한, 고난도의 추론은 등장하지 않으며 철저하게 '영어 해석력'만을 측정한답니다.

(3) **어휘(Vocabulary) 문제**도 '문맥상 동의어'를 물어보는 형식으로 출제되기 때문에 결국 이 문맥의 의미를 파악하기 위해서는 문장의 해석이 가장 중요합니다. 사전적 동의어라도 문맥상 어울리지 않는다면 절대로 정답이 될 수 없어요!

❷ 지텔프 독해가 사실/추론(Fact/Inference) 문제를 만드는 과정

그렇다면 지텔프 독해는 문제를 어떻게 만들까요? 수험자가 정답을 고르게 하는 것이 목적일까요, 오답을 고르게 하는 것이 목적일까요? 모든 시험의 목적은 그 시험이 요구하는 '일정 수준의 독해력'이 갖춰지지 않은 수험자들을 걸러내는 것입니다. 해석이 잘 안되어도, 문제를 대충 읽어도, 본문에서 해당 부분을 찾지 못해도 정답이 빤히 보이는 시험은 그 목적에 실패하겠죠? 누구나 점수를 쉽게 낼 수 있는 시험이 되고, 변별력을 잃어 어느 기관에서도 이 시험 점수를 인정해주지 않을 테니까요. 그렇기 때문에 모든 시험은 '수험자가 매력적으로 느낄 만한 함정'을 정교하게 만들기 위해 노력합니다. 요구되는 능력을 갖추지 못한 수험자가 쉽게 유혹될 수 있는 오답의 함정을 촘촘하게 파 두는 것이죠.
지텔프 독해에서 요구하는 능력은 두 가지입니다. **'주어진 글에서 원하는 정보를 찾는 것(Skimming)'** 그리고 **'문장의 의미를 정확하게 이해하는 것(Literacy)'**. 요즘 말하는 '문해력(의미적 읽기)'을 영어로 평가한다고 생각하면 이해가 쉬울 거예요! 그렇다면 지텔프에서 걸러내고 싶어 하는 수험자도 명확하겠죠? 원하는 정보가 어디에 있는지 제대로 찾지 못하는 사람, 그리고 문장의 의미를 제대로 이해하지 못하는 사람입니다. 출제자는 그러한 사람들이 빠질 법한 함정이 무엇인지 고민하여 오답을 만들고, 표현이 다르더라도 의미가 같은(paraphrasing*) 것을 골라낼 수 있는 사람을 가려내기 위한 정답을 만듭니다. 그러한 함정과 정답이 어떤식으로 만들어지는지 예시를 통해 살펴보도록 하겠습니다.

paraphrasing (재진술)

같은 의미를 다른 표현으로 바꾸는 것으로 모든 독해 시험에서 흔하게 사용됩니다.

① 가장 쉬운 것으로는 단어를 바꾸는 방법이 있습니다.

ex You are beautiful. = You are pretty.
너는 아름다워. 너는 예뻐.

② 문장 구조를 바꾸기도 합니다.

ex I bought a computer. = A computer was bought by me.
나는 컴퓨터를 구입했다. 컴퓨터는 나에 의해 구입되었다.

③ 수험자의 해석능력을 파악하기 위해서 적극적인 paraphrasing을 가장 많이 사용합니다. (단어도 문장구조도 완전히 다르지만 의미는 같음)

ex I was very happy as I got a great score. = I was satisfied with the result of my hard working.
나는 좋은 성적을 받아서 기쁘다. 나는 내 노력의 결과에 만족스럽다.

적극적인 paraphrasing은 각각의 단어들이 서로 매칭되지 않습니다. 그렇기 때문에 각 단어들을 매칭해 paraphrasing을 공부(?)하는 것은 전혀 도움이 되지 않아요. "날씨가 좋다. = 하늘이 맑다." 이 두 문장은 겹치거나 비슷한 단어를 하나도 가지지 않지만 같은 뜻을 가지는 paraphrasing 관계입니다. 정확한 해석을 통해 **내용상 같은 의미**를 찾는 연습을 하는 것이 중요합니다.

Prince Philip, Duke of Edinburgh was the world's most famous husband not just because his wife was the United Kingdom's Queen but because he had contributed to the stability of British royal family. Although he expressed discontent that he was the only man in the country not allowed to give his name to his children, he won widespread respect for his steadfast and constant support of the Queen.

❶ Q. What was Prince Philip most likely well-known for?

❷ (a) His wife was more famous than Philip

❸ (b) His endeavor led his family to be sound and solid

❹ (c) He was hesitant to make contribution in England

❺ (d) He was dissatisfied with not passing on the family's name to his children

▶ 위 문제를 한 번 풀어본 뒤에, 문제를 만드는 과정을 이해해 보세요.

❶ **문제 만들기**: 정확하게 해석할 수 있는지를 확인하기 위해 본문의 단어나 표현을 바꾸어(paraphrasing) 문제를 만듭니다. (famous → well-known)

❷ **첫 번째 오답 유형(비교급, 최상급, 극단적인 표현)**: 수험자가 착각하기 쉽지만, 절대로 paraphrasing의 범주에 들어갈 수 없는 표현인 '비교급, 최상급, 수치/빈도, 극단적인 표현(only, sole, exclusively, almost, all, every, always 등)'을 넣어 오답을 만듭니다. 본문에서 비교한 적이 없는 두 가지를 비교/대조하는 것은 절대로 정답이 될 수 없습니다.

❸ **정답 만들기**: 본문의 해당 한 문장을 가지고 적극적인 paraphrasing을 통해 정답을 만듭니다. 문해력을 측정하기 위해서 본문에 등장한 단어나 표현은 대부분 중복을 피합니다. (영국 왕실의 안정에 기여 → 가족(= 왕족)을 건강하고 단단하게 이끈 노력)

❹ **두 번째 오답 유형(같은 단어 다른 뜻)**: 본문에 등장한 단어들을 조합하여 전혀 다른 내용을 가지는 오답을 만듭니다. 정확하게 문장을 해석하지 못하고, 그래서 단어에 집착하는 사람들을 위한 함정으로 완전히 반대 내용을 만드는 경우도 있습니다. (영국 왕실의 안정에 '기여' → 영국에서 '기여'하는 데 망설임)

❺ **세 번째 오답 유형(논리 불일치)**: 본문에 언급되어 있지만 문제에서 물은 것이 아닌 내용으로 오답을 만듭니다. 주어진 글에서 원하는 정보의 위치를 잘 찾아낼 수 있는지 보기 위한 것이지만, 집중력이 부족해 문제를 쉽게 잊어버리는 사람들도 자주 빠지는 함정입니다. (문제에서 묻는 '필립 왕자가 유명한 이유'와 상관없는 내용)

선택지가 네 개뿐이기 때문에 예시에는 다 담지 못했지만 **네 번째 오답유형(상상, 배경지식)**으로 '본문에 언급되지 않았지만 그럴싸한 내용(ex 왕자가 잘생겼다.)'도 있습니다. 눈치채셨나요? 이 모든 오답들이 무엇을 겨냥하는지? '문제를 기억하지 못하거나, 문제를 해석하지 못하거나, 본문에서 해당하는 내용을 찾지 못하거나, 그 내용을 이해하지 못하거나' 하는 수험자들을 paraphrasing으로 걸러내고자 하는 것이 모든 지텔프 독해 문제의 목표입니다. 그렇다면 이제 이러한 모든 오답의 형태들을 피해가기 위한 '케이티 3단계 문제 풀이 스킬'을 배워봅시다.

❸-1. 사실/추론(Fact/Inference) 문제 풀이 스킬

출제자가 문제를 만들 때 사용하는 이러한 패턴과 특성을 이용하면 함정에 빠지지 않고 효율적으로 문제를 풀 수 있습니다. 다음 세 가지 단계를 정확하게 적용해 봅시다.

STEP 1 문제 읽고 눈 감고 Reminding

지텔프에서 전체 글의 주제를 묻는 문제는 거의 출제되지 않습니다. (매 회차 1~2문제 출제되는데, 이 유형은 3-3에서 따로 다루도록 합시다.) 그렇기 때문에 문제를 풀 때 본문을 먼저 읽는 건 시간낭비입니다. 쓸데없는 해석 시간을 줄이고, 또한 논리 불일치 오답을 피해가기 위해서 우리가 먼저 해야 할 것은 **문제의 정확한 이해**입니다. 이때 문제를 대충 읽거나 문제를 읽고도 금세 잊어버린 뒤 본문의 스토리 흐름에 집중하시는 분들이 많은데, 이를 방지하기 위한 최고의 방법은 **문제를 해석한 후 눈을 감고**

그 내용을 다시 한번 떠올려(Reminding) 보는 것입니다. 이 방법을 사용하면 내가 제대로 이 문장을 해석했는지 자가진단도 가능합니다. 눈을 감았을 때 읽은 내용이 기억나지 않는다면, 해석을 제대로 못 한 거예요! 문제에서 묻는 것이 무엇인지 머릿속에 명확하게 정리될 때까지 반복합니다.

ex **Q. What was Prince Philip most likely well-known for?**

⋯→ 문제를 읽고 눈을 감은 후, 문제 내용을 떠올려 봅니다. '필립 왕자가 무엇으로 유명한지, 필립 왕자가 유명한 이유' 등 문제에서 묻는 것이 무엇인지 떠올릴 수 있어야 합니다.

STEP 2 **본문에서 해당 '한(두) 문장' 찾아 정확하게 읽고 이해하기**

자, 문제를 제대로 이해했으면 이제 무엇을 해야 할까요? 본문에서 그 문제가 **묻고 있는 내용을 '찾는 것!'**입니다. 물론 이 내용을 찾기 위해서는 해석이 필요합니다. 하지만 이때의 해석은 정독이 아닌 통독을 의미합니다. **'내가 찾고 있는 정보가 이 문장에 있나?'**에만 집중하며 나아갑니다. 절대로 본문의 전체 내용을 모두 읽고 기억할 필요는 없습니다. 문제에서 묻는 내용이 담긴 문장을 찾았다면, (100% 있습니다. 본문에 해당 내용이 없다면, 문제를 만들 수 없으니까요!) 그 **'한 문장'**을 정확하게 해석 후 질문에 대한 대답 부분을 머릿속에 정리합니다. 이때에도 **눈 감고 다시 한번 떠올려 보기(Reminding)를 하면 paraphrasing을 찾는 데 도움이 됩니다**. 불안한 마음에 본문을 많이 읽게 되면 문제와 상관없는 오답에 빠질 가능성이 높습니다. (선택지에 해당 내용이 없다면, 그다음 문장까지 읽습니다. 전체 시험에서 1~2문제 정도는 두 문장을 가지고 문제를 만듭니다.)

ex **통독을 통해 본문에서 필립 왕자가 유명하다는 내용을 찾습니다. 첫 번째 문장에 유명한 남편이라는 내용이 있으므로 이 문장을 정확하게 해석해 봅니다.**

"필립 왕자는 / 에딘버러 공작인 / 세계에서 가장 유명한 남편이다 / 그의 아내가 영국의 여왕이기 때문만이 아니라 / 그가 공헌했기 때문이다 / 영국 왕실의 안정에."

⋯→ 자 그럼 필립 왕자가 유명한 이유는 무엇이죠? "아내가 영국 여왕, 영국 왕실의 안정에 기여" 이 두 가지를 머릿속에 정리합니다.

STEP 3 **내가 정리한 내용과 매칭되는 정답 선택(대명사 해석/오답 패턴 주의, 오답 확인 ×)**

질문에 대한 대답이 머릿속에 정리가 되었다면 선택지 네 개를 읽으며 **'내가 정리한 대답'에 해당하는 것**을 찾습니다. 이때, 주의할 것 두 가지가 있습니다.

① 첫째는 선택지 안에 있는 **대명사**를 제대로 해석하는 것입니다. 선택지에 등장하는 대명사는 모두 본문이 아닌 '문제'에 들어 있는 명사를 받아옵니다. 문제의 명사 중에서 어떤 명사가 선택지의 대명사로 바뀐 것인지 꼭 체크하도록 합시다.

② 둘째는 절대로 paraphrasing될 수 없는 표현인 **'비교급, 최상급, 극단적인 표현'에 주의**하는 것입니다. 이는 출제자가 이용하기 좋아하는 오답 패턴입니다.

이 두 가지를 유의하며 선택지 4개를 모두 읽습니다. **'내가 머릿속에 정리한 정답이 어느 선택지에 해당하는가'**에만 집중하여 정답을 선택합니다. 그리고 **나머지 선택지(본문에서 읽은 적이 없는 생소한 내용)는 '오답 확인'하지 않습니다**. 지텔프의 모든 문제는 '올바른' 선택지 한 개와 '틀린' 선택지 세 개로 구성됩니다. '올바른 사실 두 개 중에 더 옳은 것/더 포괄적인 것을 찾아라.'라는 문제는 존재하지 않아요! 즉, 나에게 생소한 내용의 선택지는 앞서 보았던 세 번째 오답유형, '논리 불일치'의 형태인 거죠. 만일 여러분이 모든 선택지를 하나하나 본문과 매칭해보고 틀렸는지 확인한다면 ① 시험 시간을 소모하고, ② 오히려 오답에 빠집니다(문제를 잊음). 내 해석이 정확하지 않아서 불안한 분들이 가장 많이 실수하는 부분입니다. 앞뒤 문맥이 필요하니 '더 많이 읽게 되고', 그러다 보면 '문제를 잊어버리고', 선택지 안의 모든 함정들(!)에 다 쏙쏙 빠지게 돼요. 여러분이 잊지 말아야 할 것은, "내가 **문제를 제대로 이해**했고, 본문에서 **해당하는 문장을 잘 찾아서 해석했고, 선택지에 그 내용이 있다면!**" 바로 그 선택지가 정답입니다. (만약 선택지에 내가 읽은 내용이 확실히 없다면! 앞서 말했던, 한 회차에서 1~2문제 출제되는 '두 문장을 가지고 만든 문제'입니다. 문제에서 묻는 내용에 해당하는 문장을 하나 더 찾아서 읽고 매칭하면 됩니다.)

ex 선택지에서 "아내가 영국 여왕, 영국 왕실의 안정에 기여"에 해당하는 내용이 있는지 확인합니다.

(a) 누가 더 유명한지에 대해서 비교한 적 없습니다. 잘못된 비교급의 사용입니다. → 첫 번째 오답유형

(b) 그가 가족을 굳건하게 만들었다는 것은 우리가 읽은 내용과 일치합니다. → **정답**

(c) 그가 공헌을 꺼렸다는 것은 읽은 내용과 반대됩니다. → 두 번째 오답유형

(d) 자신의 성과 아이들에 대해서는 읽은 적이 없습니다. 하지만 오답 확인하지 않습니다. → 세 번째 오답유형

문제에서 '필립 왕자가 유명한 이유'를 물었고, 그에 해당하는 문장을 찾아서 '아내가 여왕, 왕실 안정에 기여'라는 대답을 찾았으며, 그에 해당하는 내용을 정확하게 언급하고 있는 (b)가 존재하므로 (b)를 정답으로 선택하고 넘어갑니다. (d)가 본문에 존재하는 내용이더라도, 우리는 정확하게 문제에서 묻는 것을 찾아 읽었으므로 (d)의 내용은 문제에서 묻는 것에 해당하지 않아 오답이 됩니다!

★TIP★ 아내가 영국 여왕이라는 하나의 정보가 누락되었더라도 상관없습니다. 선택지 내용이 ① 본문에 언급되었고 ② 문제에서 묻는 대답에 해당한다면, 두 개의 정보를 모두 언급하지 않더라도 100% 정답입니다.

가장 중요한 부분이니 다시 한번 정리해 봅시다!

1. 문제 읽고 눈 감고 Reminding
2. 본문에서 해당 '한(두) 문장' 찾아 정확하게 읽고 이해하기
3. 내가 정리한 내용과 매칭되는 정답 선택(오답 패턴 주의, 오답 확인할 필요 ×)

결국 우리가 해야할 것은 '문제 + 본문의 해당 문장 + 선택지 네 개', 즉 여섯 개의 문장을 정확하게 읽고 이해하는 것입니다. 이것을 알지 못하면 문제를 풀면서도 확신이 없고, 그래서 주변 문장을 더 많이 읽게 되고, 상상력을 동원하여 내용을 짜깁기하며, 어떻게든 잘못된 정답과 본문을 끼워 맞추게 됩니다. 절대로 잊지 마세요! 이 문제 풀이 스킬은 적게 읽고 빠르게 문제를 풀기 위해서가 아니라, **오답에 빠지지 않고 정답을 고르기 위한 유일한 방법**입니다. 물론 주어진 시간 내에 더 빠르게 문제를 풀 수 있는 것은 덤입니다!

❸-2. 아닌 것(NOT)을 고르는 문제 풀이 스킬

지텔프 독해는 정해진 한두 문장의 정확한 해석만을 묻는 문제가 대부분입니다. 하지만 아주 가끔(한 달에 한 문제 정도) 문제에서 묻는 것에 해당하지 않는, 즉 틀린 **것을 찾아야** 하는 문제가 등장할 때도 있습니다. 문제 형식은 보통 다음과 같습니다.

Q. 연필의 용도가 아닌 것은 무엇인가? (What is NOT the use of a pencil?)
Q. 그녀의 성공의 이유로 언급되지 않은 것은 무엇인가? (Which is NOT described as the reason of her achievement?)

읽어야 할 부분이 많다고 생각돼서 겁부터 내는 경우가 많지만, NOT 문제는 실제로 본문의 1~3문장을 가지고 만들어지며, 본문의 서술 순서대로 문제가 출제된다는 사실을 기억한다면 그 근거 부분도 쉽게 찾을 수 있습니다. 또한 paraphrasing이 심하지 않으므로 오히려 난도는 쉬운 편에 속합니다.
이런 NOT 문제는 **'케이티 3단계 문제 풀이 스킬'을 선택지에 각각 적용**하여 푸는 것이 좋습니다. 즉, 선택지를 읽고 내용을 떠올려본 뒤 본문에서 해당 내용을 찾아 맞춰보는 과정을 선택지마다 한 번씩, 총 네 번 반복합니다. 본문의 한 문장에서 선택지를 모두 만들어내는 경우도 있으니 생각보다 시간은 오래 걸리지 않습니다. 이때 중요한 것은, 옳은 것은 항상 ○로 표시하고, 틀린 것은 항상 ×로 표시하는 것입니다. (○가 3개, ×가 1개 나오니 문제의 정답은 한 개뿐인 ×가 되겠죠?) 아닌 것을 고르는 문제라고 해서 이 표시를 거꾸로 하다 보면, 나중에는 스스로 혼동되어 선택지를 전부 다시 확인해야 하는 불상사가 생길 수 있습니다.

1. 선택지 읽고 눈 감고 Reminding

2. 본문에서 해당 부분을 찾아 맞춰보기

3. 옳은 것은 ○, 틀린 것은 ×로 표시
→ (a), (b), (c), (d) 4번 반복

③-3. 전체 글의 주제 문제 풀이 스킬

전체 글의 주제를 묻는 문제는 한 회차에서 1~2문제 정도 등장합니다. 오직 **Part 2 – 기사문(Article)**과 **Part 4 – 편지글(Letter)의 첫 번째 문제**로만 등장할 수 있으며, 형식은 보통 다음과 같습니다.

Q. 이 글은 주로 무엇에 관한 글인가? (What is the article mainly about?)
Q. 이 편지의 목적은 무엇인가? (What is the purpose of this letter?)

이런 문제는 전체적인 글의 내용을 미리 파악해두는 것이 도움이 되기 때문에 '해당 파트의 마지막에' 푸는 것을 추천합니다. 다른 문제들을 풀며 읽은 내용을 바탕으로, 그리고 제목을 통해 전체 지문을 대표할 수 있는 **2~3개의 키워드를 정리**하세요. 그 키워드를 기준으로 삼아 선택지 사이의 차이점을 비교하면 쉽게 풀 수 있습니다.

1. 해당 파트의 마지막에 풀기

2. 문제 풀며 읽은 내용, 제목을 바탕으로 2~3개의 키워드 정리

3. 키워드를 기준으로 정답 고르기

④ 어휘 (Vocabulary) 문제 풀이 스킬

지텔프 독해에서 등장하는 어휘(Vocabulary) 문제는 절대로 어휘의 '사전적 의미'만을 묻는 문제가 아닙니다. 이것도 마찬가지로 '해석력'을 평가하기 위한 문제예요. 문제가 어떤 의미인지를 해석해 보면, "이 문맥에서, ××× 은/는 ________를 의미한다."인데, 여기에서 중요한 것은 바로 **'문맥(context)'**입니다. 단순히 그 단어의 1번 뜻을 아는 것으로는 충분치 않습니다.

(1) 밑줄 친 단어가 속한 문장을 읽고

(2) 그 단어가 **앞뒤 단어와의 관계** 안에서 어떤 뜻으로 쓰였는지 파악해

(3) **사전적 의미**는 물론, **문맥적 의미**도 일치하는 선택지를 골라야 합니다.

나는 실연당한 너의 아픔을 이해할 수 있어.

Q. 이 문맥에서, 아픔은 ______를 의미한다.

(a) 불편
(b) 고생
(c) 통증
(d) 괴로움

'아픔'이라는 주어진 단어만 놓고 생각해 보면 선택지 내의 단어들 모두 비슷한 의미를 가지고 있습니다. 아픔이란 육체적으로나 정신적으로 고통을 겪는 것을 의미하니까요. 하지만 이 문장 전체를 두고 생각해 보면 이것은 사랑하는 사람과 헤어지게 되어 겪는 슬픔이나 괴로움을 의미합니다. 편의성에 관련되지도, 몸을 혹사시키는 것도, 신체적인 아픔을 의미하는 것도 아니죠. 그래서 사전적인 동의어일 뿐만 아니라, 문맥상으로도 어울리는 (d) 괴로움이 정답이 됩니다.

1. 밑줄 친 단어가 들어있는 문장 읽기

2. 밑줄 친 단어의 문맥상 의미 파악하기

3. 사전적 동의어 중 문맥상 적절한 단어를 선택한 후, 해당 문장에 넣어 해석 확인하기

간혹 어휘(Vocabulary) 문제가 더 쉽다고 생각하시는 분들이 있지만, 실상 어휘(Vocabulary) 문제의 난도는 사실/추론(Fact/Inference) 문제와 비슷하거나 더 높습니다. 밑줄 친 단어와 선택지의 단어 4개, 즉 5개의 단어 중에 정확한 뜻을 모르는 것이 하나라도 있거나, 혹은 비슷해 보이는 단어들 사이의 차이점을 구별하지 못한다면 오답 가능성이 훨씬 더 높기 때문입니다. 이러한 경우에는 시간을 과하게 오래 투자하지 않는 게 좋아요. 사실/추론(Fact/Inference) 문제가 어휘(Vocabulary) 문제보다 출제 비율도 훨씬 높고 난도도 더 낮으니 모르는 단어가 나왔다면 **사실/추론(Fact/Inference) 문제**에 더 **집중**하시는 게 좋습니다.

Q 어떤 Part가 더 쉽나요?

A 보통 Part 1, 4가 더 쉽다고 하는 분들이 계시지만 이것도 개인차가 있습니다. 특히나 Part 4의 경우 다른 Part들보다 월등히 점수가 높은 분들이 있는가 하면 현저히 낮은 점수를 받으시는 분들도 있습니다. 편지글은 예의를 차리고 격식에 맞추기 위해 돌려 말하는 특성이 있기 때문인데, 설명문이나 논설문같이 직설적인 글이 더 익숙하신 분들에게는 Part 4의 편지글이 가장 어렵게 느껴질 수 있어요. 지텔프에서 자체적으로 특정 Part에 더 어려운 단어나 더 복잡한 문장구조를 배분하지는 않습니다. (아래 질문에서 이어서 설명할게요!) 정리하자면, 개인 성향에 따라 더 어려운 Part와 쉬운 Part가 존재할 수 있으므로 직접 문제를 풀어보고 나의 경우는 어떠한지 미리 알아두는 게 좋습니다.

Q Part별 점수 차이가 커요. 배경지식을 따로 공부해야 할까요?

A Part별 점수 차이가 크신 분들은 90% 이상이 단어 때문입니다. 특히 Part 2 - 기사문과 Part 3 - 백과사전의 경우 당일의 주제에 따라 예술, 의학, 생물학, 역사, 고고학, 천문학, 지구과학 등 해당되는 특정 분야의 어휘가 많이 등장하게 됩니다. (그렇다고 지텔프에서 전공 용어가 쓰이지는 않습니다. 🙂 모두 고등학교 수준의 단어입니다.) 언어를 막론하고 한 문장에 모르는 단어가 2개 이상라면 그 내용을 이해할 수 없기 때문에 당연히 어렵게 느껴지고 상대적으로 낮은 점수를 받을 수 있지만, 이는 배경지식 때문이 아니에요. 독해 시험에서 배경지식이나 상식(대학생 수준)을 요구하는 문제는 단 한 문제도 나오지 않으며, 모든 문제의 정답은 본문 안에 들어 있습니다. 내가 특정 분야의 어휘가 약하고, 혹은 익숙한 단어라도 분야에 따라 달라지는 뜻을 모르기 때문이므로(예를 들어 capacity는 인물 지문에서는 '능력'이라는 뜻이겠지만, 과학 지문에서는 '용량'이라는 뜻으로 자주 쓰입니다.) Part별 점수 차이가 크신 분들은 그 분야에서 자주 쓰이는 어휘를 외워주세요.

CHAPTER

03 문제 풀이 적용 연습

배운 것을 내 것으로 만들(체득, 내면화) 차례입니다. 아는 것과 하는 것은 다르니까요! 분명히 이렇게 풀어야 한다는 것을 알면서도 시험장만 가면 본래의 습관으로 회귀하는 분들은 **'경험에 의한 확신'**이 부족하기 때문입니다. 문제 풀이 스킬에 확신이 들지 않으면 ① 자꾸 더 많은 부분을 읽거나 ② 선택지 하나하나 오답의 이유를 찾게 됩니다. ①번으로 가게 되면 많이 읽고 오히려 문제를 잊은 후 오답을 고르고 틀립니다. ②번으로 가게 되면 정답은 어떻게 찾을 수 있어도 절대로 주어진 시간 내에 문제를 모두 풀 수 없게 됩니다. 시간이 부족해질수록 실수를 할 가능성도 높아지고요. 그럼 확신은 어떻게 들까요? 내가 직접 느껴봐야 합니다. **정말 한 문장만 가지고 정답을 찾아보며 다른 선택지들의 오답을 확인하지 않고,** '배운 대로만 해도 문제가 정확하게 잘 풀리는구나!'를 직접 느껴봐야 **합니다.** 본래의 습관을 버리고 케이티의 3단계 문제 풀이 스킬을 완벽하게 여러분의 것으로 만드신다면 분명 정답률은 오르고 문제 풀이 시간은 단축될 거예요!

▶ 여러분의 확신의 시간을 위해 연습 문제를 10개 준비했습니다. **실제 시험에 나왔던 본문과 문제들을 바탕으로** 단어만 조금씩 변형하여 만들었으니 평소 습관이 아닌, 케이티의 3단계 문제 풀이 스킬을 그대로 적용하여 풀어보세요.

▶ 각 문제의 아래에 정답과 해설이 있습니다. 문제의 핵심 키워드와 그를 paraphrasing한 본문의 내용은 노란색 하이라이트로, 문제에서 묻는 내용인 정답의 부분은 분홍색 글씨로 표시했습니다. 모든 해설은 케이티의 3단계 문제 풀이 스킬을 그대로 적용합니다. 지문 해석은 시대에듀 홈페이지(www.sdedu.co.kr) 또는 네이버 카페 '케이티 지텔프(cafe.naver.com/katiegtelp)'에서 다운받으실 수 있습니다.

Exercise 1

The Dragon's Blood Tree is an ancient plant that grows only on the island of Socotra, Yemen, located in the Arabian Sea. It is named after the blood-like color of the red sap that the trees produce. It's also known as the upside-down umbrella tree due to the bizarre shape of its branches and leaves. It is composed of bunches of dark green lanceolate leaves resting on the ends of short and fleshy twigs.

Q. How is Dragon's Blood Tree different from other species?

(a) the time they were found
(b) their umbrella-like appearance
(c) the specific location they grow
(d) their sap's stinky odor

해설

The Dragon's Blood Tree is an ancient plant that grows only on the island of Socotra, Yemen, located in the Arabian Sea. It is named after the blood-like color of the red sap that the trees produce. It's also known as the upside-down umbrella tree due to the bizarre shape of its branches and leaves. It is composed of bunches of dark green lanceolate leaves resting on the ends of short and fleshy twigs.

Q. How is Dragon's Blood Tree different from other species?

(a) the time they were found
(b) their umbrella-like appearance
(c) the specific location they grow
(d) their sap's stinky odor

CHAPTER 03

STEP 1 문제를 정확하게 해석하여 머릿속에 그 내용을 정리합니다.

문제 해석 어떻게 Dragon's Blood Tree는 다른가 / 다른 종들과?

▶ Dragon's Blood Tree의 차별적인 특징을 물어보는 문제입니다.

STEP 2 Dragon's Blood Tree만이 가지는 특징에 대한 문장을 찾습니다. 첫 번째 문장에 only, '오직, 유일하게'라는 단어를 사용하여 다른 종들과는 다른 차별점을 설명하고 있습니다. 그 문장을 정확하게 해석하여 머릿속에 내용을 정리합니다.

해당 문장 해석 Dragon's Blood Tree는 고대의 식물인데, (그게 뭐냐면) 자란다 / 오직 예멘의 소코트라섬에서만 / 아라비아해에 위치해 있는.

▶ 다른 문장에는 이 나무의 특이점에 대한 설명이 없고, 특정 장소인 아라비아해의 한 섬에서만 자란다는 것이 문제에서 묻는 내용임을 기억합니다.

STEP 3 각 선택지를 해석하여 일치하는 내용을 찾습니다. (대명사 주의)

(a) 나무들이 발견된 시간
(b) 나무들의 우산과 비슷한 외양
(c) 나무가 자라는 특정한 장소
(d) 나무들 수액의 악취

▶ Dragon's Blood Tree가 자라는 특정한 장소를 설명하는 (c)가 정답입니다. 문제에서 묻고 있는 내용을 잘 이해했고, 본문에서 해당 문장을 잘 찾아 제대로 해석했으며, 그와 일치하는 선택지가 있으므로 나머지 선택지의 내용은 본문에서 오답 확인하지 않습니다.

Exercise 2

Franklin became a successful newspaper editor and printer in Philadelphia, the leading city in the colonies, publishing the Pennsylvania Gazette at age 23. After 1767, he was associated with the Pennsylvania Chronicle, a newspaper that provided diverse opinions about the policies of the British Parliament and the authorities. This is a model of a neutral position which the press should value.

Q. Why did Benjamin Franklin make his newspaper apolitical?

(a) to be a successful editor
(b) to give a chance to share views
(c) to ensure authorities don't get upset
(d) to present the model for the ideal media

해설

Franklin became a successful newspaper editor and printer in Philadelphia, the leading city in the colonies, publishing the Pennsylvania Gazette at age 23. After 1767, he was associated with the Pennsylvania Chronicle, a newspaper that provided diverse opinions about the policies of the British Parliament and the authorities. This is a model of a neutral position which the press should value.

Q. Why did Benjamin Franklin make his newspaper apolitical?

(a) to be a successful editor
(b) to give a chance to share views
(c) to ensure authorities don't get upset
(d) to present the model for the ideal media

STEP 1 문제를 정확하게 해석하여 머릿속에 그 내용을 정리합니다.

문제 해석 왜 벤자민 프랭클린은 만들었는가 / 그의 신문을 / 비정치적으로?

▶ 벤자민 프랭클린이 만든 신문이 비정치적이었던 이유를 물어보는 문제입니다.

STEP 2 벤자민 프랭클린이 만든 신문이 비정치적이라는 내용을 찾아 그에 대한 이유에 해당하는 문장을 찾습니다. 마지막 문장에 neutral position(중립적인 입장)을 가졌다는 내용이 있으며, 그에 대한 원인은 이 문장의 This(앞문장 전체를 가리킴)가 가리키는 앞문장입니다. 정확하게 해석하여 머릿속에 내용을 정리합니다.

해당 문장 해석 1767년 이후에 그는 연관되었다 / Pennsylvania Chronicle과, / (그게 뭐냐면) 신문이다 / (어떤 신문이냐면) 제공했다 / 다양한 의견을 / 정책들에 관해서 / 영국 의회와 당국의.

▶ 영국의 정책에 대한 다양한 의견을 전달했다는 것이 문제에서 묻는 내용임을 기억합니다.

STEP 3 각 선택지를 해석하여 일치하는 내용을 찾습니다. (대명사 주의)

(a) 성공적인 편집자가 되기 위해서

(b) 견해들을 나눌 기회를 제공하기 위해서

(c) 당국이 화가 나지 않도록 보장하기 위해서

(d) 이상적인 매체에 대한 모형을 제시하기 위해서

▶ 다양한 의견을 제공했다는 것을 견해들을 나눌 기회를 제공했다는 것으로 paraphrasing한 (b)가 정답입니다. 문제에서 묻고 있는 내용을 잘 이해했고, 본문에서 해당 문장을 잘 찾아 제대로 해석했으며, 그와 일치하는 선택지가 있으므로 (a), (c)의 내용은 본문에서 오답 확인하지 않습니다. (d)는 본문에 언급되지 않은 최상급 표현인 ideal(이상적인)이 있으니 정답이 될 수 없습니다.

Exercise 3

It was found that those given the freedom to play Minecraft—a game that allows players to explore unique worlds and create anything they can imagine—without instructions were the most creative while those instructed to be creative while playing Minecraft were the least creative. The instructions may have changed the subjects' motivation for play. Being told to be creative may have actually limited their options while playing, resulting in a less creative experience.

Q. How could most likely playing the game without instructions derive one's creativity?

(a) by leaving one free
(b) by limiting one's chances
(c) by making one find joy in it
(d) by motivating one to imagine all possibilities

해설

It was found that those given the freedom to play Minecraft—a game that allows players to explore unique worlds and create anything they can imagine—without instructions were the most creative while those instructed to be creative while playing Minecraft were the least creative. The instructions may have changed the subjects' motivation for play. Being told to be creative may have actually limited their options while playing, resulting in a less creative experience.

Q. How could most likely playing the game without instructions derive one's creativity?

(a) by leaving one free
(b) by limiting one's chances
(c) by making one find joy in it
(d) by motivating one to imagine all possibilities

STEP 1 문제를 정확하게 해석하여 머릿속에 그 내용을 정리합니다.

문제 해석 어떻게 게임을 하는 것이 / 지시사항이 없이 / 이끌어냈을 것 같은가 / 그 사람의 창조성을?

▶ 지시사항이 없는 상태에서 게임을 하는 것(원인)이 창조성(결과)으로 이어지는 근거를 묻는 문제입니다.

STEP 2 지시사항이 없는 상태에서 게임을 하는 것(원인)이 창조성(결과)으로 이어진다는 내용을 찾아 그에 대한 이유나 근거에 해당하는 문장을 찾습니다. 첫 번째 문장에 지시사항이 없는 상황에서 가장 창의적이었고, 창조적으로 하라는 지시사항이 주어졌을 때 가장 창의적이지 않았다는 내용이 있습니다. 우리는 이러한 결과를 낸 이유를 찾아야 합니다. 바로 다음 문장을 정확하게 해석하여 머릿속에 내용을 정리합니다.

해당 문장 해석 그 지시사항들은 바꾸었을지도 모른다 / 연구대상들의 동기를 / 게임에 대한.

▶ 게임 동기를 바꾸었기 때문이라는 것이 문제에서 묻는 내용임을 기억합니다.

CHAPTER 03

STEP 3 각 선택지를 해석하여 일치하는 내용을 찾습니다. (대명사 주의)

(a) 그 사람을 자유롭게 내버려 둠으로써

(b) 그 사람의 기회를 제한함으로써

(c) 그 사람이 게임에서 즐거움을 찾도록 만듦으로써

(d) 그 사람이 모든 가능성들을 상상하도록 동기부여함으로써

▶ 동기부여에 관련된 내용은 (d)이나, 'all(모든) 가능성을 상상하도록'이라는 극단적인 표현은 본문에 없었으므로 절대로 정답이 될 수 없습니다. 나머지 선택지의 내용은 본문에서 읽은 내용과 일치하지 않으므로 다음 한 문장을 더 읽습니다.

STEP 4 다음 문장 해석 듣는 것은 / 창의적이 되라고 / 실제로 제한했을지도 모른다 / 그들의 선택권을 / 게임 중에, / (그리고) 이어진다 / 덜 창조적인 경험으로.

▶ 창의적이 되라는 말을 듣는 것(지시 사항 有)이 선택권을 제한했다는 내용은 흑백논리로 생각해 보면 지시사항이 없을 때에는 선택권이 제한되지 않아서 자유롭게 선택할 수 있었다는 것을 의미합니다. 문제에서는 지시사항이 없는 상태에 관해 묻고 있으므로 '선택권이 제한되지 않은 자유로운 상태'가 되었다는 내용을 기억합니다.

STEP 5 나머지 선택지 중에서 이와 관련된 내용을 찾습니다.

▶ 자유롭게 내버려두었다는 (a)가 정답입니다. (b)는 문제에서 묻는 것과 반대의 내용이므로 완벽한 오답이고, (c)에 언급된 즐거움에 관련된 내용은 본문에서 언급되지 않았습니다. 문제에서 묻고 있는 내용을 잘 이해했고, 본문에서 해당 문장을 잘 찾아 제대로 해석했으며, 그와 일치하는 선택지가 있으므로 (c)의 내용은 본문에서 오답 확인하지 않습니다.

Exercise 4

Like most other jellyfish, the immortal jellyfish begin their life as tiny, free-swimming larvae known as planulae. As a planula settles down, it gives rise to a colony of polyps that are attached to the sea floor. All the polyps and jellyfish arising from a single planula are genetically identical clones. When sexually mature, they have been known to prey on other jellyfish species at a rapid pace. If it is exposed to environmental stress, physical assault, or is sick or old, it can revert to the polyp stage, forming a new polyp colony.

Q. When most likely do the immortal jellyfish get back to polyp?

(a) when they can recover as fast as possible
(b) when they grow up sexually
(c) when they assault prey physically
(d) when they might not survive in their current state

해설

Like most other jellyfish, the immortal jellyfish begin their life as tiny, free-swimming larvae known as planulae. As a planula settles down, it gives rise to a colony of polyps that are attached to the sea floor. All the polyps and jellyfish arising from a single planula are genetically identical clones. When sexually mature, they have been known to prey on other jellyfish species at a rapid pace. If it is exposed to environmental stress, physical assault, or is sick or old, it can revert to the polyp stage, forming a new polyp colony.

Q. When most likely do the immortal jellyfish get back to polyp?

(a) when they can recover as fast as possible
(b) when they grow up sexually
(c) when they assault prey physically
(d) when they might not survive in their current state

STEP 1 문제를 정확하게 해석하여 머릿속에 그 내용을 정리합니다.

문제 해석 언제 불멸의 해파리는 돌아갈 것 같은가 / 폴립으로?

▶ 불멸의 해파리가 폴립으로 돌아가게 되는 조건을 물어보는 문제입니다.

STEP 2 불멸의 해파리가 폴립 상태로 돌아가는 내용을 찾아 그에 대한 조건에 해당하는 문장을 찾습니다. 마지막 문장에 revert to the polyp stage(폴립 단계로 되돌아간다)라는 내용이 있으며, 이 문장의 앞부분에 그에 대한 조건인 if가 있습니다. 해당 문장을 정확하게 해석하여 머릿속에 내용을 정리합니다.

해당 문장 해석 만일 해파리가 노출된다면 / 환경적 스트레스, 신체적 공격에, / 혹은 아프거나 늙으면, 해파리는 되돌아갈 수 있다 / 폴립 단계로, / 형성하면서 / 새로운 폴립 군집을.

▶ 다른 문장에는 폴립 상태로 돌아간다는 이야기가 없고 환경적 스트레스, 신체적 공격, 질병이나 노화가 문제에서 묻는 내용임을 기억합니다.

STEP 3 각 선택지를 해석하여 일치하는 내용을 찾습니다. (대명사 주의)

(a) 해파리들이 회복할 수 있을 때 / 최대한 빨리

(b) 해파리들이 성장했을 때 / 성적으로

(c) 해파리들이 공격할 때 / 먹잇감들을 / 신체적으로

(d) 해파리들이 살아남지 못할지도 모를 때 / 해파리의 현 상태에서

▶ 환경적 스트레스, 신체적 공격, 질병이나 노화는 생존에 위협이 되는 환경과 조건입니다. 이를 '살아남지 못할지도 모를 때'로 paraphrasing한 (d)가 정답입니다. 문제에서 묻고 있는 내용을 잘 이해했고 본문에서 해당 문장을 잘 찾아 제대로 해석했으며 그와 일치하는 선택지가 있으므로 (b)의 내용은 본문에서 오답 확인하지 않습니다. (a)는 본문에 언급되지 않은 최상급 표현인 as ~ as possible이 있으니 정답이 될 수 없고, (c)는 assault(공격하다)라는 단어를 이용하여 오답을 만들었습니다. 본문에서는 '해파리가 폭력에 노출되었을 때'라고 하였는데 선택지에서는 '해파리가 먹잇감을 공격할 때'라고 반대로 서술하고 있는 것을 알아차릴 수 있어야 합니다.

Exercise 5

Since his childhood, Robert Louis Stevenson wished to devote his time to reading books and writing novels. However, his father wanted him not to pursue a financially insecure career but to succeed to the family business by studying law. They finally compromised and he entered the University of Edinburgh as a science student. For the moment, he agreed to follow in the family tradition to become a civil engineer.

Q. Why did Stevenson's father want him to be engaged in the law?

(a) to respect the family tradition
(b) to make the family-owned company successful
(c) to open up the stable career path
(d) to make him take care of his family

해설

Since his childhood, Robert Louis Stevenson wished to devote his time to reading books and writing novels. However, his father wanted him not to pursue a financially insecure career but to succeed to the family business by studying law. They finally compromised and he entered the University of Edinburgh as a science student. For the moment, he agreed to follow in the family tradition to become a civil engineer.

Q. Why did Stevenson's father want him to be engaged in the law?

(a) to respect the family tradition
(b) to make the family-owned company successful
(c) to open up the stable career path
(d) to make him take care of his family

STEP 1 문제를 정확하게 해석하여 머릿속에 그 내용을 정리합니다.

문제 해석 왜 스티븐슨의 아버지는 원했는가 / 그가 종사하기를 / 법에?

▶ 아버지가 스티븐슨이 법조계에 발을 들이기를 원한 이유를 물어보는 문제입니다.

STEP 2 아버지가 스티븐슨이 법조계에 발을 들이기를 원한 이유에 해당하는 문장을 찾습니다. 두 번째 문장에 studying law(법을 공부함)라는 내용이 있으며, 이 문장을 정확하게 해석하여 머릿속에 내용을 정리합니다.

해당 문장 해석 하지만, 그의 아버지는 원했다 / 그가 추구하지 않기를 / 재정적으로 불안정한 직업을 / 대신 이어받기를 원했다 / 가족 사업을 / 법을 공부함으로써.

▶ 다른 문장에는 법 공부에 관련된 이야기가 없고, 재정적으로 불안정한 직업을 선택하는 대신 가족 사업을 이어받기를 원했다는 것이 문제에서 묻는 내용임을 기억합니다.

STEP 3 각 선택지를 해석하여 일치하는 내용을 찾습니다. (대명사 주의)

(a) 가족의 전통을 존중하기 위해서

(b) 가족 사업을 성공적으로 만들기 위해서

(c) 안정적인 진로를 시작하기 위해서

(d) 그가 가족들을 돌보도록 만들기 위해서

▶ 불안정한 직업을 선택하지 않기를 원한 아버지의 소망을 '안정적인 진로를 시작하도록'으로 paraphrasing한 (c)가 정답입니다. 문제에서 묻고 있는 내용을 잘 이해했고 본문에서 해당 문장을 잘 찾아 제대로 해석했으며 그와 일치하는 선택지가 있으므로 (a), (d)의 내용은 본문에서 오답 확인하지 않습니다. (b)는 본문의 succeed(계승하다)라는 단어를 이용하여 오답을 만들었습니다. succeed는 전치사 to와 함께 쓰일 때 '계승하다'라는 뜻을, 전치사 in과 함께 쓰일 때 '성공하다'라는 뜻을 가지며, 각각의 형용사형은 successive(계승하는, 연속적인), successful(성공적인)입니다. 선택지에서 이를 가지고 함정을 만든 것을 알아차릴 수 있어야 합니다.

Exercise 6

Burnout is officially a chronic workplace crisis and it helps to understand that burnout isn't the same as stress. Under stress, one still struggles to cope with pressures. But once burnout takes hold, the worker gives up all hope of surmounting one's obstacles. They usually show mental and physical fatigue, exhaustion, sleep deprivation, and absenteeism.

Q. What can one see as a sign of burnout?

(a) sleeping much more than usual
(b) working fewer days than before
(c) having difficulty dealing with pressures
(d) struggling to surmount obstacles

해설

Burnout is officially a chronic workplace crisis and it helps to understand that burnout isn't the same as stress. Under stress, one still struggles to cope with pressures. But once burnout takes hold, the worker gives up all hope of surmounting one's obstacles. They usually show mental and physical fatigue, exhaustion, sleep deprivation, and absenteeism.

Q. What can one see as a sign of burnout?

(a) sleeping much more than usual
(b) working fewer days than before
(c) having difficulty dealing with pressures
(d) struggling to surmount obstacles

STEP 1 문제를 정확하게 해석하여 머릿속에 그 내용을 정리합니다.

문제 해석 무엇을 목격할 수 있는가 / 조짐으로써 / 번아웃(탈진)의?

▶ 번아웃임을 알아차릴 수 있는 조짐이나 징후를 묻는 문제입니다.

STEP 2 번아웃의 증상이나 조짐을 서술하는 문장을 찾습니다. 첫 번째 문장은 번아웃의 정의를, 두 번째 문장은 번아웃과 구분되는 스트레스의 특징을, 세 번째 문장은 번아웃의 증상을 설명합니다. 이 세 번째 문장을 정확하게 해석하여 머릿속에 내용을 정리합니다.

해당 문장 해석 하지만 일단 번아웃이 강해지면, / 노동자는 포기합니다 / 모든 희망을 / 자신의 어려움들을 극복할.

▶ 어려움을 극복할 모든 희망을 포기한다는 것이 문제에서 묻는 내용임을 기억합니다.

CHAPTER 03

STEP 3 각 선택지를 해석하여 일치하는 내용을 찾습니다. (대명사 주의)

(a) 훨씬 많이 잔다 / 평소보다

(b) 더 적은 일수를 일한다 / 그 전보다

(c) 여러움을 겪는다 / 압박감을 해결하는 데에

(d) 고군분투한다 / 어려움을 극복하려고

▶ 어려움 극복에 관련된 내용은 (d)이나, 그러한 '희망을 포기한다'라는 본문의 내용과는 반대이므로 정답이 되지 않습니다. 나머지 선택지의 내용은 본문에서 읽은 내용과 일치하지 않으므로 다음 한 문장을 더 읽습니다.

STEP 4 **다음 문장 해석** 그들은 보통 보여준다 / 정신적 그리고 신체적 피로, 탈진, 수면 박탈, 그리고 잦은 결석을.

▶ '정신적 그리고 신체적 피로, 탈진, 수면 박탈, 잦은 결석'이라는 또 다른 증상을 나열하고 있으며 이 중의 하나라도 선택지에 있다면 정답이 됩니다. 문제는 번아웃의 증상 '전체'를 찾는 것이 아니라, 증상에 '해당되는 것'을 찾도록 요구했다는 걸 잊지 맙시다.

STEP 5 나머지 선택지 중에서 이와 관련된 내용을 찾습니다.

▶ absenteeism(잦은 결석)을 paraphrasing하여 결근을 의미하는 (b)가 정답입니다. (a)는 본문에 언급된 것과 반대이고, (c)는 본문에서 언급되지 않았습니다. 문제에서 묻고 있는 내용을 잘 이해했고, 본문에서 해당 문장을 잘 찾아 제대로 해석했으며, 그와 일치하는 선택지가 있으므로 (c)의 내용은 본문에서 오답 확인하지 않습니다.

Exercise 7

Apples contain plenty of healthful compounds, including antioxidants, vitamins, and dietary fiber. Apple seeds, however, contain a plant compound called amygdalin, which can have a toxic effect. It is harmless when a seed is intact, but when a seed is chewed or otherwise damaged, the amygdalin degrades into hydrogen cyanide, very poisonous and even lethal in high doses.

Q. When most likely can the apple be fatal to people?

(a) when one consumes a large amount of apples
(b) when the apple has been sliced
(c) when the apple is chewed into amygdalin
(d) when one eats the apple whole

해설

Apples contain plenty of healthful compounds, including antioxidants, vitamins, and dietary fiber. Apple seeds, however, contain a plant compound called amygdalin, which can have a toxic effect. It is harmless when a seed is intact, but when a seed is chewed or otherwise damaged, the amygdalin degrades into hydrogen cyanide, very poisonous and even lethal in high doses.

Q. When most likely can the apple be fatal to people?

(a) when one consumes a large amount of apples
(b) when the apple has been sliced
(c) when the apple is chewed into amygdalin
(d) when one eats the apple whole

STEP 1 문제를 정확하게 해석하여 머릿속에 그 내용을 정리합니다.

문제 해석 언제 사과는 치명적일 수 있을 것 같은가 / 사람들에게?

▶ 사과가 사람들에게 치명적일 수 있는 경우를 물어보는 문제입니다.

STEP 2 사과가 치명적일 수 있는 경우에 해당하는 문장을 찾습니다. 마지막 문장에 lethal(치명적인)이라는 내용이 있으며, 이 문장을 정확하게 해석하여 머릿속에 내용을 정리합니다.

해당 문장 해석 사과는 무해하다 / 씨앗이 온전할 때, / 하지만 씨앗이 씹히거나 혹은 그 외에 손상된다면, / 아미그달린은 분해된다 / 시안화수소로, / (그게 뭐냐면) 매우 독성을 가지며 심지어는 치명적일 수 있다 / 많이 먹을 경우에.

▶ 씨앗이 손상되면 아미그달린이 시안화수소로 분해되며, 이 시안화수소의 많은 양이 복용되었을 때가 문제에서 묻는 내용임을 기억합니다.

CHAPTER 03

STEP 3 각 선택지를 해석하여 일치하는 내용을 찾습니다. (대명사 주의)

(a) 사람이 섭취했을 때 / 많은 양의 사과를

(b) 사과가 잘렸을 때

(c) 사과가 씹혔을 때 / 아미그달린으로

(d) 사람이 먹었을 때 / 온전한 사과 하나를

▶ 사과의 씨앗이 손상되어 나오는 시안화수소의 다량 복용을 '많은 양의 사과 섭취'로 paraphrasing 한 (a)가 정답입니다. 사람의 장기 내에 들어가면 모든 음식물은 분해된다는 상식을 적용해 보았을 때 옳은 서술이며, 무엇보다 나머지 선택지가 모두 정답이 불가능합니다. 대량으로 복용된다는 조건이 없는 (b)와 (d)는 정답이 될 수 없고, (c)는 아미그달린이 시안화수소로 분해된다는 본문의 내용을 '사과가 아미그달린으로 분해된다.'라고 잘못 서술하고 있습니다.

Exercise 8

Dog Painting

Dogs have been our best friends for a very long time, and now we have the earliest ever pictorial evidence of that bond. Prehistoric rock art found in Saudi Arabia shows humans hunting with dogs on leashes. It looks like those pictures could be at least 8,000 years old, making them the earliest art depicting dogs.

Q. What is the article about?

(a) the picture of our best friend
(b) the earliest evidence of the founding Saudi Arabia
(c) the way that humans hunted with dogs
(d) the oldest painting of tamed dogs

해설

Dog Painting

Dogs have been our best friends for a very long time, and now we have the earliest ever pictorial evidence of that bond. Prehistoric rock art found in Saudi Arabia shows humans hunting with dogs on leashes. It looks like those pictures could be at least 8,000 years old, making them the earliest art depicting dogs.

Q. What is the article about?

(a) the picture of our best friend
(b) the earliest evidence of the founding Saudi Arabia
(c) the way that humans hunted with dogs
(d) the oldest painting of tamed dogs

STEP 1 Part 2, 4에서 첫 번째 문제로 종종 등장하는 '글의 주제' 찾기 문제입니다. 이 문제는 보통 나머지 문제를 모두 푼 후에 푸는 것이 좋은데, 전체 글의 주제는 너무 포괄적이어서도 안 되고, 너무 세부적이어서도 안 된다는 점을 기억하세요! 다른 문제가 없으니 제목과 1단락을 전체적으로 읽은 뒤에 2~3단어로 키워드를 정리하여 정답을 골라봅시다.

STEP 2 첫 번째 문장 내용: 개 = 오랫동안 우리의 가장 친한 친구, 가장 오래된 증거 有

두 번째 문장 내용: 사우디아라비아의 선사시대 암벽 – 개와 사냥 그림

세 번째 문장 내용: 적어도 8,000년 전 → 가장 오래된 개 묘사 그림

▶ '친구인 개, 가장 오래된 그림/증거' 정도로 주제를 요약할 수 있습니다.

STEP 3 각 선택지를 해석하여 일치하는 내용을 찾습니다. (포괄적, 세부적인 선택지 주의)

(a) 우리의 가장 친한 친구에 대한 그림

(b) 사우디아라비아를 세웠다는 최초의 증거

(c) 인간이 개와 함께 사냥하는 방식

(d) 길들여진 개를 그린 가장 오래된 그림

▶ '우리의 친구인 개'의 설명이 빠져 있는 (a), (b)는 정답이 될 수 없고, '가장 오래된 그림/증거'의 서술이 빠져 있는 (c)도 정답이 될 수 없습니다. 이 두 키워드를 모두 포괄하는 (d)가 정답입니다.

Exercise 9

By the 19th century, the only way to produce purple dye was from an esoteric species of sea snails found only in a small part of the Mediterranean. It took 10,000 of these snails to produce just a single gram of dye and a single pound of purple dye was equivalent to the price of a house. This is why purple was a color worn only by the wealthy elites and royalty. Queen Elizabeth herself forbade anyone except close members of the royal family to wear purple.

Q. Why could purple be associated with royalty?

(a) The royals used to wear attires in purple
(b) The king forbade common people from wearing it
(c) Only the upper classes could afford the dye
(d) It was a queen's favorite color

해설

By the 19th century, the only way to produce purple dye was from an esoteric species of sea snails found only in a small part of the Mediterranean. It took 10,000 of these snails to produce just a single gram of dye and a single pound of purple dye was equivalent to the price of a house. This is why purple was a color worn only by the wealthy elites and royalty. Queen Elizabeth herself forbade anyone except close members of the royal family to wear purple.

Q. Why could purple be associated with royalty?

(a) The royals used to wear attires in purple
(b) The king forbade common people from wearing it
(c) Only the upper classes could afford the dye
(d) It was a queen's favorite color

STEP 1 문제를 정확하게 해석하여 머릿속에 그 내용을 정리합니다.

문제 해석 왜 보라색은 연관될 수 있었나 / 왕족과?

▶ 보라색과 왕족의 관련성에 대한 이유를 물어보는 문제입니다.

STEP 2 전체 글이 보라색에 관련된 내용이므로, 그중에서 왕족과 연관되었다는 내용에 해당하는 문장을 찾습니다. 세 번째 문장에 royalty(왕족)에 의해 착용되는 색이었다는 내용이 있으며 이에 대한 이유가 앞 문장에 있으므로(this is why: 이것이 바로 ~ 한 이유이다, this는 앞 문장 전체를 가리킴) 그 문장을 정확하게 해석하여 머릿속에 내용을 정리합니다.

해당 문장 해석 그것은 소모했다 / 10,000마리의 이 달팽이를 / (그게 뭐냐면) 생산하는 것이다 / 단지 1그램의 염료를 / 그리고 보라색 염료 1파운드는 상응했다 / 집 한 채의 가격과.

▶ 보라색이 왕족과 관련성을 가진 이유는 이 한 문장이며, 보라색 염료의 생산이 어려웠고 가격이 매우 높았다는 것이 문제에서 묻는 내용임을 기억합니다.

STEP 3 각 선택지를 해석하여 일치하는 내용을 찾습니다. (대명사 주의)

(a) 왕족들은 보라색의 의복을 입곤 했다

(b) 왕이 금지했다 / 평민들을 / 보라색을 입는 것으로부터

(c) 오직 상류층들만이 그 염료를 구입할 여유가 있었다

(d) 보라색은 여왕이 가장 좋아하는 색이었다

▶ 가격이 높았다는 것을 '구입할 여유가 있었다'라는 표현으로 paraphrasing한 (c)가 정답입니다. 극단적인 표현인 only는 본문에서 먼저 읽었던 문장 'worn only by the wealthy elites and royalty (오직 부유한 엘리트들과 왕족들에 의해서 착용된)'에 직접적으로 언급되어 있으므로 사용 가능합니다. 문제에서 묻고 있는 내용을 잘 이해했고 본문에서 해당 문장을 잘 찾아 제대로 해석했으며 그와 일치하는 선택지가 있으므로 (a), (b), (d)의 내용은 본문에서 오답 확인하지 않습니다. (b)는 문제에서 물은 '왕족과 관련된 이유'에 해당하지 않으며 본문에는 여왕으로 쓰여진 것이 선택지에는 왕이라고 잘못 서술되어 있습니다.

Exercise 10

I think this can be a win-win strategy for each other. My store is within a business district and there is a national park 50 meters away. In addition, the new apartment complex is being constructed two blocks from here. This can be a definite opportunity for you to make many people savor your cookies with the geographical benefits. If this collaboration works well, we can plan another event for Halloween or Christmas.

Q. Why most likely can the writer's store be ideal for the reader?

(a) It can provide an opportunity to collaborate
(b) It can attract a wide customer base
(c) It is very close to the writer's apartment
(d) It is geographically profitable

해설

I think this can be a win-win strategy for each other. My store is within a business district and there is a national park 50 meters away. In addition, the new apartment complex is being constructed two blocks from here. This can be a definite opportunity for you to make many people savor your cookies with the geographical benefits. If this collaboration works well, we can plan another event for Halloween or Christmas.

Q. Why most likely can the writer's store be ideal for the reader?

(a) It can provide an opportunity to collaborate
(b) It can attract a wide customer base
(c) It is very close to the writer's apartment
(d) It is geographically profitable

STEP 1 문제를 정확하게 해석하여 머릿속에 그 내용을 정리합니다.

문제 해석 왜 글쓴이의 가게는 이상적일 수 있을 것 같은가 / 읽는 이에게?

▶ 글쓴이의 가게가 읽는 이에게 이상적인 이유를 물어보는 문제입니다.

STEP 2 읽는 이에게 도움이 된다는 내용의 문장을 찾습니다. 네 번째 문장에 definite opportunity(분명한 기회)라고 언급되어 있으므로 그 문장을 정확하게 해석하여 머릿속에 내용을 정리합니다.

해당 문장 해석 이것은 확실한 기회가 될 수 있다 / 당신이 / 많은 사람들로 하여금 당신의 쿠키를 맛보게 만들 / 지리적인 이점들을 가지고.

▶ 앞에서 지리적인 이점을 나열했으며, 이러한 이점을 통해 많은 사람들에게 읽는 이의 쿠키를 맛보게 만드는 것이 문제에서 묻는 내용임을 기억합니다.

STEP 3 각 선택지를 해석하여 일치하는 내용을 찾습니다. (대명사 주의)

(a) 그 가게는 제공한다 / 협력할 기회를

(b) 그 가게는 끌어당길 수 있다 / 넓은 고객층을

(c) 그 가게는 매우 가깝다 / 읽는 이의 아파트에

(d) 그 가게는 지리적으로 수익성이 있다

▶ 많은 사람들에게 쿠키를 맛보게 한다는 것을 '넓은 고객층을 끌어당긴다.'라는 표현으로 paraphrasing 한 (b)가 정답입니다. 문제에서 묻고 있는 내용을 잘 이해했고, 본문에서 해당 문장을 잘 찾아 제대로 해석했으며, 그와 일치하는 선택지가 있으므로 (a), (c), (d)의 내용은 본문에서 오답 확인하지 않습니다. (a)는 문제에서 묻고 있는 가게의 이점에 해당하지 않으므로 오답입니다. (d)는 그 가게(부동산) 자체가 지리적으로 수익성이 있다는 의미로 본문과 전혀 다른 내용입니다.

Direction

이제 실제 시험과 똑같은 형식으로 문제를 풀며 실전 감각을 익혀봅시다! 본 교재의 '책 속의 책'에 총 4회차의 독해 TEST를 준비했습니다. 실제 시험에 나왔던 주제와 문제를 바탕으로 단어와 문장구조를 조금씩 변형하여 만들었으며, 본시험과 비슷하거나 조금 더 어려운 난도로 제작했습니다. 각 TEST는 영어로 된 시험지와 한글로 된 시험지로 구성되어 있습니다. 영어로 된 시험지를 먼저 풀어본 후, 바로 한글로 된 시험지를 풀어보세요. 같은 문제를 영문본에서는 틀렸지만 한글본에서는 맞았다면, 본인에게 해석 문제가 있다는 의미입니다. 6~7p.의 (1), (2), (3)을 참고하여 독해력을 향상시켜야 합니다. 영문본과 한글본에서 모두 틀렸다면, 문제 풀이 스킬 적용이 되고 있지 않거나, 언어 논리의 문제가 있다는 의미입니다. 문제 풀이 스킬을 정확하게 따라가면서 자신의 것으로 만들고 확신을 갖는 과정이 필요합니다.

* 교재의 마지막 부분에 각 지문에 해당하는 복습노트가 있습니다. 여기에 문제를 풀고 채점해 보세요. 나의 오답 패턴을 파악하고, 복습할 때 유용하게 사용하실 수 있습니다.

답이 보이는
지텔프 독해 - 실전편
해설

CHAPTER

04 지문 분석 & 정답 및 해설

■ 지문의 해석이 어려운 분들을 위해 본문의 문장을 상세하게 분석했습니다.

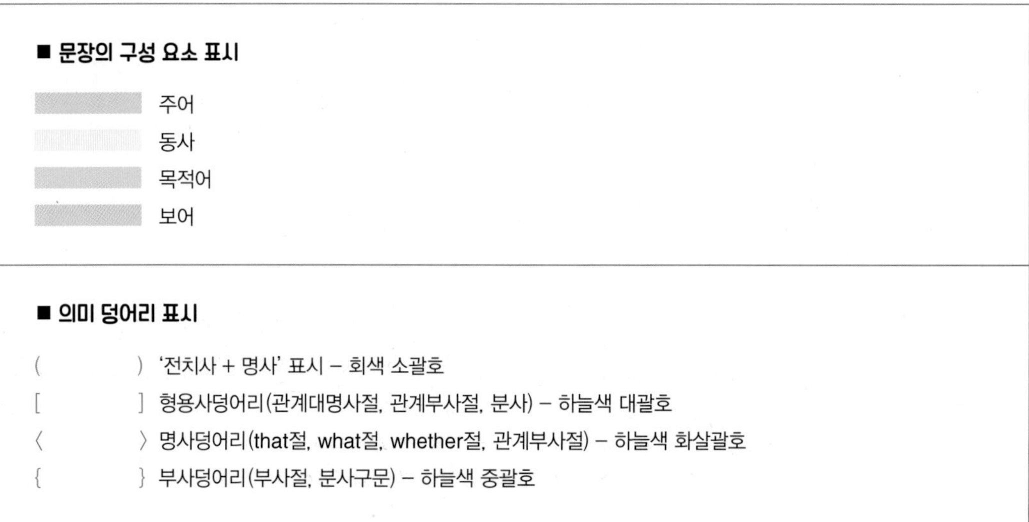

■ 문장의 구성 요소 표시

주어
동사
목적어
보어

■ 의미 덩어리 표시

( ) '전치사 + 명사' 표시 – 회색 소괄호
[ ] 형용사덩어리(관계대명사절, 관계부사절, 분사) – 하늘색 대괄호
〈 〉 명사덩어리(that절, what절, whether절, 관계부사절) – 하늘색 화살괄호
{ } 부사덩어리(부사절, 분사구문) – 하늘색 중괄호

■ 문장의 해석 또한 각 의미 덩어리에 맞추어 배치하였습니다. 직독직해된 해석은 이 분석본을 참고하시고, 의역된 해석은 문제편의 한글본을 참고하세요.

■ 각 문장의 앞에는 문장 구조를 도식화해 한눈에 보기 쉽게 만들었습니다.

S: 주어, V: 동사, O: 목적어, C: 보어

※ 한 문장에 목적어가 2개 들어 있는 문장은 4형식입니다. 간접목적어(IO)와 직접목적어(DO)의 구분은 따로 하지 않았습니다. 4형식의 두 목적어는 항상 'IO' – 'DO'의 순서이며, 해석은 '~에게' – '~을/를'입니다.

※ S V C(2형식)의 구조에서 S(주어)와 C(보어)는 자리가 바뀌는 경우가 많습니다.

■ 특정 구문의 해석이 어려우신 분들을 위해 대부분의 구문에 문법적인 용어를 적어 두었으니(청색 작은 글씨) 이를 활용하여 내가 해석하기 힘든 구문을 찾아서 공부해 보세요. 지텔프 독해에서는 15개 정도의 구문이 구조만 달리하여 반복 등장한답니다! 항상 공부는 '나의 문제점 발견 → 문제점 해결'이 가장 중요함을 잊지 마세요!

■ 문제 해설에서 문제에서 묻는 것은 노란색, 정답에 해당하는 것은 청록색, 오답의 이유는 분홍색으로 표시했습니다. 케이티 3단계 문제 풀이 방법을 숙지하여 그대로 문제에 적용해 보세요.

■ 본문의 전체 어휘 자료는 시대에듀 홈페이지(www.sdedu.co.kr) 또는 네이버 카페 '케이티 지텔프(cafe.naver.com/katiegtelp)'에서 다운받으실 수 있습니다.

BRUCE LEE

S V C
S는 C다

출신을 나타내는 형용사 ❶ ❷
Bruce Lee was a Hong Kong and American actor, martial artist,
브루스 리는 홍콩과 미국의 배우, 무술가,

❸
and martial arts instructor [who taught self-defense].
그리고 무술 강사였다 (그게 누구냐면) 가르쳤다 호신술을

S V
S는 V한다

이유를 나타내는 전치사 for
He is also noted (for opening people's eyes (to martial arts movies)).
그는 또한 유명하다 사람들의 눈을 연 것으로 무술 영화에

S V C
S는 C다

부사절(분사구문) – 이유
{Creating Jeet Kune Do, a hybrid martial arts philosophy}, he was
절권도를 만든 = (그게 뭐냐면) 혼합 무술 철학이다 그는 한 명이었다

one (of the most influential pop culture icon (of the 20th century)).
가장 영향력 있는 대중문화 아이콘 중의 20세기의

S V
S는 V한다

부사절 – 시간
Lee was born (in San Francisco) (in 1940) {while his parents were
리는 태어났다 샌프란시스코에서 1940년에 그의 부모님이 방문했던 동안에

visiting the city}.
그 도시를

S V O
S는 V한다 O를

부사절 – 시간
{After his family returned (to Hong Kong)}, his father, a noted
그의 가족이 돌아온 후에 홍콩으로, 그의 아버지는 (그게 누구냐면) 유명한

Cantonese opera star, introduced him (to the Hong Kong film
홍콩 오페라 스타인, 소개했다 그를 홍콩 영화계에

industry) (as a child actor).
아역 배우로서

CHAPTER 04
TEST 1-1

SVO
S는 V한다 O를

However, (at the same time), (throughout his teens), he had experienced

하지만 동시에 그의 10대 시절 내내 그는 경험했다

❶ ❷ ❸ ❹

Wing Chun, tai chi, boxing, and apparently frequent street fighting.

영춘권, 태극권, 권투, 그리고 전해지기로 잦은 길거리 싸움을

SVO
S는 V한다 O를

부사절 – 시간

{After Lee was involved (in several street fights)}, his parents

리가 휘말린 뒤에 몇 번의 길거리 싸움에, 그의 부모님은

명사절(목적어)

decided <that he needed to be trained (in the martial arts)>.

결정했다 (그게 뭐냐면) 그는 훈련받아야 한다고 무술에 대해

SVO
but SVC
and VO
S는 V한다 O를
그러나 S는 C고
V한다 O를

Lee began training (in Wing Chun) (with Yip Man), // but his street

리는 단련을 시작했다 영춘권에 있어서 엽문과 함께, 하지만 그의 길거리

❶ ❷ 동명사(목적어)

fights became more frequent / and included beating the son (of a

싸움은 더욱 잦아졌고 포함했다 아들을 때린 것을

feared triad family).

무서운 삼합회 가문의

SVO
S는 V한다 O를

(In April 1959), Lee's parents sent him (to the United States) /

1959년 4월, 리의 부모님은 그를 보냈다 미국으로

to부정사(부사적)

to stay (with his older sister, Agnes Lee).

그의 누나인 아그네스 리와 머물도록

SVO
S는 V한다 O를

to부정사(부사적)

(After several months), he started to teach martial arts / to make money.

몇 달 후, 그는 무술을 가르치기 시작했다 돈을 벌기 위해서

S V O and V O
S는 V한다 O를 그리고 V한다 O를

❶ He thought <that traditional martial arts techniques were (too) rigid and restrictive (to) be practical (in the real world)> / ❷ and founded Jeet Kune Do, {drawing (from different combat disciplines)}.

S: traditional martial arts techniques / V: were / C: too rigid and restrictive

그는 생각했다 / 전통적인 무술 기술들은 / 너무 엄격하고 / 제한적이라고 / 실용화되기에는 / 현실 세계에서 / 그리고 설립했다 / 절권도를 / 끌어내면서 / 다양한 전투 기법들로부터

★ too 형용사 to 동사: [동사]하기에는 너무 [형용사]인

부사절(분사구문) – 방법

S V O
S는 V한다 O를

부사절(분사구문) – 시간

{Operating three martial arts schools}, he made a brief appearance (in many films [including Marlowe]), {showcasing his martial arts abilities}.

세 개의 무술학교를 운영하면서 / 그는 짧은 등장을 했다 / 많은 영화들에 / (그게 뭐냐면) Marlowe를 포함한 / 그의 무술 능력을 보여주면서

★ make appearance: 얼굴을 비추다, 출연하다, 등장하다

부사절(분사구문) – 부연

S V O
S는 V한다 O를

부사절(분사구문) – 시간

{Looking (for the chance (of taking a leading role))}, he realized <that the main positions (in Hollywood) were for Caucasian actors>.

명사절(목적어)

S: the main positions / V: were / C: for Caucasian actors

기회를 찾으면서 / 주연을 맡을 / 그는 깨달았다 / 주요 역할들이 / 헐리우드에 있는 / 백인 배우들을 위한 것이라는 것을

S V
S는 V한다

부사절(분사구문)

{Unsatisfied with supporting roles}, Lee returned (to Hong Kong).

만족하지 못한 / 조연 역할들에, / 리는 돌아왔다 / 홍콩으로

S V O
S는 V한다 O를

Lee played his first leading role (in The Big Boss), [which ❶ proved to be an enormous box office success (across Asia) and ❷ catapulted him (to stardom)].

리는 맡았다 / 그의 첫 번째 주연 역할을 / The Big Boss에서 / (그게 뭐냐면) 판명되었다 / 엄청난 흥행 성공으로 / 아시아 전체에서 / 그리고 그를 올렸다 / 스타의 반열에

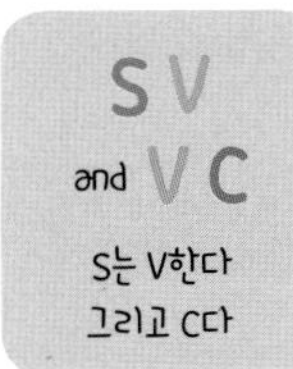

❶
Subsequently, he appeared (in five feature-length Hong Kong martial

그 후, 그는 등장했다 다섯 편의 장편 홍콩 무술 영화에

❷
arts films) and became an iconic figure [known (throughout the world)].

그리고 우상이 되었다 (그게 누구냐면) 전 세계에 알려진

S V
S는 V한다

Lee died (on July 20, 1973), (at the age of 32).

리는 죽었다 1973년 7월 20일에 서른 두 살의 나이로

S V O
S는 V한다 O를

(Even since his death), Lee has continued to be a prominent influence

그의 죽음 이후에도, 리는 계속해서 중요한 영향력을 끼치는 인물이다

❶ = and ❷
(on modern combat sports, as well as modern popular culture),

현대 격투 스포츠와 현대 대중문화에

부사절(분사구문) – 이유
{bridging the gap (between East and West)}.

차이를 메우면서 동양과 서양 사이의

난도 (하)

Bruce Lee was a Hong Kong and American actor, martial artist, and martial arts instructor who taught self-defense. He is also noted for opening people's eyes to martial arts movies. Creating Jeet Kune Do, a hybrid martial arts philosophy, he was one of the most influential pop culture icon of the 20th century.

53 What is Bruce Lee best known for?

(a) creating the new version of martial arts
(b) being the first successful Asian actor in Hollywood
(c) teaching his special defending skill (문제 관련 ×)
(d) sparking audiences' interest in specific film genre

STEP 1 항상 첫 번째는 정확한 문제 해석과 이해입니다. 문제에서 '브루스 리가 유명한 이유'에 대해서 묻고 있으므로 '브루스 리가 유명하다'는 의미를 가진 문장을 찾아봅시다.

STEP 2 '브루스 리가 유명하다'는 의미를 가진 문장은 1단락의 두 번째 문장에 있습니다. 해당 문장을 정확하게 해석하여 머릿속에 내용을 정리합니다.
"그는 또한 유명하다 / 사람들의 눈을 연 것으로 / 무술 영화에."

STEP 3 각 선택지를 해석하며 '사람들이 무술 영화에 눈을 뜨게 하였다'는 내용을 찾습니다.

(a) 무술의 (그 전에는 존재하지 않았던) '새로운' 버전을 만들었다는 것은 읽은 내용과 일치하지 않습니다. 특히 '새로운'이라는 단어는 극단적인 표현으로, 본문에서 직접적으로 언급되지 않으면 쓸 수 없는 단어입니다. → 소거

(b) 할리우드에서 성공한 '첫 번째' 아시아계 배우라는 것은 읽은 내용과 일치하지 않습니다. 특히 '첫 번째'라는 단어는 극단적인 표현으로, 본문에서 직접적으로 언급되지 않으면 쓸 수 없는 단어입니다. → 소거

(c) 호신술을 가르쳤다는 것은 해당 문장에서 읽은 적이 없습니다. 본문에 언급되었더라도 문제에서 묻는 것이 아니므로 정답이 될 수 없습니다. 문제에서 묻는 부분만을 머릿속에 정리하여 정답을 골라야 이런 오답을 피해갈 수 있습니다.

(d) 특정한 영화 장르에 관객들의 흥미를 끌었다는 것은 우리가 읽은 내용과 일치합니다. 브루스 리가 유명한 것은 특정한 영화 장르인 '무술 영화'에 관심을 가지게 만들었기 때문입니다. (각 단어를 매칭하는 연습은 하지 않습니다. 의미가 일치하는지 눈을 감고 생각해보는 것이 paraphrasing을 찾는 데 더 도움이 됩니다.)

ANSWER 브루스 리가 유명한 이유를 제대로 설명한 (d)가 정답입니다. 문제에서 묻고 있는 내용을 잘 이해했고 본문에서 해당 문장을 잘 찾아 제대로 해석했으며 그와 일치하는 선택지가 있으므로 나머지 선택지의 내용은 본문에서 오답 확인하지 않습니다. (해당 내용이 본문에 있다고 하더라도, 문제에서 묻는 것이 아니므로 정답이 될 수 없습니다.)

어휘 be (well-)known for 동 ~으로 유명하다(= be noted for = be famous for = be famed for = be renowned for)
successful 형 성공적인
successive 형 연속적인, 잇따른
specific 형 특정한

난도 하

Lee was born in San Francisco in 1940 while his parents were visiting the city. After his family returned to Hong Kong, his father, a noted Cantonese opera star, introduced him to the Hong Kong film industry as a child actor. However, at the same time, throughout his teens, he had experienced Wing Chun, tai chi, boxing, and apparently frequent street fighting. After Lee was involved in several street fights, his parents decided that he needed to be trained in the martial arts. Lee began training in Wing Chun with Yip Man, but his street fights became more frequent and included beating the son of a feared triad family.

54 How did Lee first appear in the world of performance?

(a) by starring in a film as a young actor
(b) by appearing in a movie alongside his father
(c) by giving a performance in an opera
(d) by introducing martial arts in a movie

STEP 1 항상 첫 번째는 정확한 문제 해석과 이해입니다. 문제에서 '브루스 리가 처음 공연세계에 나타난 과정(이유)'에 대해서 묻고 있으므로 '브루스 리의 공연계 첫 등장'을 이야기하는 문장을 찾아봅시다.

STEP 2 '첫 등장'을 찾아야 함을 잊지 맙시다. 2단락의 두 번째 문장을 보면 introduce를 사용하여 '브루스 리를 처음 들여왔다/소개했다.'라는 내용이 나옵니다. 해당 문장을 정확하게 해석하여 머릿속에 내용을 정리합니다.
"그의 가족이 돌아온 후에 / 홍콩으로, / 그의 아버지는 / (그게 누구냐면) 유명한 홍콩 오페라 스타인, / 소개했다 / 그를 / 홍콩 영화계에 / 아역 배우로서."

STEP 3 각 선택지를 해석하며 '아버지가 그를 아역 배우로 영화에 출연시켰다'는 내용을 찾습니다.
(a) 어린 배우로서 영화에 출연했다는 것은 우리가 읽은 내용과 일치합니다. star가 동사로 쓰이면 '주

연을 맡다.'라는 뜻이 있다는 것을 알아둡시다. 보통 'star in [영화 제목]'으로 쓰입니다.

(b) 영화에 등장한 것은 맞지만 아버지와 '함께' 출연한 것은 아니므로 읽은 내용과 일치하지 않습니다. → 소거

(c) 오페라가 아닌 영화계에 등장했으므로 틀린 내용입니다. 아버지의 직업을 가지고 오답을 만들어 냈습니다. → 소거

(d) 영화에 등장한 것은 맞지만 거기에서 무술을 도입/소개하지는 않았습니다. introduce라는 동사를 가지고 오답을 만들어 냈습니다. 1단락에서 그의 업적 중의 하나로 영화에 무술을 도입한 것을 언급했더라도 문제에서 묻는 '처음 공연계에 나타난 과정'과는 일치하지 않으므로 정답이 될 수 없습니다. → 소거

ANSWER 브루스 리가 처음 공연계에 등장한 과정을 제대로 설명한 (a)가 정답입니다. 문제에서 묻고 있는 내용을 잘 이해했고 본문에서 해당 문장을 잘 찾아 제대로 해석했으며 그와 일치하는 선택지가 있으므로 나머지 선택지의 내용은 본문에서 오답 확인하지 않습니다. (해당 내용이 본문에 있다고 하더라도, 문제에서 묻는 것이 아니므로 정답이 될 수 없습니다.)

어휘 star 자 출연하다 (star in: ~에 출연하다, 주연을 맡다)
alongside 전 ~와 함께, ~와 동시에

난도 중

Lee was born in San Francisco in 1940 while his parents were visiting the city. After his family returned to Hong Kong, his father, a noted Cantonese opera star, introduced him to the Hong Kong film industry as a child actor. However, at the same time, throughout his teens, he had experienced Wing Chun, tai chi, boxing, and apparently frequent street fighting. After Lee was involved in several street fights, his parents decided that he needed to be trained in the martial arts. Lee began training in Wing Chun with Yip Man, but his street fights became more frequent and included beating the son of a feared triad family.

55 How did Lee's parents respond to his street fighting?

(a) urged him to practice skills in a formal setting
(b) encouraged him to ~~teach~~ his own way
(c) ~~forbade~~ him from going to the academy
(d) persuaded him to be dedicated to his schoolwork (상상)

STEP 1 항상 첫 번째는 정확한 문제 해석과 이해입니다. 문제에서 '그의 길거리 싸움에 대한 부모님의 반응'에 대해서 묻고 있으므로 '길거리 싸움'을 이야기하는 문장을 찾아봅시다.

STEP 2 2단락의 세 번째 문장에 길거리 싸움을 했다는 내용이 보입니다. 하지만 부모님의 반응은 없으므로 다음 문장으로 넘어갑니다. 네 번째 문장을 정확하게 해석하여 머릿속에 내용을 정리합니다.

"리가 휘말린 뒤에 / 몇 번의 길거리 싸움에, / 그의 부모님은 결정했다 / (그게 뭐냐면) 그는 훈련받아야 한다고 / 무술에 대해."

STEP 3 각 선택지를 해석하며 '무술 훈련을 받아야 한다고 결정했다'는 내용을 찾습니다.

(a) (무술이라는) 형식을 갖춘 환경에서 기술을 습득하도록 설득했다는 것은 우리가 읽은 내용과 일치합니다. paraphrasing을 파악하지 못했더라도 나머지 선택지들을 읽어본 후 다시 한번 비교해볼 수 있습니다.

(b) 부모님은 그가 가르치는 것이 아니라 배우기를 원했으므로 틀린 내용입니다. → 소거

(c) 선택지의 아카데미(학원, 학교)를 '무술로 가르치는 학원' 혹은 '정규 학교'로 보더라도 그곳에 가는 것을 금지했다는 것은 틀린 내용입니다. → 소거

(d) 학업에 열중하도록 설득했다는 것은 본문에서 전혀 언급되지 않은 내용입니다. 상상력을 동원하여 만든 오답입니다.

ANSWER 부모님이 결정한 내용을 잘못된 정보 없이 설명한 (a)가 정답입니다. 문제에서 묻고 있는 내용을 잘 이해했고 본문에서 해당 문장을 잘 찾아 제대로 해석했으며 나머지 선택지가 모두 확실한 오답이므로 본문에서 오답 확인하지 않습니다. (해당 내용이 본문에 있다고 하더라도, 문제에서 묻는 것이 아니므로 정답이 될 수 없습니다.)

어휘 prevent 타 ~을 막다 (prevent 목 from 명: 목적어를 명사로부터 막다)
dedicate 타 바치다, 헌정하다 (dedicate 목 to 명: 목적어를 명사에 헌신하다)

In April 1959, Lee's parents sent him to the United States to stay with his older sister, Agnes Lee. After several months, he started to teach martial arts to make money. He thought that traditional martial arts techniques were too rigid and restrictive to be practical in the real world and founded Jeet Kune Do, drawing from different combat disciplines. Operating three martial arts schools, he made a brief appearance in many films including Marlowe, showcasing his martial arts abilities.

56 Why most likely did Lee start his own martial arts philosophy?

(a) because each martial art had its own weak point (상상)
(b) because traditionalists disregarded him (상상)
(c) because other martial arts were inflexible to apply
(d) because he focused ~~more~~ on self-discipline

STEP 1 항상 첫 번째는 정확한 문제 해석과 이해입니다. 문제에서 '리가 자신의 무술 철학을 시작한 이유'에 대해서 묻고 있으므로 '자신의 무술 시작'을 이야기하는 문장을 찾아봅시다.

STEP 2 '시작'을 찾아야 함을 잊지 맙시다. 3단락의 세 번째 문장에 절권도를 '설립'했다는 내용이 있습니다. 해당 문장을 정확하게 해석하여 머릿속에 내용을 정리합니다.

"그는 생각했다 / 전통적인 무술 기술들은 너무 엄격하고 제한적이라고 / 실용화되기에는 / 현실 세계에서 / 그리고 설립했다 / 절권도를 / 끌어내면서 / 다양한 전투 기법들로부터."

STEP 3 각 선택지를 해석하며 '전통적인 무술 기법들이 실생활에서는 경직적 · 제한적'이라는 내용을 찾습니다.

(a) 모든 무술들이 각기 약점을 가지고 있었다는 것은 읽은 내용과 일치하지 않습니다. 상상력을 동원하여 만든 오답입니다.

(b) 전통주의자들이 그를 무시했다는 것도 읽은 내용과 일치하지 않습니다. 상상력을 동원하여 만든 오답입니다.

(c) 기존의 무술들이 적용하기에 경직되어 있었다는 것은 우리가 읽은 내용과 일치합니다.

(d) 자기 수양에 집중했다는 것 또한 읽은 내용과 일치하지 않는 내용이며 특히 비교급은 극단적인 표현으로, 본문에서 직접적으로 언급되지 않으면 쓸 수 없습니다. → 소거

ANSWER 리가 절권도를 설립한 이유를 제대로 설명한 (c)가 정답입니다. 문제에서 묻고 있는 내용을 잘 이해했고, 본문에서 해당 문장을 잘 찾아 제대로 해석했으며, 그와 일치하는 선택지가 있으므로 나머지 선택지의 내용은 본문에서 오답 확인하지 않습니다. (해당 내용이 본문에 있다고 하더라도, 문제에서 묻는 것이 아니므로 정답이 될 수 없습니다.)

어휘 each 형 부 각각, 모두 (★대상 모두를 지칭하면서 개별 대상을 더 강조하는 표현입니다. every와 같이 100%의 극단적 표현임을 기억해둡시다.)
disregard 타 무시하다
inflexible 형 경직된, 융통성이 없는
self-discipline 명 자기 훈련, 수양

난도 중

Looking for the chance of taking a leading role, he realized that the main positions in Hollywood were for Caucasian actors. Unsatisfied with supporting roles, Lee returned to Hong Kong. Lee played his first leading role in The Big Boss, which proved to be an enormous box office success across Asia and catapulted him to stardom. Subsequently, he appeared in five feature-length Hong Kong martial arts films and became an iconic figure known throughout the world.

57 Why most likely couldn't Lee continue his career in Hollywood?

(a) He was not satisfied with living there (상상)
(b) He looked different from other movie stars
(c) He couldn't get enough support as an actor (상상)
(d) He wanted to be more paid (상상)

STEP 1 항상 첫 번째는 정확한 문제 해석과 이해입니다. 문제에서 '리가 헐리우드에서 커리어를 계속하지 못한 이유'에 대해서 묻고 있으므로 고유명사인 '헐리우드'를 찾아봅시다.

STEP 2 4단락의 첫 번째 문장에 헐리우드가 등장합니다. 해당 문장을 정확하게 해석하여 머릿속에 내용을 정리합니다.
"기회를 찾으면서 / 주연을 맡을, / 그는 깨달았다 / 주요 역할들이 / 헐리우드에 있는 / 백인 배우들을 위한 것이라는 것을."

STEP 3 커리어를 지속할 수 없었다는 직접적 표현은 없지만, 홍콩 태생인 그가 주연을 맡을 수 없었다는 의미로, 문제에서 묻는 문장이 맞습니다. 단어의 매칭이 아닌 정확한 '의미'로 paraphrasing을 찾아야 함을 잊지 마세요! 각 선택지를 해석하며 '헐리우드에서 원하는 백인 배우가 아니었기 때문'이라는 내용을 찾습니다.
(a) 그가 헐리우드에서의 삶에 만족하지 않았다는 것은 읽은 내용과 일치하지 않습니다. 상상력을 동원하여 만든 오답입니다.

(b) 그가 다른 영화 스타들과 생김새가 달랐다는 것은 '헐리우드에서 원하는 백인이 아니었기 때문'이라는 우리가 읽은 내용과 일치합니다.

(c) 배우로서 충분한 지원을 받았는지 받지 못했는지는 우리가 알 수 없습니다. 우리가 읽은 내용과 일치하지 않습니다. 상상력을 동원하여 만든 오답입니다.

(d) 돈과 관련된 것 또한 읽은 내용과 일치하지 않는 내용으로 상상력을 동원하여 만든 오답입니다.

ANSWER 리가 헐리우드에서 일을 지속할 수 없었던 이유를 제대로 설명한 (b)가 정답입니다. 문제에서 묻고 있는 내용을 잘 이해했고 본문에서 해당 문장을 찾아 제대로 해석했으며 그와 일치하는 선택지가 있으므로 나머지 선택지의 내용은 본문에서 오답 확인하지 않습니다. (해당 내용이 본문에 있다고 하더라도 문제에서 묻는 것이 아니므로 정답이 될 수 없습니다.)

난도 (하)

He thought that traditional martial arts techniques were too rigid and restrictive to be practical in the real world and founded Jeet Kune Do, drawing from different combat disciplines.

58 In the context of the passage, founded means ___________.

(a) created
(b) set
(c) based
(d) discovered

STEP 1 단어 문제는 '문맥적' 유의어를 묻기 때문에 밑줄 친 단어와 함께 쓰인 앞/뒤의 단어를 함께 해석해야 합니다. 문맥상 어떤 의미로 쓰였는지 확인합니다.
"절권도를 설립했다"

STEP 2 동사 found는 목적어 '절권도'와 함께 쓰여, '(조직 · 기관을 특히 돈을 대서) 설립하다'의 뜻으로 사용되었습니다. 그전에 없었던 것을 새롭게 만들어냈다는 의미입니다.

STEP 3 (a) 창조했다: 그전에 없었던 것을 만들어냈다는 의미로 조직이나 기관의 창립에도 쓰입니다.

(b) 설정했다: 특정한 위치에 놓거나 고정시키고 규정하여 준비된 상태로 만든다는 의미입니다. '설정했다'는 새로운 것을 만들어냈다는 것과 다릅니다.

(c) 근거를 두었다: 전치사 in과 함께 쓰여 목적어의 근거지/기반을 어디에 두었는지 서술할 때 쓰입니다. found의 다른 뜻인 '~의 기반을 두다'를 가지고 만들어 낸 오답입니다.

(d) 발견했다: 없었던 것을 만들어 낸 것이 아니라, 기존에 있었으나 그 존재를 모르고 있었던 것을 새롭게 발견했다는 의미입니다.

→ (a) created Jeet Kune Do (절권도를 창조했다) – 빈칸에 넣어 자연스럽게 해석됨을 확인합니다.

ANSWER founded와 바꾸어 쓸 수 있는 (a) created가 정답입니다.

난도 (하)

Operating three martial arts schools, he made a brief appearance in many films including Marlowe, showcasing his martial arts abilities.

59 In the context of the passage, showcasing means ___________.

(a) pointing
(b) suggesting
(c) displaying
(d) expressing

STEP 1 단어 문제는 '문맥적' 유의어를 묻기 때문에 밑줄 친 단어와 함께 쓰인 앞/뒤의 단어를 함께 해석해야 합니다. 문맥상 어떤 의미로 쓰였는지 확인합니다.

"그의 무술 능력을 보여주었다"

STEP 2 동사 showcase는 목적어 '무술 능력'과 함께 쓰여, '(장점이 돋보이도록) 보여주다'의 뜻으로 사용되었습니다. 많은 사람들에게 선보였다는 의미입니다.

STEP 3 (a) 겨눴다: 타동사로 쓰일 때 특정 사물이나 사람을 겨냥한다는 의미이므로 문맥상 부적절합니다.

(b) 시사했다: 다른 사람들이 이에 대해 생각해볼 수 있도록 암시적으로 의견이나 의논 대상을 제시한다는 의미입니다. 직접적으로 사람들에게 선보이는 것과는 다릅니다.

(c) 선보였다: 많은 사람들이 볼 수 있도록 공개했다는 의미입니다.

(d) 표현했다: express는 사람의 생각이나 감정을 전달한다는 의미로만 쓰입니다. 목적어인 '그의 무술 능력'과 함께 쓰일 수 없습니다.

→ (c) displaying his martial arts abilities (그의 무술 능력을 선보였다) – 빈칸에 넣어 자연스럽게 해석됨을 확인합니다.

ANSWER showcasing과 바꾸어 쓸 수 있는 (c) displaying이 정답입니다.

A STUDY THAT INDICATES THE INADEQUACY OF SELFISH HERDING HYPOTHESIS

SVO
S는 V한다 O를

명사절(목적어)
The selfish herd theory states <that individuals (within a population)
이기적 무리 이론은 이야기한다 (그게 뭐냐면) 개체군 내의 개개인들은
S
★ by ~ing: ~함으로써
attempt to reduce their predation risk / by putting other members
V O
노력한다고 그들이 잡아먹힐 위험을 줄이려고 다른 구성원들을 둠으로써
(between themselves and predators)>.
자기 자신과 포식자 사이에

SVO
S는 V한다 O를

부사절 – 조건
According to W. D. Hamilton, {if a group (of flying birds) scatters
W. D. 해밀턴에 따르면, 날아다니는 새들 한 무리가 흩어진다면
(to the rim (of the group))}, the predator will attack the nearest one.
★ 앞에 나온 명사를 받아오는 대명사
그 무리의 가장자리로 포식자는 공격할 것이다 가장 가까이 있는 새를

SVO
S는 V한다 O를

★ each는 각 개체들 전부를 강조(=모든) ❶
Each bird would have a better chance (of not being closest to / and
각각의 새들은 가질 것이다 더 나은 가능성을 가장 가까이 있지 않을 그리고
(being) ❷
thus not vulnerable to / the attack by the predator), {if it is between
그래서 취약해지지 않을 포식자의 공격에 만일 그 새가
other members}.
다른 구성원들 사이에 있다면

SV
S는 V한다

As a result, / typical birds would fly (to smaller gaps (between
결과적으로 일반적인 새들은 날아갈 것이다 더 작은 공간들로
neighboring birds)) (for one's survival).
인접해 있는 새들 사이에 있는 자신의 생존을 위해

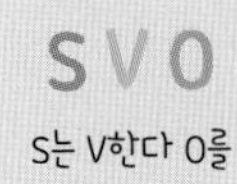

Researchers, [led by Daniel Sankey], designed an experiment /

연구자들은 다니엘 센키에 의해 이끌어진 실험을 고안했다

to부정사(부사적) 부사절 – 시간

to look into birds' behavior model {when they face predation risk}

살펴보기 위해서 새들의 행동 모델을 새들이 포식 위험에 직면했을 때

(with advanced technology).

첨단 기술을 이용하여

S V O
S는 V한다 O를

They tested both small and large flocks (of homing pigeons)

그들은 실험했다 작은 무리와 큰 무리 모두를 비둘기의

[tagged with Global Positioning System(GPS) loggers].

(그게 뭐냐면) 부착되어 있다 위성 위치 확인 시스템(GPS) 기록장치가

S V
S는 V한다

★ in order to RV: [RV]하기 위해서

In order to pose a threat, / a special robot [seeming like a peregrine

위협을 가하기 위해서 특별한 로봇이 송골매처럼 보이는

★ be use to V: [V]하기 위해서 이용되다 ★ by ~ing: ~함으로써

falcon] was used / to chase flocks / by controlling a remote control.

사용되었다 새떼를 쫓기 위해서 리모컨을 사용함으로써

S V and
S V O
S는 V한다 그리고
S는 V한다 O를

(Under this perceived threat,) / each pigeon's change (of location)

이러한 감지된 위협하에서, 각각의 비둘기들의 위치 변화는

was analyzed (with the aid (of GPS receivers and satellites)), / and

분석되었다 GPS 수신기와 인공위성들의 도움으로 그리고

부사절(분사구문) – 시간

they showed no increased attraction {compared to another group

비둘기들은 증가된 가까워짐을 보여주지 않았다 다른 그룹에 비해서

(without Robot Falcon's existence)}.

로봇 송골매의 존재가 없는

SVO
S는 V한다 O를

부사절(분사구문) – 조건 / 명사절(목적어)

{Based on this result}, / they suggested <that they adapt /
S V

이 결과에 근거하여, 그들은 제안했다 (그게 뭐냐면) 비둘기들은 적응했다고

to부정사(부사적)

to form mutualistic alignment / because of a high coincidence

공생적인 배열을 형성하도록 높은 일치로 인해서

(of individual and collective interests)>.

개인적 이익과 집단적 이익의

SV
S는 V한다

★ relieve A of B: [A]의 [B]를 덜어주다

Individuals (in herds) could be relieved (of the responsibility) [to

무리 내의 개체들은 벗어날 수 있었다 책임으로부터

관계대명사 계속적 용법 – 부연설명

trace the predator's location], [which is high cognitive demand

포식자의 위치를 추적할 (그게 뭐냐면) 높은 인지적 부담이다

★ by ~ing: ~함으로써

(under threat) / by switching their positions].

위험하에서 그들의 위치를 바꿈으로써

SVO
S는 V한다 O를

★ keep A from B: [A]를 [B]로부터 막다

In fact, / this change (in alignment) keeps pigeons (from flying (in

사실 이런 배열상의 변화는 비둘기들을 막는다 V형태로 비행하지 못하도록

❶

a V-formation)) [where birds can catch the preceding bird's updraft
V O

(그 V자 형태에서) 새들은 받을 수 있다 앞에 있는 새의 상승기류를

❷

and save energy (during flight)].
V O

그리고 에너지를 아낄 수 있다 비행 중에

S V not C but C
S는 C가 아니라 C다

Thus, / birds' attraction (toward their neighbors' positions) is

따라서 새들이 가까워지는 것은 동료의 자리로 향하는

★ not A but B: [A]가 아니라 [B]

not to benefit / at the expense of others / but to sacrifice themselves

이득을 얻기 위함이 아니라 동료들을 희생시켜서 자기 자신을 희생시키기 위함이다

❶ ❷

/ to share the burden [to monitor the predators] and avoid possible

to부정사(부사적)

부담을 나누기 위해서 포식자를 감시하는 그리고 가능한 충돌을 피하기 위해서

crashes.

CHAPTER 04 TEST 1-2

S V
S는 V한다

부사절 – 역접
{Although the conclusion is still being refined,} // this experiment
이러한 결론은 아직 다듬어지고 있는 중이지만, 이 실험은

can be used (for studies (in a wide range of areas)).
이용될 수 있다 연구를 위해서 다양한 분야에 있는

S V O, V O and V O
S는 V한다 O를, V한다 O를 그리고 V한다 O를

For example, / scientists can better ❶ understand the ecology (of
예를 들어, 과학자들은 더 잘 이해할 수 있다 동물 움직임의 생태를

animal movement), / ❷ account for the birds' leadership hierarchy, /
설명할 수 있다 새들의 통솔 체계를

as well as (= and) ❸ perceive collective behaviors (in nature).
그리고 인지할 수 있다 집단 행동을 자연에서

난도 (중)

A STUDY THAT INDICATES THE INADEQUACY OF SELFISH HERDING HYPOTHESIS	60 What is the study all about? (a) the birds' tendency to protect each other (b) how the birds drive away their predator (c) the changes in birds' formation when attacking (d) the relationship between prey and predator

STEP 1 Part 2와 4에서 자주 나오는 '본문의 주제 or 목적'을 묻는 문제입니다. 본문의 주제를 잘 파악하기 위해서는 ① 제목을 정확하게 읽기, ② 마지막에 풀기를 추천합니다. 정답에 꼭 들어가야 할 키워드를 정해두는 것과 선택지 사이의 차이점을 면밀하게 확인하여 오답을 소거하는 것을 잊지 맙시다.

STEP 2 다른 문제들을 모두 푼 뒤에 본문의 제목을 바탕으로 주제를 정리해 봅시다. '새들의 무리 행위는 이기적인 행위가 아닌(제목) 자신의 이득을 포기하여(63번) 책임을 함께 나눠 갖는(62번) 이타적인 행동'이라는 것이 본문에서 실험을 통해 주장하고자 하는 바입니다.

STEP 3 각 선택지를 해석하며 '새(먹이에 해당), 이타적'이라는 키워드를 확인하여 글의 전체 주제에 부합하는 내용을 찾습니다.

(a) 새들이 서로를 지킨다는 이타적인 경향성을 설명하는 글이 맞습니다. 모든 키워드가 들어있습니다.

(b) 새들이 포식자를 '쫓아버리는 방법'에 대해서는 언급하고 있지 않습니다. 포식자의 위협에 공동의 힘으로 어떻게 도망치는지를 이야기하고 있으므로 틀린 내용입니다. → 소거

(c) 본문은 새들이 공격을 '할' 때가 아닌 공격을 '당할' 때에 대한 내용이므로 틀린 내용입니다. → 소거

(d) 본문은 포식자와 먹이의 관계가 아닌 먹이인 새들의 '대응 방법'에 대한 이야기이므로 틀린 내용입니다. → 소거

ANSWER '새(먹이에 해당), 이타적'이라는 키워드가 모두 들어가 있는 (a)가 정답입니다.

어휘

indicate 타 나타내다, 가리키다
inadequacy 명 불충분함, 부적당함
herd 명 떼, 무리

CHAPTER 04

TEST 1-2

Researchers, led by Daniel Sankey, designed an experiment to look into birds' behavior model when they face predation risk with advanced technology. They tested both small and large flocks of homing pigeons tagged with Global Positioning System(GPS) loggers. In order to pose a threat, a special robot seeming like a peregrine falcon was used to chase flocks by controlling a remote control. Under this perceived threat, each pigeon's change of location was analyzed with the aid of GPS receivers and satellites, and they showed no increased attraction compared to another group without Robot Falcon's existence.

61 How most likely did researchers observe their subjects of the experiment?

(a) They had control over the satellite to find GPS signals
(b) They noted the action of individual flock members
(c) They monitored the change of the machine
(d) They measured the distance of a group of birds from the predator

STEP 1 항상 첫 번째는 정확한 문제 해석과 이해입니다. 문제에서 '연구자들이 실험 대상을 관찰한 방법'에 대해서 묻고 있으므로 실험의 구체적인 방법을 서술하는 문장을 찾아봅시다.

STEP 2 1단락에서는 W. D. 해밀턴의 주장만이 나와 있고 실험에 대해서는 언급하고 있지 않습니다. 2단락에서 다니엘 센키가 주도한 '실험(experiment)'의 세부사항에 대해 직접적으로 설명하고 있습니다. 실험 과정에 대한 첫 번째 문장(2단락 두 번째 문장)을 해석하여 머릿속에 내용을 정리합니다. '그들은 실험했다 / 작은 무리와 큰 무리 모두를 / 비둘기의 / (그게 뭐냐면) 부착되어 있다 / 위성 위치 확인 시스템(GPS) 기록장치가'. 이 내용과 일치하는 내용이 있으면 정답을 선택하면 되고, 선택지 안에 일치하는 내용이 없다면 뒷부분을 다시 읽고 선택지와 매칭합니다.

STEP 3 각 선택지를 해석하며 '비둘기들에게 GPS 추적기를 부착했다'는 내용을 찾습니다.

(a) GPS 추적을 한 것은 맞지만 위성을 통제했다는 내용은 언급되지 않았습니다.
(b) 각 비둘기들의 이동과 위치를 관찰한 것은 우리가 읽은 내용과 일치합니다.
(c) 기계의 변화에 대해서는 언급되지 않았습니다.
(d) GPS 추적을 통해 위치를 관찰한 것은 맞지만, 포식자에 대한 이야기는 아직 나오지 않았습니다.

STEP 4 지금까지 읽은 내용으로는 (b) 각 비둘기의 위치를 관찰한 것인지, (d) 비둘기의 무리의 위치를 관찰한 것인지 결정할 수 없습니다. 그러므로 문제가 묻는 '비둘기들을 관찰한 방법'에 해당하는 문장을 더 찾아 해석해 보고 선택지들을 다시 확인합니다. 다음 두 문장이 이에 해당합니다.

"위협을 가하기 위해서, / 특별한 로봇이 / 송골매처럼 보이는 / 사용되었다 / 새떼를 쫓기 위해서 / 리모컨을 사용함으로써. / 이러한 감지된 위협하에서, / 각각의 비둘기의 위치 변화는 / 분석되었다 / GPS 수신기와 인공위성들의 도움으로."

STEP 5 남은 선택지들을 해석하며 '리모컨으로 조종되는 송골매 로봇을 사용하여 각각의 비둘기의 이동을 추적했다'는 내용을 찾습니다.

(b) 개별적인 각 비둘기들의 이동과 위치를 관찰한 것이 맞습니다.

(d) 각 개별 비둘기들의 위치(= 송골매 로봇과의 거리)를 측정한 것이지, 전체 무리의 위치(= 송골매 로봇과의 거리)를 측정한 것은 아닙니다. 틀린 내용입니다. → 소거

ANSWER (a)와 (c)는 명백한 오답이며, (b)와 (d)의 차이점을 파악하는 것이 중요한 문제입니다. (b)는 개별 비둘기의 움직임, (d)는 한 무리의 비둘기의 움직임을 가리킨다는 차이를 기억합시다. 본문에서는 각각의 비둘기(each pigeon)의 위치 변화라고 하였으므로 개별(individual) 비둘기에 대한 (b)가 정답입니다.

어휘 individual 형 각각의, 개인의
measure 타 측정하다

CHAPTER 04 TEST 1-2

난도 중

Based on this result, they suggested that they adapt to form mutualistic alignment because of a high coincidence of individual and collective interests. Individuals in herds could be relieved of the responsibility to trace the predator's location, which is high cognitive demand under threat by switching their positions. In fact, this change in alignment keeps pigeons from flying in a V-formation where birds can catch the preceding bird's updraft and save energy during flight. Thus, birds' attraction toward their neighbors' positions is not to benefit at the expense of others but to sacrifice themselves to share the burden to monitor the predators and avoid possible crashes.

62 How did most likely birds try to survive when attacked?

(a) by giving all their responsibility to the leader
(b) by keeping track of the location of the attacker together
(c) by increasing their cognitive demand
(d) by aiding themselves with a clash

STEP 1 항상 첫 번째는 정확한 문제 해석과 이해입니다. 문제에서 '공격받았을 때 새들의 생존을 위한 행동'에 대해서 묻고 있으므로 '공격 받았을 때의 새들의 행동'을 이야기하는 문장을 찾아봅시다.

STEP 2 3단락의 첫 번째 문장은 새들의 위치 변화에 대하여 연구진들이 추론한 행동 이유입니다. 다음 문장에 새들의 행동과 그 이유에 대한 설명이 있으므로 해당 문장을 정확하게 해석하여 머릿속에 내용을 정리합니다.

"무리 내의 개체들은 / 벗어날 수 있었다 / 책임으로부터 / 포식자의 위치를 추적할, / (그게 뭐냐면) 높은 인지적 부담이다 / 위험하에서 / 그들의 위치를 바꿈으로써."

STEP 3 각 선택지를 해석하며 '자리를 바꾸어 포식자의 위치를 추적하는 책임을 나누어 갖는다'라는 내용을 찾습니다.

(a) 모든 책임을 리더에게 지운다는 것은 읽은 내용과 반대됩니다. → 소거

(b) 모두가 함께 포식자의 위치를 추적한다는 것은 우리가 읽은 내용과 일치합니다.

(c) 높은 인지적 부담으로부터 벗어날 수 있다고 하였으므로, 인지적 부담을 더 높인다는 것은 읽은 내용과 반대되는 내용입니다. → 소거

(d) 충돌에 대한 이야기는 언급되지 않았습니다. 3단락의 마지막 문장에 나오는 단어를 가지고 만든 오답입니다. 본문에 언급되었더라도 문제에서 묻는 것이 아니면 정답이 될 수 없습니다. 문제에서 묻는 정답 부분만을 머릿속에 정리하여 정답을 골라야 이런 오답을 피해갈 수 있습니다.

ANSWER 공격을 받았을 때의 새들의 행동을 제대로 설명한 (b)가 정답입니다. 문제에서 묻고 있는 내용을 잘 이해했고, 본문에서 해당 문장을 잘 찾아 제대로 해석했으며, 그와 일치하는 선택지가 있으므로 나머지 선택지의 내용은 본문에서 오답 확인하지 않습니다. (해당 내용이 본문에 있다고 하더라도, 문제에서 묻는 것이 아니므로 정답이 될 수 없습니다.)

어휘

keep track of 동 ~를 뒷밟다, ~을 따라가다

cognitive 형 인식의, 인지의

demand 명 요구, 부담

aid 타 돕다

clash 명 충돌

Based on this result, they suggested that they adapt to form mutualistic alignment because of a high coincidence of individual and collective interests. Individuals in herds could be relieved of the responsibility to trace the predator's location, which is high cognitive demand under threat by switching their positions. In fact, this change in alignment keeps pigeons from flying in a V-formation where birds can catch the preceding bird's updraft and save energy during flight. Thus, birds' attraction toward their neighbors' positions is not to benefit at the expense of others but to sacrifice themselves to share the burden to monitor the predators and avoid possible crashes.

63 Why do birds have to put additional effort into flying under threat?

(a) because they fly ~~farther~~ not to collide
(b) because they come to encounter extra wind resistance
(c) because they ~~should keep~~ V-formation continually
(d) because they ~~try to ride~~ an air current

STEP 1 항상 첫 번째는 정확한 문제 해석과 이해입니다. 문제에서 '위협 시 비행에 추가적인 노력이 필요한 이유'에 대해 묻고 있으므로 '공격받았을 때의 비행'에 대해 이야기하는 문장을 찾아봅시다.

STEP 2 3단락의 세 번째 문장에서 새들의 비행 대형과 에너지 소모에 대해 이야기하고 있습니다. 해당 문장을 정확하게 해석하여 머릿속에 내용을 정리합니다.

"사실, / 이런 배열상의 변화는 / 비둘기들을 막는다 / V자 형태로 비행하지 못하도록 / (그 V자 형태에서) 새들은 받을 수 있다 / 앞에 있는 새의 상승기류를 / 그리고 에너지를 아낄 수 있다 / 비행 중에."

〈V자 비행 가능〉
– 상승기류 받음
– 에너지 절약됨

—— (위협당하면 배열변화) ——→

〈V자 비행 불가능〉
– 상승기류 못 받음
– 에너지 더 써야 됨

STEP 3 각 선택지를 해석하며 '동료의 상승기류를 받아 에너지를 절약하는 V자 형태의 비행을 할 수 없다. 즉, 상승기류를 받을 수 없다'는 내용을 찾습니다.

(a) 충돌에 대한 가능성도 언급하지 않았고, 비행 거리에 대한 차이도 전혀 언급되지 않았습니다. 본문에 언급되지 않은 비교급이 사용되었으므로 무조건 오답입니다. → 소거

(b) '상승기류를 받지 못한다'와 '바람의 저항이 크다'는 같은 의미로 우리가 읽은 내용과 일치합니다. ('구름 한 점 없다 = 하늘이 맑다'와 같은 paraphrasing입니다. 각 단어를 매칭하는 연습은 하지

않습니다. 의미가 일치하는지 눈을 감고 생각해 보는 것이 paraphrasing을 찾는 데 더 도움이 됩니다.)

(c) 본문에서는 에너지를 절약할 수 있는 V자 형태 비행을 못 한다고 언급하였습니다. V자 형태의 비행을 유지하는 데 에너지가 더 소모된다는 것은 우리가 읽은 내용과 반대됩니다. → 소거

(d) 본문에서는 기류를 타지 못한다고 언급했습니다. 기류를 타기 위해서 에너지를 더 소모한다는 것은 우리가 읽은 내용과 반대됩니다. → 소거

ANSWER 위협의 상황에서 V자 대형을 유지하지 못하고, 따라서 에너지를 절약하지 못하는 이유를 제대로 설명한 (b)가 정답입니다. 문제에서 묻는 한 문장의 제대로 된 '의미'를 이해해야 쉽게 풀 수 있는 문제입니다.

어휘

alignment 명 배열
keep A from B 동 A를 B로부터 막다
encounter 타 직면하다, 맞닥뜨리다
extra 형 추가의, 가외의
resistance 명 저항
current 명 흐름

난도 하

Although the conclusion is still being refined, this experiment can be used for studies in a wide range of areas. For example, scientists can better understand the ecology of animal movement, account for the birds' leadership hierarchy, as well as perceive collective behaviors in nature.

64 What is NOT the possible application of this experiment's result?

(a) a survey of frogs' action in ponds with water snake ○
(b) a research for original group action of sheep ○
(c) a study in ~~weather effects~~ on flying birds ×
(d) an investigation about how one leads the other birds ○

STEP 1 항상 첫 번째는 정확한 문제 해석과 이해입니다. NOT 문제는 각 선택지를 모두 정확하게 해석해 본문과 매칭해 보아야 합니다. (NOT 형태의 문제는 paraphrasing이 심하지 않으니 겁먹을 것 없습니다.) 문제에서 묻는 것은 '이 실험 결과의 응용'으로 마지막 단락에 언급되어 있는 것을 확인합니다.

STEP 2 각 선택지를 정확하게 해석하여 본문의 내용과 매칭되는지 확인합니다.

(a) 조사 / 개구리들의 행동에 대한 / 물뱀이 있는 연못의 → 본문에서 언급한 '동물 이동의 생태'에 해당합니다.

(b) 조사 / 원초적 그룹 행동에 대한 / 양들의 → 본문에서 언급한 '자연에서의 집단적 행동'에 해당합니다.

(c) 연구 / 날씨 영향에 대한 / 비행하는 새들에게 끼치는 → 본문에서는 날씨의 영향에 대해 언급하지 않았습니다. → 정답

(d) 조사 / 한 새가 다른 새들을 이끄는 방법에 대한 → 본문에서 언급한 '새들의 통솔 체계'에 해당합니다.

ANSWER 본문에서 언급되지 않은 날씨에 관한 (c)가 정답입니다.

어휘 pond 명 연못

investigation 명 수사, 조사

난도 중

Each bird would have a better chance of not being closest to and thus not vulnerable to attack by the predator, if it is between other members.

65 In the context of the passage, vulnerable means ___________.

(a) accessible
(b) immune
(c) sensitive
(d) open

STEP 1 단어 문제는 '문맥적' 유의어를 묻기 때문에 밑줄 친 단어와 함께 쓰인 앞/뒤의 단어를 함께 해석해야 합니다. 문맥상 어떤 의미로 쓰였는지 확인합니다.

"포식자의 공격에 취약한"

STEP 2 형용사 vulnerable은 전치사 to와 함께 쓰여, '(~에) 취약한, 연약한'이라는 뜻으로 사용되었습니다. 대상에 의해서 신체적, 감정적으로 손상될 가능성이 높은 상태를 의미합니다.

STEP 3 (a) 접근하기 쉬운: 대상을 얻거나, 대상에 도달할 수 있는 상태를 의미합니다. 전혀 다른 뜻의 단어입니다.

(b) 면역이 있는: 대상에 의해 전혀 영향을 받지 않는 상태를 의미합니다. vulnerable과 반대선상에 있는 단어입니다.

(c) 예민한: 대상에 대한 반응성을 설명하는 단어입니다. 포식자의 공격에 상처입을 가능성이 높다는 것(본문 내용)이 아니라, 공격에 대해 비둘기가 반응할 가능성이 높다는 의미입니다. (비둘기가 '반응할' 가능성이 높은 것 ≠ 비둘기가 '공격 당할' 가능성이 높은 것)

(d) 개방된, 열려 있는: 대상에게 영향을 받지 않는(closed, 닫힌) 상태와 반대되는 것으로, 대상에게 영향을 받는다는 의미입니다.

→ (d) open to attack by the predator (포식자의 공격에 열려 있는) – 빈칸에 넣어 자연스럽게 해석됨을 확인합니다.

ANSWER vulnerable과 바꾸어 쓸 수 있는 (d) open이 정답입니다.

난도 ⓗ하

Although the conclusion is still being refined, this experiment can be used for studies in a wide range of areas.

66 In the context of the passage, refined means ________.

(a) developed
(b) purified
(c) polished
(d) cultivated

STEP 1 단어 문제는 '문맥적' 유의어를 묻기 때문에 밑줄 친 단어와 함께 쓰인 앞/뒤의 단어를 함께 해석해야 합니다. 문맥상 어떤 의미로 쓰였는지 확인합니다.

"그 결론은 여전히 다듬어지고 있는 중이다"

STEP 2 동사 refine은 수동태로 쓰여, '(여러 작은 수정을 거쳐) 개선되다, 개량되다'의 뜻으로 사용되었습니다. 수동태로 쓸 때 보통 '과정, 이론, 기계 등'이 작은 수정사항들에 의해 더 나은 결과물이 된다는 것을 의미합니다.

STEP 3 (a) 발전되고 있는: 이전의 상태보다 더 나아진다는, 즉 발전 · 개선된다는 의미입니다.

(b) 정화되고 있는: 물질이나 사람의 영혼에 사용하는 동사입니다. 주어진 문장의 주어인 '이론'이나 '그 결과'에 사용할 수 없습니다.

(c) 세련되어지고 있는: 사람이 연마하여 더 능숙하게 되는 '기술, 일, 기량'에 사용하는 동사입니다. 주어진 문장의 주어인 이론이나 그 결과에 사용할 수 없습니다.

(d) 함양되고 있는: 사람이 노력하여 발달시키는 '태도, 이미지, 기술'에 사용하는 동사입니다. 주어진 문장의 주어인 이론이나 그 결과에 사용할 수 없습니다.

→ (a) the conclusion is still being developed (그 결론은 여전히 발전되고 있는 중이다) – 빈칸에 넣어 자연스럽게 해석됨을 확인합니다.

ANSWER refined와 바꾸어 쓸 수 있는 (a) developed가 정답입니다.

DIABOLICAL IRONCLAD BEETLE

S V
S는 V한다

Diabolical ironclad beetle is found (mainly in the US and Mexico), [where it lives (under the bark of trees or beneath rocks)].

극악무도 철갑 딱정벌레는 / 발견된다 / 주로 미국과 멕시코에서 / (거기에서) 딱정벌레는 산다 / 나무껍질 아래나 / 바위 밑에서

S V
S는 V한다

It crawls about (along the rocky, sandy turf (of grassy area and desert)).

그 딱정벌레는 기어다닌다 / 바위가 많고 모래가 많은 잔디를 따라 / 풀밭과 / 사막의

S V
S는 V한다

★ live on: ~을 먹고살다

It lives (on fungi) [growing (under tree bark or rotting branches)].

그것은 곰팡이를 먹고산다 / (그게 뭐냐면) 나무껍질이나 썩은 나뭇가지 아래에서 자라는

S V C and S V C
S는 C다 그리고 S는 C다

(At a glance,) the beetle's dark, bumpy shell seems like a charred rock / and it is also practical (for camouflage).

언뜻 보기에, / 이 딱정벌레의 어둡고 울퉁불퉁한 껍데기는 / 보인다 / 새까맣게 탄 바위처럼 / 그리고 그것은 또한 / 실용적이다 / 위장을 위해서

S V but S V O
S는 V한다 하지만 S는 V한다 O를

관계대명사 계속적 용법 – 부연설명

Many species (of beetles) can fly, [which helps them escape predators], / but the ironclad doesn't have wings.

많은 종류의 딱정벌레들이 / 날 수 있다 / (그것은) 돕는다 / 딱정벌레들이 포식자로부터 도망치도록 / 하지만 이 철갑 딱정벌레는 날개를 가지고 있지 않다

★ such 명사 that 문장: 너무 [명사]라서(원인) [문장]이다(결과)

S V O
S는 V한다 O를

Instead, / this ground-dwelling beetle has such a tough, specially-designed armor that it can withstand forces [up to 39,000 times / its body weight].

대신, 이 땅바닥에 사는 딱정벌레는 가지고 있다 매우 튼튼하고, 특별하게 설계된 갑옷을 그래서 그것은 물리력을 견딜 수 있다 39,000배까지 자신의 무게의

S V O
S는 V한다 O를

It can even survive being run over (by a car).

그것은 심지어 살아남을 수 있다 차에 치이는 것에

S V
S는 V한다

The secret (of its surprising physique) lies (in the structure (of the exoskeleton)).

그것의 놀라운 뼈대의 비밀은 있다 외골격의 구조에

S V and S V
S는 V한다 그리고 S는 V한다

① Its exoskeleton is divided (into top and bottom halves) / and ② its ridges (along the outer edges (of the top and bottom)) latch together, {resisting bending pressure}.

그것의 외골격은 나뉘어 있다 위아래의 반쪽으로 그리고 그것의 능선은 위와 아래의 바깥쪽 가장자리를 따라 있는 함께 빗장처럼 걸린다 (그래서) 휘어지는 압력에 저항한다

부사절(분사구문) – 결과

S V O so that S V C
S는 다 O를 그래서 S는 C다

The connections have different shapes / so that they get more interconnected and flexible enough / to withstand crushing forces.

이 연결부는 서로 다른 모양을 가지고 있다 그래서 그것들은 더 잘 연결되고 더 잘 구부러진다 충분히 짓누르는 힘을 견딜 수 있을 만큼

★ enough to V: [V]할 만큼 충분히

S V O
S는 V한다 O를

Also, / a rigid joint, or suture connects its left and right sides.

또한, 딱딱한 관절, 즉 봉합선은 그것의 왼쪽과 오른쪽 부분을 연결한다

S V
S는 V한다

A series of protrusions, [called blades], fit together (like jigsaw puzzle pieces) / to join the two sides.

일련의 돌출부들은 블레이드라고 불리는 서로 맞닿아 있다 직소 퍼즐 조각처럼 (to부정사(부사적)) 그래서 양쪽을 연결해준다

S V O and V C
S는 V한다 O를 그리고 C다

These blades ❶ contain layers (of tissue) [glued together (by proteins)], and ❷ are highly damage-resistant.

이 블레이드들은 여러 겹의 조직을 가지고 있다 (그 조직은) 함께 접착되어 있다 단백질에 의해 그리고 매우 손상에 강하다

S V C and V
S는 C다 그리고 V한다

Thus, {when an ironclad beetle encounters its predator,} (부사절 – 시간) it just ❶ remains still and ❷ waits / for the disrupter (to부정사 의미상의 주어) / to give up and leave. (to부정사(부사적))

그러므로, 철갑 딱정벌레가 포식자를 만나면, 이 딱정벌레는 그저 가만히 있는다 그리고 기다린다 방해자가 포기하고 떠나기를

S V C
S는 C다

Its ❶ flat shape and ❷ low-to-the-ground profile are also helpful / to play dead. (to부정사(부사적))

그것의 평평한 모양과 땅바닥에 낮게 붙은 그 모습은 또한 도움이 된다 죽음을 가장하는 데

SVO and VO
S는 V한다 O를 그리고 V한다 O를

부사절(분사구문) – 방법

{Using this appearance,} the ironclad beetle tucks ❶ its legs (under the body) / and disguises ❷ itself (as a stone).

이 외양을 이용해 / 철갑 딱정벌레는 다리를 집어넣는다 / 몸 밑으로 / 그리고 자신을 위장한다 / 돌로

SVO
S는 V한다 O를

(Thanks to their ❶ unique armor and ❷ dull look), these inch-long beetles have the potential (for abnormally long lifespans).

그들의 독특한 갑옷과 칙칙한 외모 덕분에, / 이 1인치 길이의 딱정벌레들은 / 가진다 / 가능성을 / 이례적으로 긴 수명에 대한

SV
S는 V한다

부사절 – 대조

{While most beetles only live (for a few weeks)}, a diabolical ironclad can live (for seven or eight years).

대부분의 딱정벌레들이 오직 사는 반면에 / 몇 주 동안만, / 극악무도 철갑 딱정벌레는 / 살 수 있다 / 7~8년 동안

난도 (하)

DIABOLICAL IRONCLAD BEETLE

Diabolical ironclad beetle is found mainly in the US and Mexico, where it lives under the bark of trees or beneath rocks. It crawls about along the rocky, sandy turf of grassy area and desert. It lives on fungi growing under tree bark or rotting branches.

67 What is the article mainly about?

(a) many survival strategies of insects
(b) an insect feeding on decomposing materials
(c) the largest beetle of its subspecies
(d) a bug which spends most of its life in the desert

STEP 1 항상 첫 번째는 정확한 문제 해석과 이해입니다. 문제는 '이 글의 주제'를 묻고 있는데, 우리는 Part 3의 제목을 통해 주제가 철갑 딱정벌레인 것을 알고 있습니다. 이 철갑 딱정벌레에 대한 올바른 설명을 찾아야 하는 문제임을 파악합시다.

STEP 2 주제에 대한 소개와 설명은 항상 1단락에 있습니다. 첫 문장을 읽고 내용과 일치하는 내용이 있으면 정답을 선택하면 되고, 선택지 안에 일치하는 내용이 없다면 뒷부분을 다시 읽고 선택지와 매칭합니다. "극악무도 철갑 딱정벌레는 발견된다 / 주로 미국과 멕시코에서 / (거기에서) 딱정벌레는 산다 / 나무껍질 아래나 / 바위 밑에서."

STEP 3 각 선택지를 해석하며 '미국과 멕시코의 나무껍질이나 바위 밑에서 서식하는 벌레'라는 내용을 찾습니다.

(a) 다양한 곤충들의 생존 전략에 대한 글이 아니라, 철갑 딱정벌레라는 한 곤충에 대한 글이므로 틀린 내용입니다. → 소거

(b) 이 곤충의 주식에 대해서는 언급되지 않았습니다.

(c) 이 곤충의 크기에 대해서는 언급되지 않았습니다.

(d) 이 곤충이 사는 생태계에 대해서는 언급되지 않았습니다. (나라와 장소만 언급)

STEP 4 철갑 딱정벌레에 대한 나머지 문장들을 해석해 보고 나머지 선택지들을 다시 확인합니다. 다음 두 문장이 이에 해당합니다.

"그 딱정벌레는 기어다닌다 / 바위가 많고 모래가 많은 잔디를 따라 / 풀밭과 사막의. / 그것은 곰팡이를 먹고산다 / (그게 뭐냐면) 나무껍질이나 썩은 나뭇가지 아래에서 자라는."

STEP 5 남은 선택지들을 해석하며 '풀밭과 사막의 돌이 많은 잔디를 기어다니며, 곰팡이를 먹는다'는 내용을 찾습니다.

(b) 부패하는 물질, 즉 곰팡이를 주로 먹는다는 것은 우리가 읽은 내용과 일치합니다.

(c) 크기에 대해서는 언급되지 않았습니다. 특히 최상급은 극단적인 표현으로, 본문에서 직접적으로 언급되지 않으면 쓸 수 없습니다. → 소거

CHAPTER 04

TEST 1-3

(d) 사막에 거주하는 것은 맞지만, '대부분의' 일생을 사막에서 보낸다는 이야기는 없습니다. most, almost 등의 빈도에 관련된 표현은 본문에서 직접적으로 언급되지 않으면 쓸 수 없습니다. → 소거

ANSWER 철갑 딱정벌레에 대해 올바르게 서술하고 있는 (b)가 정답입니다.

어휘 feed on 동 ~을 먹고살다
decomposing 형 부패하는, 썩어가는 (← decompose 동 분해되다, 분해하다)
subspecies 명 아종, 변종

난도 (하)

At a glance, the beetle's dark, bumpy shell seems like a charred rock and it is also practical for camouflage. Many species of beetles can fly, which helps them escape predators, but the ironclad doesn't have wings. Instead, this ground-dwelling beetle has such a tough, specially-designed armor that it can withstand forces up to 39,000 times its body weight. It can even survive being run over by a car.

68 Based on the article, how can Ironclad beetle blend in with its surroundings?

(a) It settles down around rocky areas
(b) It removed its wings to camouflage itself (문제 관련 ×)
(c) It wears a hard shell like an armor (문제 관련 ×)
(d) It can look like an inanimate object

STEP 1 항상 첫 번째는 정확한 문제 해석과 이해입니다. 문제에서 '철갑 딱정벌레가 환경에 섞여 들어가는 방법'에 대해 묻고 있으므로 '철갑 딱정벌레의 환경 적응'에 관해 이야기하는 문장을 찾아봅시다.

STEP 2 2단락의 첫 번째 문장에서 위장에 대해 이야기하고 있습니다. 해당 문장을 정확하게 해석하여 머릿속에 내용을 정리합니다.

"언뜻 보기에, 이 딱정벌레의 어둡고 울퉁불퉁한 껍데기는 / 보인다 / 새까맣게 탄 바위처럼 / 그리고 그것은 또한 / 실용적이다 / 위장을 위해서."

STEP 3 각 선택지를 해석하며 '탄 바위처럼 보여 위장이 가능하다'는 내용을 찾습니다.

(a) 바위처럼 보인다는 본문의 내용을 바위로 된 지역에 정착한다고 잘못 서술하고 있습니다. 또한 바위로 된 지역에 산다고 할지라도 이것은 문제에서 묻는 '환경에 섞여 들어가는 것'과는 관련이 없습니다. rock이라는 단어를 이용하여 만들어낸 오답입니다. → 소거

(b) 자신을 위장하는 것은 맞지만, 그것은 외양을 이용한 것이지 날개를 제거했다는 내용은 언급되지 않았습니다. 본문에 언급되었더라도 문제에서 묻는 것이 아니면 정답이 될 수 없습니다. 문제에서 묻는 정답 부분만을 머릿속에 정리하여 정답을 골라야 이런 오답을 피해갈 수 있습니다.

(c) 갑옷과 같은 딱딱한 껍데기를 가지고 있다는 것은 문제에서 묻는 내용이 아닙니다. 껍데기가 바위처럼 보이기 때문에 환경에 섞여 들어간 것이지, 그것이 딱딱하기 때문은 아닙니다. 본문에 언급되었더라도 문제에서 묻는 것이 아니면 정답이 될 수 없습니다. 문제에서 묻는 정답 부분만을 머릿속에 정리하여 정답을 골라야 이런 오답을 피해갈 수 있습니다.

(d) 무생물처럼 보인다는 것은 '생김새가 바위처럼 보인다.'라는 본문의 내용과 일치합니다.

ANSWER 철갑 딱정벌레의 위장을 잘못된 정보 없이 설명한 (d)가 정답입니다. 문제에서 묻고 있는 내용을 잘 이해했고 본문에서 해당 문장을 잘 찾아 제대로 해석했으며 그와 일치하는 선택지가 있으므로 나머지 선택지의 내용은 본문에서 오답 확인하지 않습니다. (해당 내용이 본문에 있다고 하더라도, 문제에서 묻는 것이 아니므로 정답이 될 수 없습니다.)

어휘

blend in 동 ~와 조화를 이루다, ~에 섞여들다

camouflage 명 위장

inanimate 형 무생물의, 죽은

난도 (하)

At a glance, the beetle's dark, bumpy shell seems like a charred rock and it is also practical for camouflage. Many species of beetles can fly, which helps them escape predators, but the ironclad doesn't have wings. Instead, this ground-dwelling beetle has such a tough, specially-designed armor that it can withstand forces up to 39,000 times its body weight. It can even survive being run over by a car.

69 What most likely differentiates Ironclad beetle from other beetles?

(a) its diffusion over the ground
(b) its diverse body color
(c) its heavy weight
(d) its ability to endure intense impact

STEP 1 항상 첫 번째는 정확한 문제 해석과 이해입니다. 문제에서 '철갑 딱정벌레의 다른 딱정벌레와의 차이점'에 대해서 묻고 있으므로 '다른 딱정벌레들과의 차이점'에 관해 이야기하는 문장을 찾아봅시다.

STEP 2 다른 딱정벌레들에 대한 이야기가 2단락의 두 번째 문장에 있습니다. 이 문장을 읽고 내용과 일치하는 내용이 있으면 정답을 선택하면 되고, 선택지 안에 일치하는 내용이 없다면 뒷부분을 다시 읽고 선택지와 매칭합니다.

"많은 종류의 딱정벌레들이 / 날 수 있다, / (그것은) 돕는다 / 딱정벌레들이 포식자로부터 도망치도록, / 하지만 이 철갑 딱정벌레는 날개를 가지고 있지 않다."

STEP 3 각 선택지를 해석하며 '날개가 없다'는 내용을 찾습니다.

(a) 딱정벌레의 확산에 대해서는 언급되지 않았습니다.

(b) 딱정벌레의 색깔에 대해서는 언급되지 않았습니다.

(c) 딱정벌레의 무게에 대해서는 언급되지 않았습니다.

(d) 딱정벌레의 충격을 견디는 능력에 대해서는 언급되지 않았습니다.

STEP 4 다른 딱정벌레들과의 차이점에 해당하는 다른 문장을 해석해 보고 나머지 선택지들을 다시 확인합니다. 다음 두 문장이 이에 해당합니다.

"대신, 이 땅바닥에 사는 딱정벌레는 가지고 있다 / 매우 튼튼하고 특별하게 설계된 갑옷을 / 그래서 그것은 물리력을 견딜 수 있다 / 39,000배까지 / 자신의 무게의. / 그것은 심지어 살아남을 수 있다 / 차에 치이는 것에."

STEP 5 각 선택지를 해석하며 '엄청난 힘을 견뎌낼 수 있는 갑옷을 가지고 있다'는 내용을 찾습니다.

(a) 확산에 대해서는 언급되지 않았습니다. ground라는 단어를 이용하여 만들어낸 오답입니다. → 소거

(b) 몸 색깔에 대해서는 언급되지 않았습니다. → 소거

(c) 무게에 대해서는 언급되지 않았습니다. 자신의 무게의 39,000배까지 견딘다는 내용의 weight라는 단어를 이용하여 만들어낸 오답입니다. → 소거

(d) 강한 충격을 견딘다는 것은 우리가 읽은 내용과 일치합니다.

ANSWER 철갑 딱정벌레의 충격을 견디는 능력에 관해 올바르게 서술하고 있는 (d)가 정답입니다. 문제에서 묻고 있는 내용을 잘 이해했고 본문에서 해당 문장을 잘 찾아 제대로 해석했으며 그와 일치하는 선택지가 있으므로 나머지 선택지의 내용은 본문에서 오답 확인하지 않습니다. (해당 내용이 본문에 있다고 하더라도, 문제에서 묻는 것이 아니므로 정답이 될 수 없습니다.)

어휘

diffusion 명 확산

diverse 형 다양한

endure 타 견디다

intense 형 극심한, 치열한

The secret of its surprising physique lies in the structure of the exoskeleton. Its exoskeleton is divided into top and bottom halves and its ridges along the outer edges of the top and bottom latch together, resisting bending pressure. The connections have different shapes so that they get more interconnected and flexible enough to withstand crushing forces. Also, a rigid joint, or suture connects its left and right sides. A series of protrusions, called blades, fit together like jigsaw puzzle pieces to join the two sides. These blades contain layers of tissue glued together by proteins, and are highly damage-resistant.

70 Which of the following is NOT Ironclad Beetles' physical characteristic?

(a) Their layered case absorbs the pressure ○
(b) Their shell has intertwined ridges joining two parts ○
(c) They have an armor that they can quickly regenerate ×
(d) Their winding sutures are fused together ○

STEP 1 항상 첫 번째는 정확한 문제 해석과 이해입니다. NOT 문제는 각 선택지를 모두 정확하게 해석해 본문과 매칭해 보아야 합니다. (NOT 형태의 문제는 paraphrasing이 심하지 않으니 겁먹을 것 없습니다.) 문제에서 묻는 것은 '철갑 딱정벌레의 신체적 특징'으로 3단락에 언급되어 있는 것을 확인합니다.

STEP 2 각 선택지를 정확하게 해석하여 본문의 내용과 매칭되는지 확인합니다.

(a) 철갑 딱정벌레들의 여러 겹의 껍데기는 흡수한다 / 압력을. → 본문에서 '여러 겹의 껍데기'에 대한 내용을 찾습니다. 3단락 마지막 문장에 있습니다. "이 블레이드들은 / 여러 겹의 조직을 가지고 있다 / (그 조직은) 함께 접착되어 있다 / 단백질에 의해 / 그리고 매우 손상에 강하다." → '압력을 흡수한다'와 '손상에 강하다'는 같은 의미로 우리가 읽은 내용과 일치합니다. ('구름 한 점 없다 = 하늘이 맑다'와 같은 paraphrasing입니다. 각 단어를 매칭하는 연습은 하지 않습니다. 의미가 일치하는지 눈을 감고 생각해보는 것이 paraphrasing을 찾는 데 더 도움이 됩니다.)

(b) 철갑 딱정벌레들의 껍데기는 가지고 있다 / 서로 얽혀있는 능선을 / (그게 뭐냐면) 연결한다 / 두 부분을. → 본문에서 '껍데기의 능선'에 대한 내용을 찾습니다. 3단락 두 번째 문장에 있습니다. "그것의 외골격은 나뉘어 있다 / 위아래의 반쪽으로 / 그리고 외골격의 능선은 / 위와 아래의 바깥쪽 가장자리를 따라 있는 / 함께 빗장처럼 걸린다 / (그래서) 휘어지는 압력에 저항한다." → 껍데기(= 외골격)가 능선을 가지고 있으며, 이것이 두 부분(= 위와 아래)을 연결한다(= 함께 걸려있다)는 본문의 내용과 일치합니다.

(c) 철갑 딱정벌레들은 가지고 있다 / 갑옷을 / (그게 뭐냐면) 딱정벌레들이 빠르게 재생시킬 수 있다.
→ 재생에 관련된 내용은 본문에서 찾을 수 없습니다.

(d) 철갑 딱정벌레들의 구불구불한 봉합선은 함께 융합되어 있다. → 본문에서 '연결되어 있는 봉합선'에 대한 내용을 찾습니다. 3단락 네 번째, 다섯 번째 문장에 있습니다. "또한, 딱딱한 관절, 즉 봉합선은 연결한다 / 딱정벌레의 왼쪽과 오른쪽 부분을. / 일련의 돌출부들은, / 블레이드라고 불리는 / 서로 맞닿아 있다 / 직소 퍼즐 조각들처럼 / 그래서 양쪽을 연결해준다." → 구불구불한(= 돌출되어 있는) 봉합선이 함께 융합(= 퍼즐 조각들처럼 맞닿아)되어 있다는 본문의 내용과 일치합니다.

ANSWER 본문에서 언급되지 않은 '재생 능력'에 관한 (c)가 정답입니다. 어휘력과 해석력이 관건인 문제입니다.

어휘 layered 형 층이 있는 (← layer 명 층)
absorb 타 흡수하다
intertwined 형 얽혀 있는 (← intertwine 타 뒤얽히다)
join 타 연결하다, 잇다
winding 형 구불구불한 (← wind 자 구불구불하다)
suture 명 봉합선
fuse 타 융합시키다

난도 하

Thus, when an ironclad beetle encounters its predator, it just remains still and waits for the disrupter to give up and leave. Its flat shape and low-to-the-ground profile are also helpful to play dead. Using this appearance, the ironclad beetle tucks its legs under the body and disguises itself as a stone.

71 Why does Ironclad beetle tuck its limbs under the body?

(a) to show that it is waiting for dying
(b) to move the stone toward the disrupter
(c) to roll and run away from the threat
(상상)
(d) to make itself unnoticed by predators

STEP 1 항상 첫 번째는 정확한 문제 해석과 이해입니다. 문제에서 '사지를 몸 아래에 집어넣는 이유'에 대해서 묻고 있으므로 '사지를 몸 아래에 집어넣는 행동'을 이야기하는 문장을 찾아봅시다.

STEP 2 4단락의 마지막 문장에서 직접적으로 '다리를 몸 밑으로 집어넣는다.'라고 언급하고 있으므로 해당 문장을 정확하게 해석하여 머릿속에 내용을 정리합니다.
"이 외양을 이용해 / 철갑 딱정벌레는 다리를 집어넣는다 / 몸 밑으로 / 그리고 자신을 위장한다 / 돌로."

STEP 3 각 선택지를 해석하며 '돌로 위장한다'는 내용을 찾습니다.

(a) 죽음을 기다리는 중을 보여준다는 것은 해당 문장에서 읽은 적이 없습니다. dead라는 단어를 이용하여 만들어낸 오답으로, 이 딱정벌레가 죽은 것처럼 위장한다고 했지 실제로 죽음을 기다리고 있다고는 하지 않았습니다.

(b) 돌을 운반한다는 것은 해당 문장에서 읽은 적이 없습니다. stone이라는 단어를 이용하여 만들어낸 오답입니다.

(c) 굴러서 도망간다는 내용은 해당 문장에서 읽은 적이 없습니다. 상상력을 동원하여 만든 오답입니다.

(d) 포식자의 눈에 띄지 않게 만든다는 것은 '돌로 위장한다'는 본문의 내용과 일치합니다. (각 단어를 매칭하는 연습은 하지 않습니다. 의미가 일치하는지 눈을 감고 생각해보는 것이 paraphrasing을 찾는 데 더 도움이 됩니다.)

ANSWER 자신의 다리를 몸 아래에 집어넣는 이유를 제대로 설명한 (d)가 정답입니다. 문제에서 묻고 있는 내용을 잘 이해했고 본문에서 해당 문장을 잘 찾아 제대로 해석했으며 그와 일치하는 선택지가 있으므로 나머지 선택지의 내용은 본문에서 오답 확인하지 않습니다. (해당 내용이 본문에 있다고 하더라도, 문제에서 묻는 것이 아니므로 정답이 될 수 없습니다.)

어휘

tuck 타 밀어 넣다
limb 명 팔, 다리(= 사지)
disrupter 명 방해꾼
roll 자 구르다
threat 명 위협
unnoticed 형 눈에 띄지 않는 (← notice 타 주목하다, 알아채다)

난도 중

Thus, when an ironclad beetle encounters its predator, it just <u>remains</u> still and waits for the disrupter to give up and leave.

72 In the context of the passage, <u>remains</u> means ___________.

(a) pauses
(b) lives
(c) delays
(d) stays

STEP 1 단어 문제는 '문맥적' 유의어를 묻기 때문에 밑줄 단어와 함께 쓰인 앞/뒤의 단어를 함께 해석해야 합니다. 문맥상 어떤 의미로 쓰였는지 확인합니다.

"가만히 있는 상태로 <u>머무르다</u>"

STEP 2 동사 remain은 자동사입니다. 주격 보어인 '가만히 있는(형용사)'과 함께 쓰여, '(변하지 않고 특정 상태로) 머무르다'의 뜻으로 사용되었습니다. 특정 상태를 유지하고 있었다는 의미입니다.

STEP 3 (a) (잠시) 멈추다: pause는 보어와 함께 쓰일 수 없습니다. 주어가 하던 일을 잠시 멈춘다는 뜻으로 문맥상 부적절합니다.

(b) 살다: 일생 전체를 걸쳐 살아간다는 의미입니다. 특정 기간 동안 유지한다는 의미와는 다릅니다.

(c) 미루다, 지연하다: delay는 타동사로 목적어와 함께 쓰여야 합니다.

(d) 유지하다, 계속 있다: 특정 상태를 유지한다는 뜻입니다.

→ (d) stays still (가만히 있는 상태로 계속 있다) – 빈칸에 넣어 자연스럽게 해석됨을 확인합니다.

ANSWER remains와 바꾸어 쓸 수 있는 (d) stays가 정답입니다.

난도 (중)

Thanks to their unique armor and dull look, these inch-long beetles have the potential for abnormally long lifespans.

73 In the context of the passage, abnormally means ___________.

(a) unusually
(b) rarely
(c) differently
(d) unofficially

STEP 1 단어 문제는 '문맥적' 유의어를 묻기 때문에 밑줄 친 단어와 함께 쓰인 앞/뒤의 단어를 함께 해석해야 합니다. 문맥상 어떤 의미로 쓰였는지 확인합니다.

"비정상적으로 긴 수명"

STEP 2 부사 abnormally는 '긴'이라는 형용사를 꾸며, '평범하지 않게, 흔하지 않게'라는 뜻으로 사용되었습니다. '대부분'의 반대 뜻으로, 전체에서 적은 비율을 차지한다는 의미입니다.

STEP 3 (a) 유별나게: '흔하게'의 반대 뜻으로, 전체에서 적은 비율을 차지한다는 의미입니다.

(b) 드물게: 발생 빈도가 낮다는 뜻으로, '거의 발생하지 않고'에 해당하는 부정어입니다. 본문은 '길게 살지 않는다'는 부정의 의미가 아니므로 문맥상 부적절합니다.

(c) 다르게: 비교 대상과 서로 다르다는 뜻으로, 주어진 문장에는 비교 대상이 없어 부적절합니다.

(d) 비공식적으로: 공적이냐 사적이냐를 구분하는 부사입니다.

→ (a) unusually long lifespans (유별나게 긴 수명) – 빈칸에 넣어 자연스럽게 해석됨을 확인합니다.

ANSWER abnormally와 바꾸어 쓸 수 있는 (a) unusually가 정답입니다.

LETTER

V O
V한다 O에게

Thank you (for your unwavering ❶ attention and ❷ support (for Silverton Zoo)).

당신에게 감사하다 / 당신의 변함없는 관심과 성원에 / 실버튼 동물원에 대한

S V
S는 V한다

부사절 – 시간 / 전치사 to(to+동명사)

{Every year students visit the zoo}, we are committed / to making it a memorable experience.

V / O / OC

해마다 / 학생들이 동물원을 방문하는, / 우리는 헌신한다 / 그것을 만드는 것에 / 기억에 남는 경험으로

S V
S는 V한다

★ how to V: [V]하는 방법, 어떻게 [V]하는지

And I've always thought (about how to expand their horizons (with new experiences)).

그리고 / 나는 항상 생각해왔다 / 학생들의 시야를 넓힐 수 있는 방법에 대해 / 새로운 경험으로

S V C
S는 C다

to부정사(부사적)

Thus, / I'm very happy / to add Exploring Nature (as the new program) (to Silverton Zoo) {following this concern}.

부사절(분사구문) – 부연

따라서 / 나는 매우 기쁘다 / 자연탐사를 추가하게 되어 / 새로운 프로그램으로 / 실버튼 동물원에 / 이러한 고민에 따라

S V O
S는 V한다 O를

Especially, / I want to express my special thanks (to you).

특히, / 나는 특별한 감사를 표하고 싶다 / 당신에게

CHAPTER 04

TEST 1-4

SVO
S는 V한다 O를

Last year, / I had an opportunity [to have a deep conversation

지난해, 나는 기회를 가졌다 깊은 대화를 나눌 수 있는

(with Bella, the science teacher) [who guided the students],

과학 선생님인 벨라와 (그게 누구냐면) 학생들을 인솔한

(about the school's educational outlook)].

학교의 교육관에 대해

SVO and V
S는 V한다 O를 그리고 V한다

❶ that 명사절(목적어)

I came to know <that your school is championing the importance (of education) (through hands-on learning)> and ❷ deeply sympathized (with this view).

S V O

나는 알게 되었다 너희 학교가 교육의 중요성을 옹호하고 있다는 것을 체험 학습을 통한 그리고 깊이 공감했다 이러한 견해에

SVOC
S는 V한다 O를 C하도록

This talk inspired me / to organize Exploring Nature [focusing on students' ❶ hands-on experiences, ❷ observation, and ❸ feedback].

이 대화는 영감을 주었다 나에게 자연탐험을 구성하도록 (그게 뭐냐면) 초점을 맞춘 학생들의 실제적인 경험, 관찰, 피드백에

SVO and V
S는 V한다 O를 그리고 V한다

In this program, / students can ❶ touch dolphins and ❷ commune (with them) (under the guidance (of staff) (with expertise)).

이 프로그램에서, 학생들은 돌고래를 만질 수 있다 그리고 돌고래들과 교감할 수 있다 안내하에 전문성을 갖춘 스태프들의

SVO and V
S는 V한다 O를 그리고 V한다

① 관계부사절(목적어)

They will also watch <how dinosaurs ❶ were born and ❷ grew up> (in a 4-D theater), / and ② leap (into the wild world (of big cats)) (with model activities) (with proper supervision).

학생들은 또한 관람할 것이다 공룡이 어떻게 태어나고 자랐는지 4-D 극장에서 그리고 대형 고양이과 동물들의 야생 세계로 들어갈 것이다 모의 활동들을 통해 적절한 지도와 함께하는

SVC
S는 C다

to부정사 - 주격 보어
Finally, / they would be expected / to make a presentation (about their experiences and feelings).

마지막으로, 학생들은 요구될 것이다 발표하도록 그들의 경험과 감정에 대해

SVOC
S는 V한다 O를 C하도록

부사절(분사구문) - 조건
{Given that there is Natural Science (as a required subject) next year}, it can help them be ready (for advanced courses).

고려하면 자연과학이 있다는 점을 필수과목으로 내년에 그것은 그들을 도울 수 있다 심화과정에 준비되도록

SVO
S는 V한다 O를

부사절 - 조건
{If you have any questions}, you can contact our program manager Benjamin (at 356-8835).

당신이 어느 질문이든 가진다면 당신은 연락할 수 있다 우리의 프로그램 매니저인 벤자민에게 356-8835로

SVO
S는 V한다 O를

And we can discuss the schedule and details (by e-mail or meeting).

그리고 우리는 협의할 수 있다 일정과 세부 사항들을 이메일이나 회의로

SVO
S는 V한다 O를

I wish to speak (to you) (in person) soon.

나는 희망한다 당신과 이야기 나누기를 직접 곧

난도 ㊥

74 Why did Rexley write this letter?

(a) to invite the principal to their zoo
(b) to advertise their new program
(c) to thank for the school's loyalty (지엽적)
(d) to notify the principal that they open the new zoo

STEP 1 Part 2와 4에서 자주 나오는 '본문의 주제 or 목적'을 묻는 문제입니다. 편지글의 주제를 잘 파악하기 위해서는 마지막에 풀기를 추천합니다. 정답에 꼭 들어가야 할 키워드를 정해두는 것, 선택지 사이의 차이점을 면밀하게 확인하여 오답을 소거하는 것을 잊지 맙시다.

STEP 2 다른 문제들을 모두 푼 뒤에 문제를 풀며 읽은 내용을 바탕으로 주제를 정리해 봅시다. 글쓴이는 윌킨슨 씨 학교의 과학 선생님과 이야기를 한 후(75번) 새로운 프로그램을 기획하게 되었고, 이것이 어떻게 학생들에게 도움이 되는지(76, 77번) 설명하며 홍보하고 있습니다.

STEP 3 각 선택지를 해석하며 '프로그램, 홍보'라는 키워드를 확인하여 이 편지의 궁극적인 목적에 부합하는 내용을 찾습니다.

(a) 교장의 초대는 편지의 궁극적인 목적이 아닙니다. 키워드가 누락되어 있습니다.

(b) 그들의 새로운 프로그램을 광고하는 것이 맞습니다. 모든 키워드가 들어있습니다.

(c) 학교의 의리에 감사한다는 것은 편지의 궁극적 목적이 아닙니다. 키워드가 누락되어 있습니다.

(d) 새롭게 만든 것은 동물원이 아닌 동물원의 프로그램이므로 틀린 내용입니다. → 소거

ANSWER '새로운 프로그램, 홍보'라는 키워드가 모두 들어 있는 (b)가 정답입니다.

어휘 loyalty 명 충성심, 의리
notify 타 알리다

Especially, I want to express my special thanks to you. Last year, I had an opportunity to have a deep conversation with Bella, the science teacher who guided the students, about the school's educational outlook. I came to know that your school is championing the importance of education through hands-on learning and deeply sympathized with this view. This talk inspired me to organize Exploring Nature focusing on students' hands-on experiences, observation, and feedback.

75 Based on the letter, how did Mr. Rexley come to think out the idea?

(a) by ~~visiting~~ the science exposition
(b) by having a ~~meeting~~ with the school teacher
(c) by ~~leading~~ the school's excursion
(d) by conversing with a field trip guide

STEP 1 항상 첫 번째는 정확한 문제 해석과 이해입니다. 문제에서 '렉슬리가 아이디어를 떠올린 계기'에 대해서 묻고 있으므로 '아이디어가 떠올랐다'는 의미를 가진 문장을 찾아봅시다.

STEP 2 2단락의 마지막 문장에 '이 대화가 나에게 영감을 주었다.'라는 문장이 있습니다. 문제는 어떤 영감을 얻었는지가 아닌, 영감을 얻은 계기를 물었으므로 대명사 '이 대화'가 가리키는 문장을 찾아야 합니다. 2단락 두 번째 문장에 '이 대화'가 무엇인지 나와 있습니다.

"지난해, 나는 기회를 가졌다 / 깊은 대화를 나눌 수 있는 / 과학 선생님인 벨라와 / (그게 누구냐면) 학생들을 인솔한 / 학교의 교육관에 대해."

STEP 3 각 선택지를 해석하며 '견학을 이끈 과학 선생님과의 대화'라는 내용을 찾습니다.

(a) 글쓴이가 과학 박람회를 방문했다는 것은 틀린 내용입니다. science라는 단어를 이용하여 만들어 낸 오답입니다. → 소거

(b) 학교 선생님과 대화를 한 것은 맞지만, 회의를 했다는 것은 틀린 내용입니다. → 소거

(c) 글쓴이는 현장 학습을 인솔한 선생님과 대화한 것이지, 직접 현장 학습을 인솔한 것은 아닙니다. 본문의 내용을 교묘하게 바꾸어 만든 오답입니다. → 소거

(d) 현장 학습 인솔자(과학 선생님)와 대화한 것은 우리가 읽은 '아이디어를 떠올린 계기'에 해당합니다.

ANSWER 글쓴이가 아이디어를 떠올린 계기를 잘못된 정보 없이 설명한 (d)가 정답입니다. 문제에서 묻고 있는 내용을 잘 이해했고 본문에서 해당 문장을 잘 찾아 제대로 해석했으며 그와 일치하는 선택지가 있으므로 나머지 선택지의 내용은 본문에서 오답 확인하지 않습니다. (해당 내용이 본문에 있다고 하더라도, 문제에서 묻는 것이 아니므로 정답이 될 수 없습니다.)

어휘 exposition 명 설명, 전시회
excursion 명 여행
converse 자 ~와 이야기를 나누다(with)

난도 하

In this program, students can touch dolphins and commune with them under the guidance of staff with expertise. They will also watch how dinosaurs were born and grew up in a 4-D theater, and leap into the wild world of big cats with model activities with proper supervision. Finally, they would be expected to make a presentation about their experiences and feelings. Given that there is Natural Science as a required subject next year, it can help them be ready for advanced courses.

76 What most likely will students do if they are involved in the program?

(a) They can ~~tame~~ big cats
(b) They will share their experience in a formal way
(c) They will watch ~~movies~~ in 4-D
(d) They can ~~excavate~~ dinosaur fossils on site

STEP 1 항상 첫 번째는 정확한 문제 해석과 이해입니다. 문제에서 '학생들이 그 프로그램에 참여하면 하게 되는 일'에 대해서 묻고 있습니다. 프로그램의 내용은 3단락 전체에 있으므로 포괄적 범위의 문제임을 확인합니다. (포괄적 범위의 문제는 paraphrasing이 심하지 않으니 겁먹을 것 없습니다.)

STEP 2 각 선택지를 정확하게 해석하여 본문의 3단락 내용과 매칭되는지 확인합니다.

(a) 학생들은 길들일 수 있다 / 대형 고양이과 동물들을. → 본문에서 '대형 고양이과 동물'에 대한 내용을 찾습니다. 3단락 두 번째 문장의 뒷부분에 있습니다. '그리고 (학생들은) 들어갈 것이다 / 야생 세계로 / 대형 고양과 동물들의 / 모의 활동들을 통해 / 적절한 지도와 함께하는.' → 대형 고양이들을 직접 길들여보는 것이 아니라, 모의 활동으로 생태계를 배우게 되므로 틀린 내용입니다. → 소거

(b) 학생들은 공유할 것이다 / 그들의 경험을 / 정식으로. → 본문에서 '경험을 나누다'에 대한 내용을 찾습니다. 3단락 세 번째 문장에 있습니다. '마지막으로 학생들은 요구될 것이다 / 발표하도록 / 그들의 경험과 감정에 대해.' → 자신이 한 경험에 관해 공유한다(= 정식으로 발표한다)는 것은 우리가 읽은 내용과 일치합니다.

(c) 학생들은 볼 것이다 / 영화들을 / 4-D로. → 본문에서 '4-D'에 대한 내용을 찾습니다. 3단락 두 번째 문장 앞 부분에 있습니다. '학생들은 또한 관람할 것이다 / 공룡이 어떻게 태어나고 자랐는지 / 4-D 극장에서.' → 4-D로 보는 것은 영화가 아닌 공룡의 생태이므로 틀린 내용입니다. → 소거

(d) 학생들은 발굴할 수 있다 / 공룡 화석들을 / 현장에서. → 본문에서 '공룡'에 대한 내용은 3단락 두 번째 문장에서 읽었습니다. 공룡의 생태를 4-D 극장에서 본다고 했으므로 틀린 내용입니다. → 소거

ANSWER 프로그램에서 학생들이 하게 될 활동에 대해 잘못된 정보 없이 제대로 설명한 (b)가 정답입니다.

어휘 tame 타 길들이다
excavate 타 발굴하다
on site 부 현지에서, 현장의

난도 하

In this program, students can touch dolphins and commune with them under the guidance of staff with expertise. They will also watch how dinosaurs were born and grew up in a 4-D theater, and leap into the wild world of big cats with model activities with proper supervision. Finally, they would be expected to make a presentation about their experiences and feelings. Given that there is Natural Science as a required subject next year, it can help them be ready for advanced courses.

77 What can the program benefit students engaging in the program?

(a) They can be prepared for the coming courses
(b) They will ~~be required to~~ complete the course
(c) They can be given the chance to ~~get credits~~
(d) They will plan their own careers (상상)

STEP 1 항상 첫 번째는 정확한 문제 해석과 이해입니다. 문제에서 '프로그램이 참여한 학생들에게 주는 이점'에 대해서 묻고 있으므로 '학생들에게 도움이 된다'는 내용을 가진 문장을 찾아봅시다.

STEP 2 3단락의 마지막 문장에 학생들을 돕는다는 이야기가 있습니다. 해당 문장을 정확하게 해석하여 머릿속에 내용을 정리합니다.

"고려하면 / 자연과학이 있다는 점을 / 필수과목으로 / 내년에, / 그것(프로그램)은 그들을 도울 수 있다 / 심화과정에 준비되도록."

STEP 3 각 선택지를 해석하며 '내년의 심화, 필수 과정에 준비시킨다'는 내용을 찾습니다.

(a) 학생들이 다가오는 강의에 준비될 수 있다는 것은 우리가 읽은 내용과 일치합니다.

(b) 그 과정을 완료하도록 요구받는 것은 내년의 모든 학생들이지, 문제에서 묻고 있는 프로그램에 참여한 아이들이 얻을 수 있는 이점은 아닙니다. 본문에 언급되었더라도 문제에서 묻는 것이 아니면 정답이 될 수 없습니다. → 소거

(c) 학점을 받을 기회를 얻는 것은 내년에 과정을 완료하는 모든 학생들이지, 문제에서 묻고 있는 프로그램에 참여한 아이들이 얻을 수 있는 이점은 아닙니다. → 소거

(d) 자신의 커리어를 계획한다는 것은 해당 문장에서 읽은 적이 없습니다. 상상력을 동원하여 만든 오답입니다.

ANSWER 글쓴이가 아이디어를 떠올린 계기를 잘못된 정보 없이 설명한 (a)가 정답입니다. 문제에서 묻고 있는 내용을 잘 이해했고, 본문에서 해당 문장을 잘 찾아 제대로 해석했으며, 그와 일치하는 선택지가 있으므로 나머지 선택지의 내용은 본문에서 오답 확인하지 않습니다. (해당 내용이 본문에 있다고 하더라도, 문제에서 묻는 것이 아니므로 정답이 될 수 없습니다.)

어휘 coming 형 다가오는, 다음의

credit 명 학점

난도 (하)

If you have any questions, you can contact our program manager Benjamin at 356-8835. And we can discuss the schedule and details by e-mail or meeting. I wish to speak to you in person soon.

78 Based on the letter, why would Mrs. Wilkinson contact Benjamin?

(a) to give some ~~suggestions~~ for the program (상상)

(b) to ~~visit the zoo~~ for the meeting (상상)

(c) to get more information about the program

(d) to schedule the school's ~~next field trip~~ (상상)

STEP 1 항상 첫 번째는 정확한 문제 해석과 이해입니다. 문제에서 '편지를 받은 윌킨슨 씨가 벤자민에게 연락할 이유'에 대해 묻고 있으므로 마지막 단락을 찾아봅니다. Part 4의 편지글에서 항상 마지막 단락은 추후 연락이나 만남에 관련된 내용입니다.

STEP 2 4단락의 마지막 문장에 벤자민에게 연락할 수 있다는 내용이 있습니다. 해당 문장을 정확하게 해석하여 머릿속에 내용을 정리합니다.

"당신이 어느 질문이든 가진다면 / 당신은 연락할 수 있다 / 우리의 프로그램 매니저인 벤자민에게 / 356-8835로."

STEP 3 각 선택지를 해석하며 '프로그램에 관해 문의 사항이 있을 때'라는 내용을 찾습니다.

(a) 프로그램에 대한 제안 사항에 관해서는 해당 문장에서 읽은 적이 없습니다. 상상력을 동원하여 만든 오답입니다.

(b) 회의를 위한 동물원 방문에 관해서는 해당 문장에서 읽은 적이 없습니다. 상상력을 동원하여 만든 오답입니다.

(c) 프로그램에 대한 더 많은 정보를 원한다는 것은 '프로그램에 대해 질문이 있다.'라는 본문의 내용과 일치합니다.

(d) 학교의 다음 견학 일정에 관해서는 해당 문장에서 읽은 적이 없습니다. 상상력을 동원하여 만든 오답입니다.

ANSWER 벤자민에게 연락할 수 있는 경우에 대해 잘못된 정보 없이 설명한 (c)가 정답입니다. 문제에서 묻고 있는 내용을 잘 이해했고, 본문에서 해당 문장을 잘 찾아 제대로 해석했으며, 그와 일치하는 선택지가 있으므로 나머지 선택지의 내용은 본문에서 오답 확인하지 않습니다. (해당 내용이 본문에 있다고 하더라도, 문제에서 묻는 것이 아니므로 정답이 될 수 없습니다.)

난도 (하)

Every year students visit the zoo, we are committed to making it a memorable experience.

79 In the context of the passage, committed means ________.

(a) enacted
(b) executed
(c) dedicated
(d) tried

STEP 1 단어 문제는 '문맥적' 유의어를 묻기 때문에 밑줄 친 단어와 함께 쓰인 앞/뒤의 단어를 함께 해석해야 합니다. 문맥상 어떤 의미로 쓰였는지 확인합니다.

"우리는 헌신한다 / 만드는 것에"

STEP 2 동사 commit는 수동태로 쓰여, '전념하다, 헌신하다'의 뜻으로 사용되었습니다. 대상에 시간과 에너지를 쏟는다는 의미입니다.

STEP 3 (a) 벌어진다: 수동태로 사람 주어에는 쓸 수 없습니다. 사건이나 상황이 일어난다는 의미로 문맥상 부적절합니다.

(b) 실행된다: 수동태로 사람 주어에 쓸 경우에는 '사형당하다', 사물 주어에 쓸 경우에는 '실행되다'의 의미로 문맥상 부적절합니다.

(c) 전념한다: 대상이 중요하다고 여겨 시간과 에너지를 쏟는다는 의미입니다.

(d) 시도된다: 수동태로 사람 주어에는 쓸 수 없습니다.

→ (c) we are dedicated to making (우리는 전념한다 / 만드는 것에) – 빈칸에 넣어 자연스럽게 해석됨을 확인합니다.

ANSWER committed와 바꾸어 쓸 수 있는 (c) dedicated가 정답입니다.

난도 (중)

I came to know that your school is championing the importance of education through hands-on learning and deeply sympathized with this view.

80 In the context of the passage, championing means __________.

(a) fighting
(b) winning
(c) promoting
(d) awarding

STEP 1 단어 문제는 '문맥적' 유의어를 묻기 때문에 밑줄 친 단어와 함께 쓰인 앞/뒤의 단어를 함께 해석해야 합니다. 문맥상 어떤 의미로 쓰였는지 확인합니다.

"귀교는 옹호하고 있다 / 교육의 중요성을"

STEP 2 동사 champion은 진행형으로 쓰여, '~을 위해 싸우다, 옹호하다'의 뜻으로 사용되었습니다. 대상을 지지하고 지킨다는 의미입니다.

STEP 3 (a) 싸우다: 타동사로 쓰일 때, 목적어에 '맞서' 싸우다는 뜻입니다. champion과 반대되는 뜻의 단어입니다.

(b) 얻다: 내 소유가 아니던 것을 내 소유로 만들어 얻는다는 의미로 지지하고 지킨다는 의미와는 다릅니다.

(c) 고취시키다: 의견이나 사상 따위를 열렬히 주장하여 불어넣다는 의미입니다.

(d) 수여하다: 상이나 증서, 훈장 따위를 준다는 의미로 지지하고 지킨다는 의미와는 다릅니다.

→ (c) your school is promoting the importance of education (귀교는 고취하고 있다 / 교육의 중요성을) – 빈칸에 넣어 자연스럽게 해석됨을 확인합니다.

ANSWER championing과 바꾸어 쓸 수 있는 (c) promoting이 정답입니다.

문제편 18p

ADA LOVELACE

S V C
S는 C다

Augusta Ada King, Countess of Lovelace was an English mathematician and writer.

오거스타 에이다 킹은 = 러브레이스 백작부인인 영국의 수학자이자 작가였다

S V
S는 V한다

이유를 나타내는 전치사 for

She is chiefly known (for her work (on Charles Babbage's proposed mechanical general-purpose computer, the Analytical Engine)).

그녀는 주로 알려져 있다 그녀의 공헌으로 찰스 배비지가 제안한 기계적 범용 컴퓨터인 = 분석 엔진에 대한

S V O and V O
S는 V한다 O를 그리고 V한다 O를

❶ that 명사절(목적어)

She recognized <the machine had potential (beyond pure calculation)>, / and ❷ wrote the first algorithm.

그녀는 알아보았다 기계가 잠재력을 가지고 있다는 것을 단순 계산을 넘어서는 그리고 작성했다 첫 번째 알고리즘을

S V C
S는 C다

관계부사절(보어)

That's <why she is often regarded (as the first computer programmer)>.

그것이 그녀가 종종 여겨지는 이유이다 최초의 컴퓨터 프로그래머로

S V C
S는 C다

Lovelace was the daughter (of ❶ famed poet Lord Byron and ❷ mathematician Lady Byron), [who legally separated / two months after her birth].

러브레이스는 딸이다 유명한 시인인 바이런 경과 수학자인 바이런 부인의 (그 부부가 누구냐면) 법적으로 헤어졌다 그녀의 출생 두 달 후에

CHAPTER 04 TEST 2-1

SVC
S는 C다

부사절 – 대조

{While her father was romantic}, her mother was an ❶ intelligent and ❷ mathematically gifted woman.

그녀의 아버지는 낭만적이었던 반면에, 그녀의 어머니는 지적이고 수학적으로 재능이 있는 여성이었다

SVO
S는 V한다 O를

부사절(분사구문) – 이유

{Sick of her husband's lunacy}, she promoted Ada's interest (in mathematics and science).

남편의 터무니없는 짓에 질린 바이런 부인은 에이다의 관심을 장려했다 수학과 과학에 대한

SVO
S는 V한다 O를

that 명사절(목적어) ★ provide A with B: [A]에게 [B]를 제공하다

She thought <they are regimented / to provide one with stable character>.

바이런 부인은 생각했다 그것들이 체계화되어 있어서 제공한다고 사람에게 안정된 성격을

SV
S는 V한다

Ada was tutored (by prominent academics / such as ❶ William Frend, ❷ William King, and ❸ Mary Somerville, [(who was 생략) the noted researcher and scientific author]).

에이다는 가르침을 받았다 유명한 학자들에게서 예를 들어 윌리엄 프렌드, 윌리엄 킹, 그리고 메리 서머빌 같은, (그게 누구냐면) 저명한 연구자이자 과학 저자이다

SVO
S는 V한다 O를

Her educational and social background brought her (into contact (with scientists / such as ❶ Andrew Crosse, ❷ Charles Babbage, ❸ Sir David Brewster, ❹ the author Charles Dickens, and so on)).

러브레이스의 교육적, 사회적 배경은 그녀를 접촉하게 했다 과학자들과 예를 들어 앤드류 크로스, 찰스 배비지, 데이비드 브루스터 경, 작가 찰스 디킨스, 등

S V O
S는 V한다 O를

Lovelace first met Charles Babbage (in June 1833), (through their
러브레이스는 처음으로 찰스 배비지를 만났다 1833년 6월에, 그들의

mutual friend Mary Somerville).
공통의 친구인 메리 서머빌을 통해

S V O
and S V O
S는 V한다 O를
그리고 S는 V한다
O를

Babbage invited Lovelace / to see the prototype (for his 'difference
배비지는 러브레이스를 초대하여 프로토타입을 보여주었다 그의 '차분 기관'의

engine') / and she acquired a fascination (with the machine),
그리고 그녀는 매료되었다 그 기계에

부사절(분사구문) – 결과
{leading to her correspondence with him}.
(이것은) 이어졌다 그녀가 그와 편지를 주고받는 것으로

S V
S는 V한다

Babbage was impressed (by Lovelace's intellect and analytic skills).
배비지는 깊은 인상을 받았다 러브레이스의 지성과 분석력에

S V O
S는 V한다 O를

(Between 1842 and 1843), Ada translated an article (by Italian
1842년에서 1843년 사이에, 에이다는 기사를 번역했다 이탈리아의

military engineer Luigi Menabrea) (about the Analytical Engine),
군사 기술자인 루이지 메나브레아가 쓴 해석 기관에 대해

부사절(분사구문) – 이유
{wanting to help draw people's attention (to funding)}.
★ help (to) RV: [RV]하는 걸 돕다.
(왜냐하면) 도움이 되기를 원했다 끌어내는 데에 사람들의 관심을 자금 투자에 대한

S V O
S는 V한다 O를

She added an elaborate set of notes, [simply called "Notes"], (to it).
그녀는 정성을 들인 주석을 덧붙였다 단순히 "주석"이라고 불리우는 번역에

CHAPTER 04
TEST 2-1

SVC
S는 C다

Lovelace's notes are important (in the early history (of computers)),

러브레이스의 주석들은 중요하다 컴퓨터의 초기 역사에

부사절(분사구문) – 부연 what절(+불완전한 문장): 명사절(목적어)

{containing <what many consider to be the first computer program>}.

S V OC

(주석들은) 포함한다 많은 사람들이 최초의 컴퓨터 프로그램으로 여기는 것을

SVO
S는 V한다 O를

She expanded the horizons (of computers' ability) / to go (beyond mere calculating or number-crunching).

그녀는 지평을 넓혔다 컴퓨터 능력의

❶ ❷

단순한 계산이나 수치 처리를 넘어가도록

SVO
S는 V한다 O를

She demonstrated an algorithm (for the Analytical Engine) / [to compute Bernoulli numbers] / by writing instructions [to read and work out equations].

그녀는 알고리즘을 시연했다 해석 기관을 위한

★ by ~ing: ~함으로써

베르누이 수를 계산하는 명령을 작성함으로써 방정식을 읽고 푸는

SV
S는 V한다

She died (of uterine cancer) (in 1852) (at the age of 36, the same age [at which her father died]).

그녀는 자궁암으로 사망했다 1852년에 36세에 = (그게 뭐냐면) 같은 나이인

S V

(그 나이에) 그녀의 아버지가 죽었다

SV and SVC
S는 V한다 그리고 S는 C다

① The early programming language Ada was named (for her), / and

초기 프로그래밍 언어인 에이다는 그녀의 이름을 따서 지어졌다. 그리고

② the second Tuesday (in October) is deemed Ada Lovelace Day

두 번째 화요일은 10월의 에이다 러브레이스의 날로 여겨진다

(for her contributions (to science, technology, engineering, and mathematics)).

❶ ❷ ❸ ❹

그녀의 공헌을 기려 과학, 기술, 공학, 수학에 대한

Augusta Ada King, Countess of Lovelace was an English mathematician and writer. She is chiefly known for her work on Charles Babbage's proposed mechanical general-purpose computer, the Analytical Engine. She recognized the machine had potential beyond pure calculation, and wrote the first algorithm. That's why she is often regarded as the first computer programmer.

53 What is Ada Lovelace famous for?

(a) a ~~designer~~ of the first computer
(b) a ~~co-inventor~~ of the early general computer
(c) her endeavors in an early type of computer
(d) the ~~first female~~ computer programmer

STEP 1 항상 첫 번째는 정확한 문제 해석과 이해입니다. 문제에서 '에이다가 유명한 이유'에 대해 묻고 있으므로 '에이다가 유명하다'는 의미를 가진 문장을 찾아봅시다.

STEP 2 '에이다가 유명하다'는 문장은 1단락의 두 번째 문장에 있습니다. 해당 문장을 정확하게 해석하여 머릿속에 내용을 정리합니다.

"그녀는 주로 알려져 있다 / 그녀의 공헌으로 / 찰스 배비지가 제안한 기계적 범용 컴퓨터인 / 분석 엔진에 대한."

STEP 3 각 선택지를 해석하며 '찰스 배비지의 범용 컴퓨터에 대한 작업'이라는 내용을 찾습니다.

(a) 첫 번째 컴퓨터를 디자인했다는 것은 읽은 내용과 일치하지 않습니다. 특히 '첫 번째'라는 단어는 극단적인 표현으로, 본문에서 직접적으로 언급되지 않으면 쓸 수 없는 단어입니다. → 소거

(b) 초기 범용 컴퓨터에 대해 기여를 했다는 것이지 함께 발명을 한 것은 아닙니다. '새로운(← 발명)'이라는 개념은 극단적인 표현으로, 없던 것을 만들어낸 것과 존재하던 것을 발전시킨 것의 차이를 항상 숙지하고 있어야 합니다. → 소거

(c) 찰스 배버지가 제안한, 즉 그 전에 없었으나 새롭게 만들어 낸 컴퓨터(= 초기 컴퓨터)에 대한 그녀의 노력은 우리가 읽은 내용과 일치합니다.

(d) 첫 번째 여성 컴퓨터 프로그래머라는 것은 해당 문장에서 읽은 적이 없습니다. 마지막 문장에 첫 번째 컴퓨터 프로그래머라는 말은 있으나 그것도 첫 번째 '여성' 프로그래머라는 언급은 없고, 본문에 언급되었더라도 문제에서 묻는 것이 아니므로 정답이 될 수 없습니다. 문제에서 묻는 정답 부분만을 머릿속에 정리하여 정답을 골라야 이런 오답을 피해갈 수 있습니다.

ANSWER 에이다가 유명한 이유를 제대로 설명한 (c)가 정답입니다. 문제에서 묻고 있는 내용을 잘 이해했고 본문에서 해당 문장을 잘 찾아 제대로 해석했으며 그와 일치하는 선택지가 있으므로 나머지 선택지의 내용은 본문에서 오답 확인하지 않습니다. (해당 내용이 본문에 있다고 하더라도, 문제에서 묻는 것이 아니므로 정답이 될 수 없습니다.)

어휘 endeavor 명 노력, 시도, 애씀

난도 중

Lovelace was the daughter of famed poet Lord Byron and mathematician Lady Byron, who legally separated two months after her birth. While her father was romantic, her mother was an intelligent and mathematically gifted woman. Sick of her husband's lunacy, she promoted Ada's interest in mathematics and science. She thought they are regimented to provide one with stable character. Ada was tutored by prominent academics such as William Frend, William King, and Mary Somerville, the noted researcher and scientific author.

54 Why did Ada's mother push her to pursue mathematics and science?

(a) to develop her ~~taste in poetry~~ (상상)
(b) to build her steady-state disposition
(c) to make her ~~support family~~ after her father's death (상상)
(d) to derive her talent from the ~~noble descent~~ (상상)

STEP 1 항상 첫 번째는 정확한 문제 해석과 이해입니다. 문제에서 '에이다의 엄마가 그녀에게 수학과 과학을 강요한 이유'에 대해서 묻고 있으므로 '엄마의 강요'를 이야기하는 문장을 찾아봅시다.

STEP 2 '에이다가 수학과 과학에 관심을 갖게 했다.'라는 문장은 2단락의 세 번째 문장에 있습니다. 해당 문장을 정확하게 해석하여 머릿속에 내용을 정리합니다.

"남편의 터무니없는 짓에 질린 / 바이런 부인은 에이다의 관심을 장려했다 / 수학과 과학에 대한."

STEP 3 각 선택지를 해석하며 '남편의 미친짓에 지쳤다'는 내용을 찾습니다.

(a) 시에 대한 흥미에 관해서는 언급되지 않았습니다.

(b) 안정적인 기질에 관해서는 언급되지 않았습니다.

(c) 가족 부양에 관해서는 언급되지 않았습니다.

(d) 그녀의 재능에 관해서는 언급되지 않았습니다.

STEP 4 문제가 묻는 '수학과 과학의 강요'에 해당하는 문장을 더 찾아 해석해보고 선택지들을 다시 확인합니다. 다음 문장이 이에 해당합니다.

"바이런 부인은 생각했다 / 그것들(수학과 과학)이 체계화되어 있어서 / 제공한다고 / 사람에게 / 안정된 성격을."

STEP 5 각 선택지를 해석하며 '안정적인 성격을 갖게 할 만큼 체계적이다'는 내용을 찾습니다.

(a) 시에 대한 흥미에 관해서는 언급되지 않았습니다.

(b) 안정적인 성격을 갖게 할 수 있는 학문이라고 생각했기 때문이 맞습니다.

(c) 가족의 부양에 관해서는 언급되지 않았습니다.

(d) 그녀의 재능에 관해서는 언급되지 않았습니다.

ANSWER 수학과 과학에 대해 어머니가 밀어붙인 이유를 제대로 설명한 (b)가 정답입니다. 문제에서 묻고 있는 내용을 잘 이해했고 본문에서 해당 문장을 잘 찾아 제대로 해석했으며 그와 일치하는 선택지가 있으므로 나머지 선택지의 내용은 본문에서 오답 확인하지 않습니다. (해당 내용이 본문에 있다고 하더라도, 문제에서 묻는 것이 아니므로 정답이 될 수 없습니다.)

어휘

taste 명 기호, 취향; 감각

steady 형 꾸준한, 흔들림 없는

disposition 명 기질, 성향

noble 형 고결한, 상류층의

descent 명 혈통

난도 하

Her educational and social background brought her into contact with scientists such as Andrew Crosse, Charles Babbage, Sir David Brewster, the author Charles Dickens, and so on. Lovelace first met Charles Babbage in June 1833, through their mutual friend Mary Somerville. Babbage invited Lovelace to see the prototype for his 'difference engine' and she acquired a fascination with the machine, leading to her correspondence with him. Babbage was impressed by Lovelace's intellect and analytic skills.

55 What prompted Ada's correspondence with Charles Babbage?

(a) her idea for ~~improving~~ the machine (상상)

(b) her captured attention to his invention

(c) her enthusiasm to ~~progress her research~~ (상상)

(d) his wish for ~~being her mentor~~ (상상)

STEP 1 항상 첫 번째는 정확한 문제 해석과 이해입니다. 문제에서 '에이다가 찰스 배비지와 서신을 주고받게 된 이유'에 대해 묻고 있으므로 '찰스 배비지와의 서신 교환'을 이야기하는 문장을 찾아봅시다.

CHAPTER 04

TEST 2-1

STEP 2 찰스 배비지와 서신을 교환했다는 문장은 3단락의 세 번째 문장에 있습니다. 해당 문장을 정확하게 해석하여 머릿속에 내용을 정리합니다.

"배비지는 러브레이스를 초대하여 / 프로토타입을 보여주었다 / 그의 '차분 기관'의 / 그리고 그녀는 매료되었다 / 그 기계에, / (이것은) 이어졌다 / 그녀가 편지를 주고 받는 것으로 / 그와."

STEP 3 각 선택지를 해석하며 '찰스 배비지의 초대로 보게 된 차분 기관의 프로토타입에 매력을 느꼈다'는 내용을 찾습니다.

(a) 기계 개선에 대한 그녀의 아이디어에 관해서는 해당 문장에서 읽은 적이 없습니다.

(b) 그녀가 그의 프로토타입에 심취했다는 것은 우리가 읽은 내용과 일치합니다.

(c) 연구 진전에 대한 그녀의 열정에 관해서는 해당 문장에서 읽은 적이 없습니다.

(d) 찰스 배비지가 그녀의 스승이 되길 원했다는 것에 관해서는 해당 문장에서 읽은 적이 없습니다.

ANSWER 에이다가 찰스 배비지와 서신을 교환하게 된 이유를 제대로 설명한 (b)가 정답입니다. 문제에서 묻고 있는 내용을 잘 이해했고 본문에서 해당 문장을 잘 찾아 제대로 해석했으며 그와 일치하는 선택지가 있으므로 나머지 선택지의 내용은 본문에서 오답 확인하지 않습니다. (해당 내용이 본문에 있다고 하더라도, 문제에서 묻는 것이 아니므로 정답이 될 수 없습니다.)

어휘 correspondence 명 서신, 편지 쓰기
enthusiasm 명 열정, 열광

난도 하

Between 1842 and 1843, Ada translated an article by Italian military engineer Luigi Menabrea about the Analytical Engine, wanting to help draw people's attention to funding. She added an elaborate set of notes, simply called "Notes", to it. Lovelace's notes are important in the early history of computers, containing what many consider to be the first computer program. She expanded the horizons of computers' ability to go beyond mere calculating or number-crunching. She demonstrated an algorithm for the Analytical Engine to compute Bernoulli numbers by writing instructions to read and work out equations.

56 Why did Ada translate an article for the Analytical Engine?

(a) She could propose a ~~new direction~~ to the project (상상)
(b) She could make money ~~for her own project~~
(c) She could learn more about the project (상상)
(d) She could assist the project in raising funds

STEP 1 항상 첫 번째는 정확한 문제 해석과 이해입니다. 문제에서 '에이다가 해석 기관에 대한 기사를 번역한 이유'에 대해서 묻고 있으므로 '기사 번역'을 이야기하는 문장을 찾아봅시다.

STEP 2 기사 번역에 관한 문장은 4단락의 첫 번째 문장에 있습니다. 해당 문장을 정확하게 해석하여 머릿속에 내용을 정리합니다.

"에이다는 기사를 번역했다 / 이탈리아의 군사 기술자인 루이지 메나브레아가 쓴 / 해석 기관에 대해 / (왜냐하면) 도움이 되기를 원했다 / 끌어내는 데에 / 사람들의 관심을 / 자금 투자에 대한."

STEP 3 각 선택지를 해석하며 '펀딩에 대한 사람들의 관심을 끄는 것을 돕기 위해'라는 내용을 찾습니다.

(a) 새로운 방향의 제안에 관해서는 해당 문장에서 읽은 적이 없습니다.

(b) 돈을 모으기를 원했던 것은 맞지만, 자신의 프로젝트를 위해서는 아니었으므로 틀린 내용입니다.
→ 소거

(c) 배움을 얻기 위해서 번역했다는 것은 해당 문장에서 읽은 적이 없습니다.

(d) 그녀가 그의 프로토타입에 심취했다는 것은 우리가 읽은 내용과 일치합니다.

ANSWER 에이다가 기사를 번역한 이유를 제대로 설명한 (d)가 정답입니다. 문제에서 묻고 있는 내용을 잘 이해했고, 본문에서 해당 문장을 잘 찾아 제대로 해석했으며, 그와 일치하는 선택지가 있으므로 나머지 선택지의 내용은 본문에서 오답 확인하지 않습니다. (해당 내용이 본문에 있다고 하더라도, 문제에서 묻는 것이 아니므로 정답이 될 수 없습니다.)

어휘 raise 타 자금 · 사람 등을 모으다

Between 1842 and 1843, Ada translated an article by Italian military engineer Luigi Menabrea about the Analytical Engine, wanting to help draw people's attention to funding. She added an elaborate set of notes, simply called "Notes", to it. Lovelace's notes are important in the early history of computers, containing what many consider to be the first computer program. She expanded the horizons of computers' ability to go beyond mere calculating or number-crunching. She demonstrated an algorithm for the Analytical Engine to compute Bernoulli numbers by writing instructions to read and work out equations.

57 How did Ada refine the Analytical Engine through her notes?

(a) She optimized it for better performance
(b) She solved the equation to improve the machine
(c) She showed additional functions of the machine
(d) She transformed it into a writing machine

STEP 1 항상 첫 번째는 정확한 문제 해석과 이해입니다. 문제에서 '주석을 통해 에이다가 해석기관을 향상시킨 방법'에 대해 묻고 있으므로 '주석을 통한 해석 기관의 향상'을 이야기하는 문장을 찾아봅시다.

STEP 2 에이다가 주석을 썼다는 내용은 4단락의 두 번째 문장에 있습니다. 하지만 이 문장에는 단순히 노트를 작성했다는 내용이, 다음 문장에는 이 노트가 첫 번째 컴퓨터 프로그램으로 여겨진다는 내용이 있습니다. 두 문장 모두 문제에서 묻고 있는 '해석기관이 향상된 방법'에 대해서는 언급하고 있지 않습니다. 그 다음 문장에서 구체적으로 어떻게 이 컴퓨터가 발전됐는지 설명하고 있으므로 4단락의 네 번째 문장을 정확하게 해석하여 머릿속에 내용을 정리합니다.

"그녀는 지평을 넓혔다 / 컴퓨터 능력의 / 단순한 계산이나 수치 처리를 넘어가도록."

STEP 3 각 선택지를 해석하며 '단순한 계산이나 수치 처리 이외의 또 다른 능력을 컴퓨터에게 주었다'는 내용을 찾습니다.

(a) 컴퓨터가 할 수 있는 새로운 기능을 개발해낸 것이지, 같은 기능을 더 빠르게 하도록 만든 것은 아닙니다. '더 나은 성능'은 본문에 언급되지 않은 비교급이며, optimize는 본문에 언급되지 않은 최상급이므로 무조건 오답입니다. → 소거

(b) 그녀가 방정식을 풀어서 기계를 발전시켰다는 내용은 해당 문장에서 읽은 적이 없습니다.

(c) 기존의 능력 외의 다른 능력, 즉 새로운, 추가된 기능을 보여주었다는 것은 우리가 읽은 내용과 일치합니다.

(d) 그녀가 해석기관을 글쓰기 기계로 변화시켰다는 것은 해당 문장에서 읽은 적이 없습니다.

ANSWER 에이다가 해석기관을 향상시킨 방법을 제대로 설명한 (c)가 정답입니다. 문제에서 묻고 있는 내용을 잘 이해했고 본문에서 해당 문장을 잘 찾아 제대로 해석했으며 그와 일치하는 선택지가 있으므로 나머지 선택지의 내용은 본문에서 오답 확인하지 않습니다. (해당 내용이 본문에 있다고 하더라도, 문제에서 묻는 것이 아니므로 정답이 될 수 없습니다.)

어휘 optimize 타 ~을 최대한 좋게 만들다, 최적화하다
equation 명 방정식

난도 중

Ada was tutored by prominent academics such as William Frend, William King, and Mary Somerville, the noted researcher and scientific author.

58 In the context of the passage, prominent means ___________.

(a) leading
(b) noticeable
(c) bold
(d) public

STEP 1 단어 문제는 '문맥적' 유의어를 묻기 때문에 밑줄 친 단어와 함께 쓰인 앞/뒤의 단어를 함께 해석해야 합니다. 문맥상 어떤 의미로 쓰였는지 확인합니다.
"저명한 학자들"

STEP 2 형용사 prominent는 사람 명사를 수식하여, '유명한'의 뜻으로 사용되었습니다. 그 사람이 중요한 역할을 하는 사람이라는 의미입니다.

STEP 3 (a) 선도적인: 사람이나 사물을 꾸며 그 대상이 중요한 역할을 한다는 의미입니다.
(b) 눈에 띄는: 사람 명사를 수식할 수 없습니다. 사물 명사를 수식하여 대상이 명확하여 인지하기가 쉽다는 의미이므로 문맥상 부적절합니다.
(c) 대담한: 사람 명사를 수식하여 위험한 일을 두려워하지 않는다는 의미로, 중요한 역할을 한다는 의미와는 다릅니다.
(d) 공공의: 사람 명사를 수식할 때 그 대상을 많은 사람들이 알고 있다는 의미로, 중요한 역할을 한다는 의미와는 다릅니다.
→ (a) leading academics (선도적인 학자들) – 빈칸에 넣어 자연스럽게 해석됨을 확인합니다.

ANSWER prominent와 바꾸어 쓸 수 있는 (a) leading이 정답입니다.

난도 (하)

The early programming language Ada was named for her, and the second Tuesday in October is deemed Ada Lovelace Day for her contributions to science, technology, engineering, and mathematics.

59 In the context of the passage, deemed means ________.

(a) declared
(b) considered
(c) assumed
(d) claimed

STEP 1 단어 문제는 '문맥적' 유의어를 묻기 때문에 밑줄 친 단어와 함께 쓰인 앞/뒤의 단어를 함께 해석해야 합니다. 문맥상 어떤 의미로 쓰였는지 확인합니다.

"10월 두 번째 화요일은 여겨진다 / 에이다 러브레이스의 날로."

STEP 2 동사 deem은 수동태로 쓰여, '~으로 여겨지다, 생각되다'의 뜻으로 사용되었습니다. 많은 사람들이 그렇게 생각하고 인정한다는 의미입니다.

STEP 3 (a) 선언된다: 공식적으로 발표되었다는 의미로, deem에는 공식적으로 지정되었다는 의미가 없습니다.

(b) 간주된다: 사람들이 그렇게 생각한다는 의미입니다.

(c) 가정된다: 틀릴 수도 있는 사실에 대해 그것을 사실이라고 상상해 본다는 의미로, 사람들이 인정한다는 의미와는 다릅니다.

(d) 주장된다: 동의하지 않는 사람이 있다고 하더라도, 그것이 사실이라고 말한다는 의미입니다. 사람들이 인정한다는 의미와는 다릅니다.

→ (b) the second Tuesday in October is considered Ada LoveLace Day (10월 두 번째 화요일은 간주된다 / 에이다 러브레이스의 날로) – 빈칸에 넣어 자연스럽게 해석됨을 확인합니다.

ANSWER deemed와 바꾸어 쓸 수 있는 (b) considered가 정답입니다.

BRAZIL'S RAINFOREST LOSING ITS ROLE RECENTLY

S V O
S는 V한다 O를

Brazil has the Amazon rainforest [which is the world's largest intact forest].

브라질은 아마존 열대 우림을 가지고 있다 (그게 뭐냐면) 세계에서 가장 큰 손상되지 않은 숲이다

S V and V O
S는 V한다 그리고 V한다 O를

It contributes (to biodiversity) (as the home (to various plant and animal species)), as well as stores approximately 100 billion metric tons (of carbon).

아마존은 생물 다양성에 기여한다 서식지로서 다양한 식물과 동물 종의 또한(= and) 저장한다 약 1,000억 미터톤의 탄소를

S V C
S는 C다

That's more than ten times / the annual global emissions (from fossil fuels).

그것은 10배 이상이다 연간 전 세계 배출량의 화석 연료로 나오는

S V O and V O
S는 V한다 O를 그리고 V한다 O를

Climate change experts monitored carbon absorption and emission (in each region) every year, and tried to predict <how variations will affect Earth's local, regional, and global climates>.

기후변화 전문가들은 추적했다 탄소 흡수량과 배출량을 각 지역에서 매년 그리고 예측하려고 노력했다 어떻게 그 변화가(S) 영향을 끼칠지(V) 지구의 국지적, 지역적, 그리고 전 세계적 기후에(O)

관계부사절(목적어)

S V and S V O
S는 V한다 그리고 S는 V한다 O를

In 2020, / Brazil rainforests' net emissions rose (by) 14% / and it reached 2.16 billion tons (of carbon dioxide equivalent).

2020년에, 브라질 열대우림의 순배출량은 14% 증가했다 그리고 그것은 이른다 21억 6천만 톤에 이산화탄소 상당량의

S V C
S는 C다

★ used to V: [V]하곤 했다

The huge land [that used to ❶ hold and ❷ store greenhouse gas] has become a place [to release it instead].

거대한 땅이 (그게 뭐냐면) 온실가스를 잡아두고 저장하던 장소가 되었다 반대로 그것을 배출하는

S V C
S는 C다

This is because of commercial ❶ mining and ❷ agriculture there, [including on protected indigenous lands].

이것은 아마존에서의 상업적인 광업과 농업 때문이다 (그것들은) 포함한다 보호구역으로 지정된 토착지에서 일어나는 것을

S V O
S는 V한다 O를

Producers (in Brazil) have burned more and more forests / to make way (for cattle ranching and plantations).

to부정사(부사적)

브라질의 생산업자들은 점점 더 많은 숲을 태워왔다 자리를 만들기 위해서 소 목축과 대규모 농장을 위한

S V O
S는 V한다 O를

부사절 – 원인

{Since Brazil's money has become very cheap}, they needed to focus (more on lucrative businesses), [which were exporting ❶ beef, ❷ corn, or ❸ soybeans].

브라질의 화폐가 매우 저렴해졌기 때문에, 그들은 더욱 집중할 필요가 있었다 수익성 있는 사업에 (그게 뭐냐면) 소고기, 옥수수 또는 콩을 수출하는

SVC
S는 C다

부사절 – 이유

It is double trouble {because not only have the trees [that served

★ not only A but (also) B: [A]뿐만 아니라 [B]도 (부정어 not only 강조로 주어 – 동사 도치)

그것은 엎친 데 덮친 격이다 나무들이 (그게 뭐냐면)

(as carbon sink)] disappeared, / but a huge amount of carbon is

탄소 흡수대 역할을 했던 사라졌기 때문만이 아니라 엄청난 양의 탄소가

generated (during the deforestation)}.

생성되기 때문에 삼림 벌채 과정에서

SVC
S는 C다

Carbon dioxide is a greenhouse gas [which causes an effect

이산화탄소는 온실가스이다 (그게 뭐냐면) 효과를 일으킨다

(like the glass (in a greenhouse))].

유리와 같은 온실에서의

SVO and VO
S는 V한다 O를 그리고 V한다 O를

It holds ❶ heat and warms up ❷ the inside.

그것은 열을 붙잡아두고 내부를 데운다

SVC but SVO
S는 C다 하지만 S는 V한다 O를

★ too 형용사 to 동사: [동사]하기에는 너무 [형용사]한

Without carbon, / Earth might be too cold / to support human life, /

탄소가 없다면, 지구는 너무 추울지도 모른다 인간의 삶을 지탱하기에는

but excessive gas creates a cover [that traps the sun's heat energy

하지만 과도한 가스는 덮개를 만든다 (그게 뭐냐면) 태양의 열 에너지를 가두는

부사절(분사구문) – 결과

(in the atmosphere)], {causing global warming to be more intense}.

대기 중에 (그래서) 만든다 지구 온난화를 더 극심하게

CHAPTER 04

TEST 2-2

S V and S V C
S는 V한다 그리고 S는 C다

부사절 – 원인

{As the tropical forests dry up (with the change (in carbon level))},
열대 숲들이 줄어들기 때문에 / 탄소 수치의 변화에 따라

① weather patterns are changing, / and ② this phenomenon is not exclusive (to specific areas).
날씨 패턴은 / 변하고 있다 / 그리고 / 이러한 현상은 국한된 것이 아니다 / 특정 지역에만

S V C
S는 C다

Hurricanes are likely to become more intense, (on average), (in a warming world).
허리케인은 더 강력해질 가능성이 있다 / 평균적으로 / 온난한 권역에서

S V C
S는 C다

❶ Annual precipitation and ❷ seasonal temperatures are ever-changing.
연간 강수량과 계절적 온도는 / 변화무쌍하다

S V O
S는 V한다 O를

Dry areas experience more droughts.
건조한 지역은 더 많은 가뭄을 겪는다

S V and S V
S는 V한다 그리고 S는 V한다

Glaciers retreats / and heat would not be reflected back (into the atmosphere) (by the shiny surface (of the ice)).
빙하가 줄어든다 / 그리고 / 열은 반사되지 않을 것이다 / 대기로 / 반짝이는 얼음 표면에 의해

난도 (하)

BRAZIL'S RAINFOREST LOSING ITS ROLE RECENTLY	60 What is the article mainly about? (a) the relationship between carbon and global warming (포괄적) (b) the shifting role of forests in Brazil (c) how to improve forest health (포괄적) (d) how to reduce carbon levels across the continent (포괄적)

STEP 1 Part 2와 4에서 자주 나오는 '본문의 주제 or 목적'을 묻는 문제입니다. 본문의 주제를 잘 파악하기 위해서는 ① 제목을 정확하게 읽기, ② 마지막에 풀기를 추천합니다. 정답에 꼭 들어가야 할 키워드를 정해두는 것, 선택지 사이의 차이점을 면밀하게 확인하여 오답을 소거하는 것을 잊지 맙시다.

STEP 2 다른 문제들을 모두 푼 뒤에 본문의 제목을 바탕으로 주제를 정리해 봅시다. '브라질 열대우림이 탄소를 저장하는 대신 배출이 더 많아졌고(62번) 이는 지구 온난화를 가속화시킨다(63번)'는 것이 본문에서 조사자들의 관찰을 통해 주장하고자 하는 바입니다.

STEP 3 각 선택지를 해석하며 '브라질 열대우림, 탄소 배출'이라는 키워드를 확인하여 전체 주제에 부합하는 내용을 찾습니다.

(a) '브라질의 열대우림'이라는 키워드가 빠져 있습니다. → 소거

(b) 브라질의 열대우림(숲)이 탄소를 저장하는 역할에서 탄소를 배출하는 역할로 바뀌었다는 것은 이 글의 전체 주제에 부합합니다.

(c) '브라질의 열대우림'이라는 키워드가 빠져 있습니다. → 소거

(d) '브라질의 열대우림'이라는 키워드가 빠져 있습니다. → 소거

ANSWER '브라질 열대우림, 탄소 배출'이라는 키워드가 모두 들어가 있는 (b)가 정답입니다.

어휘

across 전 ~전체에 걸쳐

continent 명 대륙

CHAPTER 04

TEST 2-2

난도 (하)

Climate change experts monitored carbon absorption and emission in each region every year, and tried to predict how variations will affect Earth's local, regional, and global climates. In 2020, Brazil rainforests' net emissions rose 14% and it reached 2.16 billion tons of carbon dioxide equivalent. The huge land that used to hold and store greenhouse gas has become a place to release it instead.

61 What did researchers observe to understand the present situation?

(a) how the climate has varied in local areas
(b) how much each region burns fossil fuels each year
(c) how the Brazil rainforests were affected in 2020
(d) how the carbon level changes over time regionally

STEP 1 항상 첫 번째는 정확한 문제 해석과 이해입니다. 문제에서 '현 상황 이해를 위해 조사자들이 관찰한 것'에 대해 묻고 있으므로 조사 대상에 대한 문장을 찾아봅시다.

STEP 2 조사자들의 관찰에 관한 문장은 2단락의 첫 번째 문장에 있습니다. 해당 문장을 정확하게 해석하여 머릿속에 내용을 정리합니다.

"기후변화 전문가들은 추적했다 / 탄소 흡수량과 배출량을 / 각 지역에서 / 매년, / 그리고 예측하려고 노력했다 / 어떻게 그 변화가 영향을 끼칠지 / 지구의 국지적, 지역적, 그리고 전 세계적 기후에."

STEP 3 각 선택지를 해석하며 '매해의 지역별 탄소 흡수량과 배출량' 중 일부는 가리키는 내용을 찾습니다.

(a) 기후의 변화는 예측하고자 하는 결과이지, 조사자들이 관찰한 것이 아니므로 틀린 내용입니다. → 소거

(b) 화석 연료의 연소량은 탄소의 배출량 중 일부는 될 수 있지만, 흡수량은 될 수 없으므로 틀린 내용입니다. → 소거

(c) 2020년의 브라질 열대우림이 받은 영향은 해당 문장에서 읽은 적이 없습니다.

(d) 시간에 따른 지역별 탄소의 변화량(배출량과 흡수량의 차이)은 우리가 읽은 내용과 일치합니다.

ANSWER 조사자들이 관찰한 대상을 제대로 설명한 (d)가 정답입니다. 문제에서 묻고 있는 내용을 잘 이해했고 본문에서 해당 문장을 잘 찾아 제대로 해석했으며 그와 일치하는 선택지가 있으므로 나머지 선택지의 내용은 본문에서 오답 확인하지 않습니다. (해당 내용이 본문에 있다고 하더라도, 문제에서 묻는 것이 아니므로 정답이 될 수 없습니다.)

어휘
vary 자 (상황에 따라) 달라지다
carbon 명 탄소
level 명 정도, 수준

난도 (하)

This is because of commercial mining and agriculture there, including on protected indigenous lands. Producers in Brazil have burned more and more forests to make way for cattle ranching and plantations. Since Brazil's money has become very cheap, they needed to focus more on lucrative businesses, which were exporting beef, corn, or soybeans.

62 According to the article, why are Brazil's rainforests producing more gas?

(a) It ~~protected~~ indigenous lands
(b) It made farms burn ~~for~~ commercial ~~mining~~
(c) They were used to export ~~more~~ corn than beef
(d) They were set on fire to clear land

STEP 1 항상 첫 번째는 정확한 문제 해석과 이해입니다. 문제에서 '브라질의 열대우림이 더 많은 가스를 만들어내는 이유'에 대해서 묻고 있으므로 '더 많은 가스'에 대해 이야기하는 문장을 찾아봅시다.

STEP 2 브라질의 열대우림의 증가한 가스 배출량에 관련된 문장은 2단락의 두 번째 문장에 있습니다. 하지만 이 문장에는 단순히 배출량이 높아졌다는 내용이, 다음 문장에는 가스를 저장하던 공간이 가스를 배출하게 되었다는 내용이 있습니다. 두 문장 모두 문제에서 묻고 있는 '배출량이 늘어난 이유'에 대해서는 언급하고 있지 않습니다. 다음 문장에서 구체적으로 그 이유에 대해 설명하고 있으므로 3단락의 첫 번째 문장을 정확하게 해석하여 머릿속에 내용을 정리합니다.
"이것은 아마존에서의 상업적인 광업과 농업 때문이다 / (그것들은) 포함한다 / 보호구역으로 지정된 토착지에서 일어나는 것을."

STEP 3 각 선택지를 해석하며 '보호구역에서까지 일어나는 광업과 농업'에 대한 내용을 찾습니다.
(a) 토착지를 보호한 것이 아니라 그 지역에서까지 광업과 농업을 발달시켰습니다. 읽은 내용과 반대됩니다. → 소거
(b) 상업적 광업을 위해 농장을 불태운 것에 관해서는 언급되지 않았습니다.
(c) 소고기와 옥수수의 수출량에 관해서는 언급되지 않았습니다.
(d) 땅을 개간하기 위해 불태운 것에 관해서는 언급되지 않았습니다.

STEP 4 문제가 묻는 '더 많은 가스를 발생시키는 이유'에 해당하는 문장을 더 찾아 해석해 보고 선택지들을 다시 확인합니다. 다음 문장이 이에 해당합니다.
"브라질의 생산업자들은 / 점점 더 많은 숲을 태워왔다 / 자리를 만들기 위해서 / 소 목축과 대규모 농장을 위한."

STEP 5 남은 선택지들을 해석하며 '소 목축과 대농장을 위해 숲을 태웠다'는 내용을 찾습니다.
(b) 농장을 만들기 위해 숲을 태운 것이지, 광산업을 위해 농장을 태운 것이 아니므로 틀린 내용입니다. → 소거

(c) 소고기보다 옥수수를 더 많이 수출하기 위해 숲이 이용되었다는 것은 본문에 언급되지 않은 비교급이므로 무조건 오답입니다. → 소거

(d) 땅을 개간하기 위해 숲이 불에 태워졌다는 것은 우리가 읽은 내용과 일치합니다.

ANSWER 브라질의 열대우림이 더 많은 가스를 만들어내는 이유를 제대로 설명한 (d)가 정답입니다.

어휘

indigenous 형 토착의; 토종의, 원산의

commercial 형 상업의

export 타 수출하다

clear 타 치우다, 깨끗이하다

난도 중

It is double trouble because not only have the trees that served as carbon sink disappeared, but a huge amount of carbon is generated during the deforestation. Carbon dioxide is a greenhouse gas which causes an effect like the glass in a greenhouse. It holds heat and warms up the inside. Without carbon, Earth might be too cold to support human life, but excessive gas creates a cover that traps the sun's heat energy in the atmosphere, causing global warming to be more intense.

63 Why does the practice make global warming more serious?

(a) because it causes ~~more~~ heat energy from the sun

(b) because it makes human life ~~feel too cold~~

(c) because it adds gas that ~~produces~~ heat

(d) because it lets less heat escape

STEP 1 항상 첫 번째는 정확한 문제 해석과 이해입니다. 문제에서 '이러한 행위(62번에서 이야기한 개간)가 지구 온난화를 더 심각하게 만드는 이유'에 대해 묻고 있으므로 '지구 온난화'에 대한 문장을 찾아봅시다.

STEP 2 지구 온난화를 더 심화시킨다는 내용은 4단락의 마지막 문장에 있습니다. 해당 문장을 정확하게 해석하여 머릿속에 내용을 정리합니다.

"탄소가 없다면, / 지구는 너무 추울지도 모른다 / 인간의 삶을 지탱하기에는 / 하지만 과도한 가스는 덮개를 만든다 / (그게 뭐냐면) 태양의 열에너지를 가두는 / 대기 중에 / (그래서) 만든다 / 지구 온난화를 / 더 극심하게."

STEP 3 각 선택지를 해석하며 '과한 탄소가 대기에 태양열을 가둔다는 것'을 가리키는 내용을 찾습니다.

(a) 태양의 열기를 빠져나가지 못하게 하는 것이지 태양이 더 많은 열을 내뿜게 만드는 것이 아닙니다. 본문에 언급되지 않은 비교급이므로 무조건 오답입니다. → 소거

(b) 인간의 삶을 춥게 만들기 때문에 지구 온난화가 더 극심해지는 것은 아닙니다. 본문에 언급되었더라도 문제에서 묻는 것과 반대되는 경우로 틀린 내용입니다. → 소거

(c) 개간으로 인해 가스가 생기는 것은 맞지만, 가스가 열을 만들어내는 것이 아니라 열이 빠져나가지 못하게 막는 역할을 하므로 틀린 내용입니다. → 소거

(d) 열이 빠져나가지 못하게 막아서 더 적은 양이 빠져나가도록 만든다는 것은 우리가 읽은 내용과 일치합니다.

ANSWER 지구 온난화가 더 심각해지는 이유를 제대로 설명한 (d)가 정답입니다.

어휘 escape 자 탈출하다, 도망치다

난도 (하)

As the tropical forests dry up with the change in carbon level, weather patterns are changing, and this phenomenon is not exclusive to specific areas. Hurricanes are likely to become more intense, on average, in a warming world. Annual precipitation and seasonal temperatures are ever-changing. Dry areas experience more droughts. Glaciers retreats and heat would not be reflected back into the atmosphere by the shiny surface of the ice.

64 Based on the article, What is NOT the effect of this carbon change?

(a) ~~Most~~ surfaces of the world dry up

(b) Ocean absorbs more heat without glaciers ○

(c) People can't predict the amount of rainfall ○

(d) African people face more extreme storms ○

STEP 1 항상 첫 번째는 정확한 문제 해석과 이해이고, NOT 문제는 각 선택지를 모두 정확하게 해석해 본문과 매칭해 보아야 합니다. (NOT 형태의 문제는 paraphrasing이 심하지 않으니 겁먹을 것 없습니다.) 문제에서 묻는 것은 '탄소 변화의 영향'으로 마지막 단락에 언급되어 있는 것을 확인합니다.

STEP 2 각 선택지를 정확하게 해석하여 본문의 내용과 매칭되는지 확인합니다.

(a) 대부분의 표면이 / 전 세계의 / 마른다. → 본문에서 '표면의 건조'에 대한 내용을 찾습니다. 5단락 네 번째 문장에 있습니다. "건조한 지역은 더 많은 가뭄을 겪는다." → 더 건조해지는 것은 기존에도 건조했던 지역이지, 전 세계의 대부분이 아닙니다. 특히 비율에 관련된 표현은 본문에서 직접적으로 언급되지 않으면 쓸 수 없는 단어입니다. → 정답

(b) 바다가 흡수한다 / 더 많은 열을 / 빙하 없이. → 본문에서 '빙하'에 관련된 내용을 찾습니다. 5단락 다섯 번째 문장에 있습니다. "빙하가 줄어든다 / 그리고 열은 반사되지 않을 것이다 / 대기로 / 반짝이는 얼음 표면에 의해." → 빙하가 없어져(= 줄어들어) 바다가 열을 흡수한다(= 열이 대기로 반사되지 않는다)는 본문의 내용과 일치합니다.

(c) 사람들은 예측할 수 없다 / 강수량을. → 본문에서 '강수량 예측'에 관련된 내용을 찾습니다. 5단락 세 번째 문장에 있습니다. "연간 강수량과 계절적 온도는 변화무쌍하다." → 강수량이 예측하기 힘들다(= 계속해서 변화한다)는 본문의 내용과 일치합니다.

(d) 아프리카 사람들은 직면한다 / 더 심각한 폭풍을. → 본문에서 '폭풍'에 관련된 내용을 찾습니다. 5단락 두 번째 문장에 있습니다. "허리케인은 더 강력해질 가능성이 있다 / 평균적으로 / 온난한 권역에서." → 아프리카(= 온난한 지역)에서 더 심각한 폭풍(= 허리케인)이 일어난다는 본문의 내용과 일치합니다.

ANSWER 본문의 내용을 틀리게 서술한 (a)가 정답입니다.

어휘 absorb 타 흡수하다
glacier 명 빙하
face 타 직면하다, 겪다

난도 중

Climate change experts monitored carbon absorption and emission in each region every year, and tried to predict how variations will affect Earth's local, regional, and global climates.

65 In the context of the passage, monitored means ________.

(a) scanned
(b) covered
(c) observed
(d) supervised

STEP 1 단어 문제는 '문맥적' 유의어를 묻기 때문에 밑줄 친 단어와 함께 쓰인 앞/뒤의 단어를 함께 해석해야 합니다. 문맥상 어떤 의미로 쓰였는지 확인합니다.
"전문가들은 추적했다 / 탄소 흡수량과 배출량을"

STEP 2 동사 monitor는 타동사로 쓰여, '(긴 기간을 두고 대상의 변화를) 추적 관찰하다'의 뜻으로 사용되었습니다. 대상을 지켜보며 주기적으로 관찰, 측정한다는 의미입니다.

STEP 3 (a) 훑어보다, 살피다: 타동사로 쓰일 때, 원하는 것을 찾기 위해 대상을 전체적으로 빠르게 훑어본다는 의미입니다. 하나의 대상을 긴 기간에 걸쳐 주기적으로 관찰한다는 의미와는 다릅니다.

(b) 포함하다: 주어의 범위에 목적어가 포함된다는 의미로 주어가 목적어를 주기적으로 관찰한다는 의미와는 다릅니다.

(c) 관찰하다: 조심스럽게 특정 대상을 관측, 주시한다는 의미입니다.

(d) 감독하다: 대상이 올바르게 행동하고 완료되도록 만든다는 의미로 주기적으로 관찰한다는 의미와는 다릅니다.

→ (c) experts observed carbon absorption and emission (전문가들은 관찰했다 / 탄소 흡수량과 배출량을) – 빈칸에 넣어 자연스럽게 해석됨을 확인합니다.

ANSWER monitored와 바꾸어 쓸 수 있는 (c) observed가 정답입니다.

난도 (하)

As the tropical forests dry up with the change in carbon level, weather patterns are changing, and this phenomenon is not exclusive to specific areas.

66 In the context of the passage, exclusive means ________.

(a) controlled
(b) private
(c) limited
(d) closed

STEP 1 단어 문제는 '문맥적' 유의어를 묻기 때문에 밑줄 친 단어와 함께 쓰인 앞/뒤의 단어를 함께 해석해야 합니다. 문맥상 어떤 의미로 쓰였는지 확인합니다.

"이 현상은 국한되지 않는다 / 특정 지역들에."

STEP 2 형용사 exclusive는 '독점적인, 전용의'의 뜻으로 사용되었습니다. 그 영향이나 소유권이 특정한 대상에만 국한된다는 의미입니다.

STEP 3 (a) 통제된: 대상이 세심히 관리되어 조절된다는 의미로, 영향을 받는 대상의 상태에 대한 설명이지, 영향을 받는 대상의 범위에 관련된 단어가 아닙니다.

(b) 사적인: '공적인'이라는 형용사의 반대 의미로 공공이나 정부가 아닌 개인이나 특정 단체에 의해 소유, 발생된다는 의미입니다. 이 문장에서 주어인 '현상'은 소유될 수 없으므로 문맥상 부적절합니다.

(c) 한정된: 영향의 범위가 특정 대상에 제한된다는 의미입니다.

(d) 폐쇄적인: 의도를 가지고 인위적으로 제한을 둔다는 의미로, 이 문장의 주어인 '현상'에는 사람의 개입이 들어갈 수 없습니다. 문맥상 부적절합니다.

→ (c) this phenomenon is not limited to specific areas (이 현상은 한정되지 않는다 / 특정 지역들에) – 빈칸에 넣어 자연스럽게 해석됨을 확인합니다.

ANSWER exclusive와 바꾸어 쓸 수 있는 (c) limited가 정답입니다.

문제편 22p

WOODSTOCK

SV
S는 V한다

In August 1969, / the Woodstock Music and Art Fair took place
1969년 8월, 우드스톡 뮤직 앤 아트 페어가 열렸다

(on a dairy farm (in Bethel, New York)).
한 낙농장에서 뉴욕 베델의

SVC and C
S는 C이고 C이다

It's ❶ one of the greatest happenings (of all time) and ❷ the most pivotal
그것은 가장 위대한 사건 중 하나이자 역사상 가장 중추적인 순간이었다

부사절(분사구문) – 부연

moment (in music history), {bringing together (V) over half a million (O)
음악 역사상 50만 명 이상의 사람들을 모으면서

people (in a celebration of ❶ peace, ❷ music, and ❸ love)}.
기념하기 위해 평화, 음악, 그리고 사랑을

SV
S는 V한다

The Woodstock Music and Art Fair was organized (by four
우드스톡 뮤직 앤 아트 페어는 조직되었다

inexperienced promoters) [looking for an investment opportunity].
경험이 부족한 기획자 4명에 의해 투자 기회를 찾고 있던

SVO
S는 V한다 O를

Michael Lang and Artie Kornfeld wanted to open a recording
마이클 랭과 아티 콘펠드는 원했다 녹음 스튜디오를 열기를

studio (in Woodstock, New York), [where there was a community
뉴욕 우드스톡에 (거기가 어디냐면) 공동체가 있었다

(of artists and musicians) [who lived there (like Bob Dylan)]].
예술가들과 음악가들의 (그게 누구냐면) 거기에 살고 있는 밥 딜런 같은

S V O
S는 V한다 O를

★ help (to) RV: [RV]하는 걸 돕다

To help fundraise (for this studio) / they planned a concert.

자금 조달을 돕기 위해 이 스튜디오를 위한 그들은 콘서트를 기획했다

S V O
S는 V한다 O를

At first, / they had difficulties (in engaging artists (as performers))

처음에 그들은 어려움을 겪었다 아티스트들을 공연자로 섭외하는 데에

부사절 – 이유

{as they had a poor cast lineup}.

그들이 갖고 있었기 때문에 빈약한 출연진 구성을

S V C and **V O O**
S는 C다 그리고 V한다 O에게 O를

❶ Creedence Clearwater Revival was the first big-name talent [to sign on] / and ❷ gave Woodstock the credibility [it needed / to attract other well-known musicias].

크리던스 클리어워터 리바이벌이 최초의 거물급 밴드였다 계약한

to부정사(부사적)

그리고 주었다 우드스톡에게 신뢰를 그것이 필요로 했던 다른 유명한

뮤지션들을 끌어모으기 위해

S V O
S는 V한다 O를

부사절 – 이유

The festival began to go wrong {when the towns (of both Woodstock and Wallkill, New York), denied permission [to stage it] (with resident opposition)}.

이 축제는 잘못되어 가기 시작했다 뉴욕의 우드스톡과 월킬 두 도시 모두가

허가를 거부했을 때 그것을 공연하는

주민들의 반대로

S V
S는 V한다

부사절 – 이유

Nevertheless, / the name Woodstock was retained {because they wanted to keep the prestige (of hipness) [associated with the town]}.

그럼에도 불구하고 우드스톡이라는 이름은 유지되었다 그들이

원했기 때문에 최신 유행의 위신을 가지고 가기를 이 지역에 연상되는

SVOC
S는 V한다
O를 C하도록

Finally, / just a month ahead of the concert, / 49-year-old dairy
마침내, 콘서트를 불과 한 달 앞두고 49세의 낙농가

farmer Max Yasgur made part of his land (in Bethel, New York),
맥스 야스거가 내주었다 그의 땅의 일부를 뉴욕 베델에 있는

available (for the festival).
축제에 사용할 수 있도록

SVOO
S는 V한다
O에게 O를

This late change (in venue) did not give the festival organizers
이러한 늦은 장소 변경은 주지 않았다 축제 주최 측에게

enough time [to prepare].
준비할 충분한 시간을

SV and VO
S는 V한다 그리고
V한다 O를

A couple of days ahead of the concert, / lots of "early birds"
콘서트를 이틀 앞두고, 수많은 '얼리버드'들이

[surpassing the projected 50,000] had ❶ arrived (at Bethel) / and
예상됐던 5만 명을 넘어선 베델에 도착했다 그리고

had ❷ planted themselves (in front of the half-finished stage).
진을 쳤다 반쯤 완성된 무대 앞에

SVC
S는 C다

It – that 강조 용법

It was before fences, entrance gates, and ticket booths were set up.
S: fences, entrance gates, and ticket booths / V: were set up
그것은 울타리, 출입구, 그리고 매표소가 마련되기 전이었다

SVO
S는 V한다 O를

With no efficient way [to charge concert-goers], / Lang and his
효율적인 방법이 없었던 콘서트 관람객들에게 요금을 부과할 랭과 그의

partners decided to make Woodstock a free event.
V: make / O: Woodstock / OC: a free event
파트너들은 결정했다 우드스톡을 무료 공연으로 만들기로

SVO
S는 V한다 O를

부사절 – 역접
{Though the festival left Roberts and Rosenman close (to financial
이 축제가 남겼지만 로버츠와 로젠만을 ❶ 재정 파탄에 가까운 상태로 ❷
ruin)}, / their ownership (of the film and recording rights) turned
그들의 소유권은 영화와 녹화권리에 대한
부사절 – 시간
their finances around / {when the Academy Award-winning
그들의 재정을 회복시켰다 아카데미상을 수상한
documentary film Woodstock was released (in March 1970)}.
다큐멘터리 영화 우드스톡이 개봉되었을 때 1970년 3월에

CHAPTER 04

TEST 2-3

난도 (하)

The Woodstock Music and Art Fair was organized by four inexperienced promoters looking for an investment opportunity. Michael Lang and Artie Kornfeld wanted to open a recording studio in Woodstock, New York, where there was a community of artists and musicians who lived there like Bob Dylan. To help fundraise for this studio they planned a concert. At first, they had difficulties in engaging artists as performers as they had a poor cast lineup. Creedence Clearwater Revival was the first big-name talent to sign on and gave Woodstock the credibility it needed to attract other well-known musicians.

67 Why most likely were the organizers not successful at first?

(a) They didn't have a recording studio yet (문제 관련 ×)

(b) They ~~lacked experience~~ in contract accomplishment (상상)

(c) They were new to the music industry (문제 관련 ×)

(d) They didn't have a star-studded cast

STEP 1 항상 첫 번째는 정확한 문제 해석과 이해입니다. 문제에서 '기획자들이 초기에 성공적이지 못한 이유'에 대해 묻고 있으므로 '초반의 어려움'에 대해 이야기하는 문장을 찾아봅시다.

STEP 2 1단락은 우드스톡이라는 행사에 대한 개괄적인 설명을 하고 있습니다. 2단락에서 첫 번째 문장은 기획자의 소개, 두 번째 문장은 그들의 소망, 세 번째 문장은 그들의 계획에 대한 것입니다. 네 번째 문장에서 처음으로 어려움을 겪었다는 이야기가 나오므로 해당 문장을 정확하게 해석하여 머릿속에 내용을 정리합니다.

"처음에, 그들은 어려움을 겪었다 / 아티스트들을 공연자로 섭외하는 데에 / 그들이 갖고 있었기 때문에 / 빈약한 출연진 구성을."

STEP 3 각 선택지를 해석하며 '빈약한 출연진 구성'을 가리키는 내용을 찾습니다.

(a) 기획자들이 녹음실을 가지고 있지 않았다는 것은 해당 문장에서 읽은 적이 없습니다. 본문에 언급되었더라도 문제에서 묻는 것이 아니므로 정답이 될 수 없습니다. 문제에서 묻는 정답 부분만을 머릿속에 정리하여 정답을 골라야 이런 오답을 피해갈 수 있습니다.

(b) 기획자들이 계약 성사 경험이 부족하다는 것은 해당 문장에서 읽은 적이 없습니다. 상상력을 동원하여 만든 오답입니다.

(c) 기획자들이 음악 산업에 익숙지 않다는 것은 해당 문장에서 읽은 적이 없습니다. 본문에 언급되었더라도 문제에서 묻는 것이 아니므로 정답이 될 수 없습니다. 문제에서 묻는 정답 부분만을 머릿속에 정리하여 정답을 골라야 이런 오답을 피해갈 수 있습니다.

(d) 기획자들이 호화 출연진을 가지고 있지 않았다는 것은 우리가 읽은 내용과 일치합니다. 출연진 구성이 빈약했다는 것은 유명한 출연진이 없었다는 의미와 같습니다. (각 단어를 매칭하는 연습은 하지 않습니다. 의미가 일치하는지 눈을 감고 생각해보는 것이 paraphrasing을 찾는 데 더 도움이 됩니다.)

ANSWER 기획자들이 어려움을 겪은 이유를 제대로 설명한 (d)가 정답입니다. 문제에서 묻고 있는 내용을 잘 이해했고 본문에서 해당 문장을 잘 찾아 제대로 해석했으며 그와 일치하는 선택지가 있으므로 나머지 선택지의 내용은 본문에서 오답 확인하지 않습니다. (해당 내용이 본문에 있다고 하더라도, 문제에서 묻는 것이 아니므로 정답이 될 수 없습니다.)

어휘 lack 타 ~이 없다, 부족하다
contract 명 계약
studded 형 ~이 많은

난도 (하)

The Woodstock Music and Art Fair was organized by four inexperienced promoters looking for an investment opportunity. Michael Lang and Artie Kornfeld wanted to open a recording studio in Woodstock, New York, where there was a community of artists and musicians who lived there like Bob Dylan. To help fundraise for this studio they planned a concert. At first, they had difficulties in engaging artists as performers as they had a poor cast lineup. Creedence Clearwater Revival was the first big-name talent to sign on and gave Woodstock the credibility it needed to attract other well-known musicians.

68 Based on the article, what made many musicians sign in to perform in the concert?

(a) the earliest contract by the renowned band
(b) the amount of big-name ~~investors~~ (상상)
(c) the fame of the community in Woodstock (문제 관련 ×)
(d) ~~personal connections~~ with well-known artists (상상)

STEP 1 항상 첫 번째는 정확한 문제 해석과 이해입니다. 문제에서 '많은 뮤지션들을 콘서트 공연에 합류시킨 원인'에 대해 묻고 있으므로 '뮤지션들의 합류'에 대해 이야기하는 문장을 찾아봅시다.

STEP 2 2단락의 마지막 문장에서 다른 뮤지션들을 끌어모았다는 이야기가 나오므로 해당 문장을 정확하게 해석하여 머릿속에 내용을 정리합니다.

"크리던스 클리어워터 리바이벌이 최초의 거물급 밴드였다 / 계약한 / 그리고 주었다 / 우드스톡에게 / 신뢰를 / 그것이 필요로 했던 / 다른 유명한 뮤지션들을 끌어모으기 위해."

STEP 3 각 선택지를 해석하며 '거물급 예술가와의 첫 계약'을 가리키는 내용을 찾습니다.

(a) 유명한 밴드와 첫 계약을 했다는 것은 우리가 읽은 내용과 일치합니다.

(b) 거물 투자자들이 있었다는 것은 해당 문장에서 읽은 적이 없습니다.

(c) 우드스톡 지역에서의 명성은 해당 문장에서 읽은 적이 없습니다. 본문에 언급되었더라도 문제에서 묻는 것이 아니므로 정답이 될 수 없습니다. 문제에서 묻는 정답 부분만을 머릿속에 정리하여 정답을 골라야 이런 오답을 피해갈 수 있습니다.

(d) 유명한 예술가들과 개인적인 친분이 있었다는 것은 틀린 내용입니다. → 소거

ANSWER 다른 유명 뮤지션들을 끌어모은 원인을 제대로 설명한 (a)가 정답입니다. 문제에서 묻고 있는 내용을 잘 이해했고 본문에서 해당 문장을 잘 찾아 제대로 해석했으며 그와 일치하는 선택지가 있으므로 나머지 선택지의 내용은 본문에서 오답 확인하지 않습니다. (해당 내용이 본문에 있다고 하더라도, 문제에서 묻는 것이 아니므로 정답이 될 수 없습니다.)

어휘 renowned 형 유명한

난도 하

The festival began to go wrong when the towns of both Woodstock and Wallkill, New York, denied permission to stage it with resident opposition. Nevertheless, the name Woodstock was retained because they wanted to keep the prestige of hipness associated with the town. Finally, just a month ahead of the concert, 49-year-old dairy farmer Max Yasgur made part of his land in Bethel, New York, available for the festival.

69 Why did the organizers have difficulty deciding the venue of the festival?

(a) because of residents objecting to it
(b) because of the ~~shortage~~ of space
(c) because of the ~~alteration~~ of stage ~~use~~
(d) because of lack of the required ~~documents~~

STEP 1 항상 첫 번째는 정확한 문제 해석과 이해입니다. 문제에서 '기획자들이 장소를 결정하기가 어려웠던 이유'에 대해 묻고 있으므로 '장소 선정의 어려움'에 대해 이야기하는 문장을 찾아봅시다.

STEP 2 3단락의 첫 번째 문장에서 장소 허가에 관련하여 문제가 생겼다는 이야기가 나오므로 해당 문장을 정확하게 해석하여 머릿속에 내용을 정리합니다.

"이 축제는 잘못되어 가기 시작했다 / 뉴욕의 우드스톡과 월킬 두 도시 모두가 / 허가를 거부했을 때 / 그것을 공연하는 / 주민들의 반대로."

STEP 3 각 선택지를 해석하며 '주민들의 반대로 축제 허가를 받지 못했다'는 내용을 찾습니다.

(a) 축제 허가에 주민들이 반대했다는 것은 우리가 읽은 내용과 일치합니다.

(b) 공간이 좁았다는 내용은 해당 문장에서 읽은 적이 없습니다.

(c) 무대 용도의 변경에 관한 내용은 해당 문장에서 읽은 적이 없습니다.

(d) 필요한 서류를 준비하지 못했다는 내용은 해당 문장에서 읽은 적이 없습니다.

ANSWER 장소 선정 어려움의 원인을 제대로 설명한 (a)가 정답입니다. 문제에서 묻고 있는 내용을 잘 이해했고 본문에서 해당 문장을 잘 찾아 제대로 해석했으며 그와 일치하는 선택지가 있으므로 나머지 선택지의 내용은 본문에서 오답 확인하지 않습니다. (해당 내용이 본문에 있다고 하더라도, 문제에서 묻는 것이 아니므로 정답이 될 수 없습니다.)

어휘

venue 명 장소

object 자 반대하다(to N)

shortage 명 부족

alteration 명 변화, 고침

lack 명 부족

난도 중

This late change in venue did not give the festival organizers enough time to prepare. A couple of days ahead of the concert, lots of "early birds" surpassing the projected 50,000 had arrived at Bethel and had planted themselves in front of the half-finished stage. It was before fences, entrance gates, and ticket booths were set up. With no efficient way to charge concert-goers, Lang and his partners decided to make Woodstock a free event.

70 According to the article, why did Woodstock become a free concert?

(a) It had no efficient system to ~~count~~ people

(b) People ~~refused~~ to be charged admission

(c) It was not equipped to collect fees

(d) There was a ~~too large crowd~~ to sell tickets (문제 관련 ×)

STEP 1 항상 첫 번째는 정확한 문제 해석과 이해입니다. 문제에서 '우드스톡이 무료 콘서트가 된 이유'에 대해서 묻고 있으므로 '무료 콘서트가 되었다'는 내용의 문장을 찾아봅시다.

STEP 2 4단락의 마지막 문장에서 우드스톡을 무료 공연으로 만들기로 결정했다는 이야기가 나오므로 해당 문장을 정확하게 해석하여 머릿속에 내용을 정리합니다.

"효율적인 방법이 없었던 / 콘서트 관람객들에게 요금을 부과할 / 랭과 그의 파트너들은 결정했다 / 우드스톡을 무료 공연으로 만들기로."

STEP 3 각 선택지를 해석하며 '관람객들에게 요금을 받을 방법이 없었다'는 내용을 찾습니다.

(a) 요금 받을 방법이 없었던 것이 사람 수를 계산하지 못해서인지는 언급되지 않았습니다.

(b) 사람들이 입장료 지불을 거부했다는 것은 틀린 내용입니다. 이유는 요금 청구 방법이 없었던 주최측에 있었습니다. → 소거

(c) 요금 받을 방법이 없었던 것이 장비가 없어서인지는 언급되지 않았습니다.

(d) 요금 받을 방법이 없었던 것이 군중의 수가 너무 많아서인지는 언급되지 않았습니다.

STEP 4 지금까지 읽은 내용으로는 요금을 청구할 방법이 없었던 것이 (a) 사람 수를 계산할 방법이 없어서인지, (c) 장비가 갖춰지지 않아서인지, (d) 군중의 수가 너무 많아서인지 결정할 수 없습니다. 그러므로 문제가 묻는 '무료 공연이 된 경위'에 해당하는 문장을 더 찾아 해석해 보고 선택지들을 다시 확인합니다. 이전에 읽은 문장이 해당 단락의 마지막 문장이었으므로 그 전 문장을 읽어봅니다.

"그것은 울타리, 출입구, 그리고 매표소가 마련되기 전이었다."

STEP 5 남은 선택지들을 해석하며 '설비가 마련되지 않았다'는 내용을 찾습니다.

(a) 사람수를 계산할 수 있는 방법이 없었다는 것은 우리가 읽은 내용과 일치하지 않습니다. → 소거

(c) 장비가 없어서 요금을 청구할 수 없었던 것은 우리가 읽은 내용과 일치합니다.

(d) 군중의 수가 많아서 요금을 부과할 수가 없었다는 것은 관련 문장에서 읽은 적이 없습니다. 본문에 언급되었더라도 문제에서 묻는 것이 아니므로 정답이 될 수 없습니다. 문제에서 묻는 정답 부분만을 머릿속에 정리하여 정답을 골라야 이런 오답을 피해갈 수 있습니다.

ANSWER 무료 콘서트가 된 원인을 제대로 설명한 (c)가 정답입니다. 문제에서 묻고 있는 내용을 잘 이해했고 본문에서 해당 문장을 잘 찾아 제대로 해석했으며 그와 일치하는 선택지가 있으므로 나머지 선택지의 내용은 본문에서 오답 확인하지 않습니다. (해당 내용이 본문에 있다고 하더라도, 문제에서 묻는 것이 아니므로 정답이 될 수 없습니다.)

어휘

count 타 (수를) 세다

refuse 타 거절하다, 거부하다

admission 명 입장

equip 타 장비를 갖추다

난도 (하)

Though the festival left Roberts and Rosenman close to financial ruin, their ownership of the film and recording rights turned their finances around when the Academy Award-winning documentary film Woodstock was released in March 1970.

71 How could the investors recover their financial loss?

(a) by winning large money from Academy Award
(b) by selling the video of the concert
(c) by showing a film about the concert in theaters
(d) by recreating the concert in the following year

STEP 1 항상 첫 번째는 정확한 문제 해석과 이해입니다. 문제에서 '투자자들이 재정적 손실을 복구시킨 방법'에 대해 묻고 있으므로 '투자 손실 복구'에 관해 이야기하는 문장을 찾아봅시다.

STEP 2 5단락(한 문장)에 그들의 재정이 회복되었다는 이야기가 있으므로 해당 문장을 정확하게 해석하여 머릿속에 내용을 정리합니다.

"이 축제는 로버츠와 로젠만을 남겼지만 / 재정 파탄에 가까운 상태로, / 그들의 영화와 녹화권리에 대한 소유권은 / 그들의 재정을 회복시켰다 / 아카데미상을 수상한 다큐멘터리 영화 우드스톡이 개봉되었을 때 / 1970년 3월에."

STEP 3 각 선택지를 해석하며 '아카데미상을 받은 다큐멘터리 영화가 개봉하여 소유권, 녹화권으로 돈을 벌었다'는 내용을 찾습니다.

(a) 아카데미 상금으로 돈을 번 것이 아니라, 아카데미상을 받은 영화의 소유권으로 돈을 벌었습니다. 틀린 내용입니다. → 소거

(b) 콘서트 비디오를 팔아 돈을 번 것이 아니라, 영화 상영으로 돈을 벌었습니다. 틀린 내용입니다. → 소거

(c) 콘서트에 관한 다큐멘터리 영화를 영화관에서 상영하여(= 개봉하여) 돈을 벌었다는 것은 우리가 읽은 내용과 일치합니다.

(d) 다음 해에 콘서트를 다시 개최했다는 것은 해당 문장에서 읽은 적이 없습니다.

ANSWER 재정적 손실을 복구한 방법을 제대로 설명한 (c)가 정답입니다. 문제에서 묻고 있는 내용을 잘 이해했고 본문에서 해당 문장을 잘 찾아 제대로 해석했으며 그와 일치하는 선택지가 있으므로 나머지 선택지의 내용은 본문에서 오답 확인하지 않습니다. (해당 내용이 본문에 있다고 하더라도, 문제에서 묻는 것이 아니므로 정답이 될 수 없습니다.)

어휘 win 타 얻다, 획득하다
film 명 영화, 영화를 촬영한 필름
following 형 그 다음의

난도 하

Nevertheless, the name Woodstock was retained because they wanted to keep the prestige of hipness associated with the town.

72 In the context of the passage, retained means ________.

(a) stored
(b) bought
(c) made
(d) kept

STEP 1 단어 문제는 '문맥적' 유의어를 묻기 때문에 밑줄 친 단어와 함께 쓰인 앞/뒤의 단어를 함께 해석해야 합니다. 문맥상 어떤 의미로 쓰였는지 확인합니다.
"우드스톡이라는 이름은 유지되었다"

STEP 2 동사 retain은 수동태로 쓰여, '(계속) 유지되다, 간직되다'의 뜻으로 사용되었습니다. 바뀌지 않고 계속해서 유지된다는 의미입니다.

STEP 3 (a) 저장되다: 필요할 때 꺼내어 쓸 수 있도록 특정 장소에 저장한다는 의미입니다. 바뀌느냐 바뀌지 않느냐와는 상관없는 의미로 주어진 문맥상 부적절합니다.
(b) 구입되다: 재화를 지불하고 소유를 내 것으로 만든다는 의미입니다. 변화가 없이 계속 유지된다는 의미와는 다릅니다.
(c) 만들어지다: 그 전에 없었던 것이 새롭게 만들어졌다는 의미입니다. 새로 생성된다는 것은 그대로 유지된다는 것과는 어떤 면에서 반대 뜻이라고도 할 수 있습니다.
(d) 지속되다: 특정 상태 그대로 지속시킨다는 의미입니다.
→ (d) the name Woodstock was kept (우드스톡이라는 이름은 지속됐다) – 빈칸에 넣어 자연스럽게 해석됨을 확인합니다.

ANSWER retained와 바꾸어 쓸 수 있는 (d) kept가 정답입니다.

난도 (하)

A couple of days ahead of the concert, lots of "early birds" surpassing the projected 50,000 had arrived at Bethel and had planted themselves in front of the half-finished stage.

73 In the context of the passage, projected means __________.

(a) scheduled
(b) reflected
(c) expected
(d) invited

STEP 1 단어 문제는 '문맥적' 유의어를 묻기 때문에 밑줄 친 단어와 함께 쓰인 앞/뒤의 단어를 함께 해석해야 합니다. 문맥상 어떤 의미로 쓰였는지 확인해봅니다.
"예상됐던 50,000명을 초과한"

STEP 2 projected는 타동사 project의 과거분사(형용사) 형태로 '(현 상황을 근거로 규모 · 비용 · 양 등이) 예상, 추정된'이라는 뜻으로 사용되었습니다. 현재 상황에 비추어 미래에 가까울 것이라고 예측한 수치라는 의미입니다.

STEP 3 (a) 계획된: 특정 시간에 일어나도록 시간상 계획이 되었다는 의미로, 수치와는 관계가 없어 주어진 문맥상 부적절합니다.
(b) 반영된: 사물이나 사람의 속성을 그대로 나타낸다는 의미로, 전혀 다른 뜻의 단어입니다.
(c) 기대된: 미래에 일어날 것이라고 생각되었다는 의미입니다.
(d) 초대된: 참석을 요청했다는 의미로 전혀 다른 뜻의 단어입니다.
→ (c) surpassing the expected 50,000 (기대됐던 50,000명을 초과한) – 빈칸에 넣어 자연스럽게 해석됨을 확인합니다.

ANSWER projected와 바꾸어 쓸 수 있는 (c) expected가 정답입니다.

문제편 24p

LETTER

SVC
S는 C다

I'm Lisa Moore [who ordered a chair (from your website) ten days ago].

V O

나는 리사 무어다 (그게 누구냐면) 의자를 주문했다 귀사의 웹사이트에서 10일 전에

SVO
S는 V한다 O를

= because

I chose your company SCENTED FURNITURE {in that I heard <you are in high repute (for great service and fine quality)>}.

나는 귀하의 회사인 SCENTED FURNITURE를 선택했다 나는 들었기 때문에

that 명사절(목적어)

S V C

귀사가 평판이 좋다고 좋은 서비스와 높은 품질로

SVO
S는 V한다 O를

that 명사절(목적어)

The site said <that any order will be delivered (within five days)>.

S V

그 사이트는 말했다 어떠한 주문도 배송이 될 것이라고 5일 이내에

SVO
S는 V한다 O를

동격의 that – reviews 내용

I also read reviews <that your after-sales service is credible>.

S V C

나는 또한 리뷰를 읽었다 귀하의 사후관리가 믿을 만하다는

SVO and SVO
S는 V한다 O를 그리고 S는 V한다 O를

I ordered a black and cherry dining room chair (on July 4th, Thursday)

나는 흑체리색 식탁 의자 하나를 주문했다 7월 4일 목요일에

부사절 – 시간 that 명사절(목적어)

/ and {after seven days elapsed} I realized <that I didn't get my chair>.

S V O

그리고 7일이 지난 후에 나는 깨달았다 내가 의자를 받지 못한 것을

SVC
S는 C다

At least / it should have been here / two days ago.

적어도 그것은 여기에 왔어야 한다 이틀 전에

SVO and SVO
S는 V한다 O를 그리고 S는 V한다 O를

I checked the tracking site (with the tracking number [associated with my order]) / and it said <delivery was completed>.

나는 배송 사이트를 확인했다 배송 추적 번호로 (그게 뭐냐면) 내 주문과 연계된 그리고 이 사이트는 말했다 배송이 완료되었다고

that 명사절(목적어) — delivery (S) was completed (V)

SVC and SVOO
S는 C다 그리고 S는 V한다 O에게 O를

★ so 형용사 that 문장: 매우 [형용사]라서(원인) [문장]이다(결과)

I was so embarrassed that I immediately watched the footage (of closed-circuit television(CCTV) (at the front door of my house)) / and I can assure you <that there has been no courier [visiting me (for seven days)]>.

나는 매우 당황했다 그래서 나는 즉시 영상을 확인했다 (I: S, watched: V, the footage: O) 폐쇄회로(CCTV)의 우리 집 현관에 있는 그리고 나는 당신에게 장담할 수 있다 택배기사가 없었다는 것을 나를 방문한 7일 동안

that 명사절(목적어)

SVO and VO
S는 V한다 O를 그리고 V한다 O를

I contacted a customer service center / and explained this situation (to your service associate).

나는 고객 서비스 센터에 연락했다 그리고 이 상황을 설명했다 귀사의 서비스 담당자에게

SVO
S는 V한다 O를

that 명사절(목적어) 부사절(분사구문) – 부연

And then, / he said <you've done your job>, {just checking the system / without contacting the courier / at all}.

S V O

그때, 그는 말했다 귀사는 귀사가 해야할 일을 다 했다고 시스템만 확인해 본 후 택배기사와는 연락하지 않고 전혀

SVO
S는 V한다 O를

동격의 that – reply 내용

His reply <that nothing (like this) had ever happened before / and he felt no need [to check (with the courier)]> baffled me.

S V S V O

그의 대답은 (그게 뭐냐면) 이런 일은 일어난 적이 없었다고 이전에 그리고 그가 필요를 느끼지 못했다는 택배사에 확인해 볼 나를 당혹스럽게 했다

SVC
S는 C다

that 명사절(보어)

This seems <that your company has no will [to solve my problem]>.

S V O

이것은 보인다 귀사가 의지가 없는 것처럼 내 문제를 해결하려는

SV
S는 V한다

I was very disappointed (at your irresponsible attitude).

나는 매우 실망했다 귀사의 무책임한 태도에

SVO
S는 V한다 O를

that 명사절(목적어)

I strongly demand <that you look into this and propose the appropriate solution (to me) (within a week)>.

S V1 V2 O

나는 강력히 요구한다 (그게 뭐냐면) 당신이 이것을 알아보고 적절한 해결책을 제안할 것을 나에게 일주일 내에

SVO
S는 V한다 O를

that 명사절(목적어)

I wish <I don't have to involve the insurance company (in this)>.

S V O

나는 희망한다 내가 보험 회사를 연루시킬 필요가 없기를 이 일에

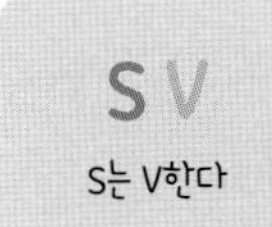

I'm looking forward / to your prompt response (to this request).

나는 기대하고 있다 당신의 신속한 응답을 이 요청에 대한

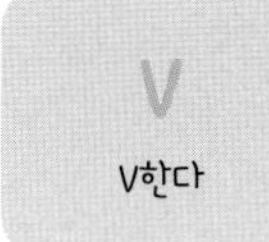

Thanks (in advance),

감사하다 미리

난도 중

74 Why did Lisa Moodie write this letter?

(a) to share discontent about her product delivery
(b) to ~~ask if~~ her order is shipped
(c) to ~~suggest~~ something about the company's reputation
(d) to complain about the ~~late-delivered~~ product

STEP 1 Part 2와 4에서 자주 나오는 '본문의 주제 or 목적'을 묻는 문제입니다. 편지글의 주제를 잘 파악하기 위해서는 마지막에 풀기를 추천합니다. 정답에 꼭 들어가야 할 키워드를 정해두는 것, 선택지 사이의 차이점을 면밀하게 확인하여 오답을 소거하는 것을 잊지 맙시다.

STEP 2 다른 문제들을 모두 푼 뒤에 문제를 풀며 읽은 내용을 바탕으로 주제를 정리해 봅시다. 글쓴이는 주문한 제품을 받지 못했으나 시스템에는 배송 완료라고 뜨는 상황입니다(75번). 그러나 회사에서는 무책임한 태도를(76, 77번) 보이고 있으며, 그녀는 일주일 내로 이 문제를 해결해 달라고 항의(78번)하고 있습니다.

STEP 3 각 선택지를 해석하여 '배송 문제, 항의'라는 키워드를 확인하며 이 편지의 궁극적인 목적에 부합하는 내용을 찾습니다.

(a) 그녀의 제품 배송에 대한 불만을 토로하기 위한 것이 맞습니다. 모든 키워드가 들어있습니다.
(b) 그녀의 주문의 배송 여부를 확인하고자 하는 것이 아닙니다. '항의'라는 키워드가 누락되어 있습니다.
(c) 회사의 평판에 대한 제안을 하고자 하는 것이 아니므로 틀린 내용입니다. → 소거
(d) 늦게 배달된 상품에 대한 불평이 아닙니다. 상품은 배송되지 않았으므로 틀린 내용입니다. → 소거

ANSWER '배송, 항의'라는 키워드가 모두 들어가 있는 (a)가 정답입니다.

어휘 discontent 명 불만
reputation 명 평판

난도 (중)

I ordered a black and cherry dining room chair on July 4th, Thursday and after seven days elapsed I realized that I didn't get my chair. At least it should have been here two days ago. I checked the tracking site with the tracking number associated with my order and it said delivery was completed. I was so embarrassed that I immediately watched the footage of closed-circuit television(CCTV) at the front door of my house and I can assure you that there has been no courier visiting me for seven days.

75 What could she know after she checked the tracking site?

(a) She ~~forgot~~ receiving her package
(b) Her tracking number had an ~~error~~
(c) The courier was ~~too busy~~ to visit her
(d) She was supposed to be given it already

STEP 1 항상 첫 번째는 정확한 문제 해석과 이해입니다. 문제에서 '글쓴이가 배송 사이트를 확인한 후에 알게 된 것'에 대해 묻고 있으므로 '배송 사이트를 확인했다.'라는 문장을 찾아봅시다.

STEP 2 2단락의 세 번째 문장에 배송 사이트를 확인했다는 이야기가 나오므로 해당 문장을 정확하게 해석하여 머릿속에 내용을 정리합니다.

"나는 배송 사이트를 확인했다 / 배송 추적 번호로 / (그게 뭐냐면) 내 주문과 연계된 / 그리고 이 사이트는 말했다 / 배송이 완료되었다고."

STEP 3 각 선택지를 해석하며 '배송이 완료되었다'는 내용을 찾습니다.

(a) 배송이 완료되었으나 그녀가 그 사실을 잊어버렸을 가능성이 있습니다. 아직 이에 대해서는 언급되지 않았습니다.
(b) 배송 여부가 확인되었으니 배송 추적 번호가 잘못되었다는 것은 틀린 내용입니다. → 소거
(c) 배송 여부가 확인되었으니 택배기사가 방문하지 않았다는 것은 틀린 내용입니다. → 소거
(d) 실제로 그녀는 배송을 받지 못했으나 배송 사이트에 오류가 있을 가능성이 있습니다. 아직 이에 대해서는 언급되지 않았습니다.

STEP 4 지금까지 읽은 내용으로는 시스템상에 배송 완료인 것이 (a) 실제로 배송이 되었는데 그녀가 잊고 있는지, (d) 실제로 배송이 되지 않았으나 시스템이 잘못된 정보를 주는 것인지 알 수 없습니다. 그러므로 이에 해당하는 문장을 더 찾아 해석해 보고 선택지들을 다시 확인합니다. 바로 다음 문장을 읽어봅니다.

"나는 매우 당황했다 / 그래서 나는 즉시 영상을 확인했다 / 폐쇄회로(CCTV)의 / 우리 집 현관에 있는 / 그리고 나는 당신에게 장담할 수 있다 / 택배기사가 없었다는 것을 / 나를 방문한 / 7일 동안."

STEP 5 남은 선택지에서 실제로 배송이 되지 않았으나 시스템상에는 배송이 완료되었다는 내용을 찾습니다.

(a) 그녀는 실제로 배송을 받은 적이 없으므로 틀린 내용입니다. → 소거

(d) 시스템상에는 배송이 완료되었으므로 그녀는 이미 배송을 받았어야 했다는 사실은 우리가 읽은 내용과 일치합니다.

ANSWER 글쓴이가 배송 사이트를 확인한 후에 알게 된 것을 제대로 설명한 (d)가 정답입니다.

어휘 forget ~ing 타 (과거에) ~했던 것을 잊어버리다 (forget to V 타 (미래에) ~해야 할 것을 잊어버리다)

courier 명 배송기사

be supposed to V 동 ~하기로 되어있다

난도 (하)

I contacted a customer service center and explained this situation to your service associate. And then, he said you've done your job, just checking the system without contacting the courier at all. His reply that nothing like this had ever happened before and he felt no need to check with the courier baffled me. This seems that your company has no will to solve my problem.

76 Based on the letter, why did the company say they completed their work?

(a) because they checked with the ~~manufacturer~~

(b) because they relied on what the system says

(c) because they hadn't made such a situation ever (문제 관련 ×)

(d) because they ~~asked a courier~~ about the situation

STEP 1 항상 첫 번째는 정확한 문제 해석과 이해입니다. 문제에서 '회사가 그들의 일은 끝났다고 말한 이유'에 대해 묻고 있으므로 '회사가 자신들의 일은 끝났다'고 이야기하는 문장을 찾아봅시다.

STEP 2 3단락의 두 번째 문장에 일을 다 했다는 이야기가 나오므로 해당 문장을 정확하게 해석하여 머릿속에 내용을 정리합니다.

"그때, 그는 말했다 / 귀사는 귀사가 해야할 일을 다 했다고 / 시스템만 확인해 본 후 / 택배기사와는 연락하지 않고 / 전혀."

STEP 3 각 선택지를 해석하며 '시스템만 확인했다'는 내용을 찾습니다.

(a) 전산 시스템만 확인해 본 것이므로 가구 제조사에 연락해 보았다는 것은 틀린 내용입니다. → 소거

(b) 그들이 시스템이 말하는 것을 신뢰했다는 것은 우리가 읽은 내용과 일치합니다.

(c) 그들이 그런 상황을 일어나게 한 적이 없었다는 것은 해당 문장에서 읽은 적이 없습니다.

(d) 그들은 배송기사에게 연락을 하지 않았다고 했으므로 틀린 내용입니다. → 소거

ANSWER 회사가 자신들의 일을 다 했다고 이야기한 이유를 제대로 설명한 (b)가 정답입니다. 문제에서 묻고 있는 내용을 잘 이해했고 본문에서 해당 문장을 잘 찾아 제대로 해석했으며 그와 일치하는 선택지가 있으므로 나머지 선택지의 내용은 본문에서 오답 확인하지 않습니다. (해당 내용이 본문에 있다고 하더라도, 문제에서 묻는 것이 아니므로 정답이 될 수 없습니다.)

어휘 manufacturer 명 제조사, 생산 회사
rely on 동 ~에 의존하다

난도 중

I contacted a customer service center and explained this situation to your service associate. And then, he said you've done your job, just checking the system without contacting the courier at all. His reply that nothing like this had ever happened before and he felt no need to check with the courier baffled me. This seems that your company has no will to solve my problem.

77 What did she think the service associate's reaction mean?

(a) They ~~hadn't reached~~ a solution to the problem
(b) They rejected to take responsibility for her problem
(c) They ~~blamed her~~ for this accident (상상)
(d) They are poor at treating customers properly (상상)

STEP 1 항상 첫 번째는 정확한 문제 해석과 이해입니다. 문제에서 '그녀가 서비스 담당자의 반응에 대해 한 생각'에 대해 묻고 있으므로 '서비스 담당자의 반응'에 대해 이야기하는 문장을 찾아봅시다.

STEP 2 3단락의 세 번째 문장에서 담당자의 답변 내용이, 다음 문장에 그에 대한 그녀의 생각이 나오므로 해당 문장을 정확하게 해석하여 머릿속에 내용을 정리합니다.
"이것은 보인다 / 귀사가 의지가 없는 것처럼 / 내 문제를 해결하려는."

STEP 3 각 선택지를 해석하며 '회사가 문제 해결의 의지가 없다'는 내용을 찾습니다.
(a) 그들이 해결책을 찾지 못했다는 것은 틀린 내용입니다. 그들은 해결책을 찾아볼 시도도 하지 않았습니다. → 소거
(b) 그들이 그녀의 문제에 책임지기를 거부한다는 것은 우리가 읽은 내용과 일치합니다.
(c) 그들이 그녀를 비난한다는 것은 해당 문장에서 읽은 적이 없습니다.
(d) 그녀가 부당한 대접을 받았다는 것은 해당 문장에서 읽은 적이 없습니다.

ANSWER 서비스 담당자의 반응에 대해 그녀가 생각한 내용을 제대로 설명한 (b)가 정답입니다. 문제에서 묻고 있는 내용을 잘 이해했고 본문에서 해당 문장을 잘 찾아 제대로 해석했으며 그와 일치하는 선택지가 있으므로 나머지 선택지의 내용은 본문에서 오답 확인하지 않습니다. (해당 내용이 본문에 있다고 하더라도, 문제에서 묻는 것이 아니므로 정답이 될 수 없습니다.)

어휘 reach 타 ~에 도달하다
reject 타 거부하다, 거절하다
blame A for B 동 B에 대해 A를 비난하다

난도 상

I was very disappointed at your irresponsible attitude. I strongly demand that you look into this and propose the appropriate solution to me within a week. I wish I don't have to involve the insurance company in this. I'm looking forward to your prompt response to this request.

78 What would happen if the furniture company couldn't handle this situation within seven days?

(a) She will file a claim to receive compensation
(b) She will ~~take out~~ insurance against the lost package
(c) She ~~will~~ request a prompt response
(d) She will ~~call a meeting~~ for an appropriate answer

STEP 1 항상 첫 번째는 정확한 문제 해석과 이해입니다. 문제에서 '회사가 7일 내에 상황을 해결하지 않을 경우에 일어날 일'에 대해 묻고 있으므로 '7일 내'라는 키워드를 가진 문장을 찾아봅시다.

STEP 2 4단락의 두 번째 문장에서 '일주일 내'를 명시하며 문제 해결을 강력하게 요구하고 있으며, 다음 문장에 일주일 내에 해결되지 않을 시 그녀가 취할 조치에 대해 나와있으므로 해당 문장을 정확하게 해석하여 머릿속에 내용을 정리합니다.

"나는 희망한다 / 내가 보험 회사를 연루시킬 필요가 없기를 / 이 일에."

STEP 3 각 선택지를 해석하며 '보험 회사를 개입시킬 것이다'는 내용을 찾습니다. 보험 회사에 연락한다는 것은 그녀가 손해 배상을 청구할 것이라는 이야기이며, 이는 이미 보험에 가입된 상태라는 것을 이야기합니다.

(a) 그녀가 보험 회사를 통해 회사로부터 보상금을 청구할 것이라는 것은 우리가 읽은 내용과 일치합니다.
(b) 모든 보험은 가입 이후에 일어난 사건에 대해서만 보상을 받을 수 있습니다. 그녀가 보험회사에 연락하겠다는 것은 그녀가 이미 보험 가입자라는 의미입니다. 보험을 새롭게 들 것이란 내용은 틀린 내용입니다. → 소거

(c) 그녀가 빠른 답변을 요청할 것이라는 내용은 틀렸습니다. 그녀는 이미 빠른 답변을 요청했습니다.
→ 소거

(d) 그녀가 회의를 소집할 것이라는 내용은 해당 문장에서 읽은 적이 없습니다.

ANSWER 문제가 해결되지 않을 시 그녀가 할 행동에 대해 제대로 설명한 (a)가 정답입니다. 문제에서 묻고 있는 내용을 잘 이해했고 본문에서 해당 문장을 잘 찾아 제대로 해석했으며 그와 일치하는 선택지가 있으므로 나머지 선택지의 내용은 본문에서 오답 확인하지 않습니다. (해당 내용이 본문에 있다고 하더라도, 문제에서 묻는 것이 아니므로 정답이 될 수 없습니다.)

어휘
file 타 (소송 등을) 제기, 제출하다
claim 명 (보상금 등에 대한) 청구, 신청
take out insurance 보험에 들다
prompt 형 즉각적인

난도 중

I ordered a black and cherry dining room chair on July 4th, Thursday and after seven days elapsed I realized that I didn't get my chair.

79 In the context of the passage, elapsed means ________.

(a) expired
(b) passed
(c) left
(d) disappeared

STEP 1 단어 문제는 '문맥적' 유의어를 묻기 때문에 밑줄 친 단어와 함께 쓰인 앞/뒤의 단어를 함께 해석해야 합니다. 문맥상 어떤 의미로 쓰였는지 확인합니다.
"7일이 흘렀다"

STEP 2 동사 elapse는 자동사로 '(시간이) 흐르다, 지나다'의 뜻으로 사용되었습니다. 특정 기간이 흘렀음을 의미합니다.

STEP 3 (a) 만료되다, 끝나다: 정해진 시점에 도달하여 더 이상 유효하지 않다는 의미입니다. 단순한 시간의 흐름을 이야기하는 주어진 문맥상 부적절합니다.
(b) 지나다: 시간이 흘러서 그로부터 특정 기간이 지났다는 의미입니다.
(c) 떠나다: 주어 자리에 시간을 받지 않는 동사입니다. 사람이나 사물이 있던 자리나 상황을 벗어나 다른 곳으로 이동한다는 의미입니다. 주어진 문맥상 부적절합니다.

(d) 사라지다: 존재하던 것이 사라지거나 없어졌다는 의미입니다. 시간을 주어로 쓴다면(7일이 사라졌다) 그녀가 혼수상태였다는 의미가 됩니다. 단순히 경과된 날을 설명하는 주어진 문맥상 부적절합니다.

→ (b) 7 days passed (7일이 지났다) – 빈칸에 넣어 자연스럽게 해석됨을 확인합니다.

ANSWER elapsed와 바꾸어 쓸 수 있는 (b) passed가 정답입니다.

난도 (하)

I was so embarrassed that I immediately watched the footage of closed-circuit television (CCTV) at the front door of my house and I can assure you that there has been no courier visiting me for seven days.

80 In the context of the passage, assure means ________.

(a) promise
(b) suggest
(c) convert
(d) encourage

STEP 1 단어 문제는 '문맥적' 유의어를 묻기 때문에 밑줄 친 단어와 함께 쓰인 앞/뒤의 단어를 함께 해석해야 합니다. 문맥상 어떤 의미로 쓰였는지 확인합니다.
"나는 장담할 수 있다 / 당신에게 / ~라고"

STEP 2 동사 assure는 타동사로, '장담하다, 확언/확약하다'의 뜻으로 사용되었습니다. 주어가 말하는 내용이 분명하게 사실이라는 것을 주장한다는 의미입니다.

STEP 3 (a) 약속하다: 주어가 말하는 내용이 분명하게 일어난, 혹은 일어날 일이라고 주장하는 것입니다.

(b) 제안하다: 상대방이 생각해볼 수 있도록 계획이나 생각을 제시한다는 의미입니다. 주어의 강한 확신이 없는 동사입니다.

(c) 전환하다: 대상을 다른 형태로 바꾼다는 의미입니다. 전혀 다른 뜻의 단어입니다.

(d) 격려하다: 대상에게 자신감을 불어넣어 계속 무엇인가를 지속하도록 설득하는 동사입니다. 전혀 다른 뜻의 단어입니다.

→ (a) I can promise you that ~ (나는 약속할 수 있다 / 당신에게 / ~라고) – 빈칸에 넣어 자연스럽게 해석됨을 확인합니다.

ANSWER assure와 바꾸어 쓸 수 있는 (a) promise가 정답입니다.

MICHEL FOUCAULT

S V C
S는 C다

Michel Foucault was a French ❶ philosopher, ❷ writer, and ❸ political activist.

미셸 푸코는 프랑스의 철학자, 작가이자 정치 활동가였다

S V
S는 V한다

He was best known / for studying the relationship ❶ (between power and knowledge), and 관계부사절(명사) ❷ <how they are used (for social control) (through societal institutions)>.

그는 가장 잘 알려져 있다 연구한 것으로 권력과 지식의 관계를 그리고 그것들이 어떻게 사용되는지를 사회 통제에 사회적인 제도를 통해

S V
S는 V한다

He also wrote (about discipline and punishment) / to부정사(부사적) to discuss the role [that power(S) plays(V) (in society)].

그는 또한 저술했다 규율과 처벌에 관해 역할에 대해 논하기 위해 (그게 뭐냐면) 권력이 사회에서 수행하는

S V
S는 V한다

Michel was born (on 15 October 1926) (in the city of Poitiers, = west-central France).

미셸은 태어났다 1926년 10월 15일에 프랑스 중서부 도시 푸아티에에서

S V O and S V C and V
S는 V한다 O를 그리고 S는 C다 그리고 V한다

① His father had a prosperous career (as a surgeon), / and ② his paternal grandfather was ❶ a physician and ❷ taught (at the medical school (in Poitiers)).

그의 아버지는 풍부한 경력을 가지고 있었다 외과의사로서 그리고 그의 친할아버지는 내과 의사였으며 강의했다 푸아티에에 있는 의과대학에서

SVO and VO
S는 V한다 O를 그리고 V한다 O를

In addition, / his maternal grandfather also owned ❶ a private practice
게다가, 그의 외할아버지는 또한 개인 병원을 소유했다

and ❷ taught anatomy.
그리고 가르쳤다 해부학을

SVOC and V
S는 V한다 O를 C하도록 그리고 V한다

부사절 – 역접
{Although his father urged him to follow the path of medicine},
그의 아버지는 그에게 설득했지만 의학의 길을 따르도록

he ❶ thought <it was too disciplined> and ❷ was interested (in philosophy).
그는 생각했다 의학이 너무 규율적이라고 그리고 철학에 관심을 가졌다

SVO
S는 V한다 O를

In 1946, / Foucault entered the École Normale Supérieure d'Ulm, =
1946년에, 푸코는 입학했다 École Normale Supérieure d'Ulm에

the most prestigious institution (for education (in the humanities))
(그게 뭐냐면) 가장 권위 있는 기관인 인문 교육을 위한

(in France).
프랑스에서

SVO but VO
S는 V한다 O를 하지만 V한다 O를

Foucault primarily studied philosophy, but also obtained qualifications
푸코는 기본적으로 철학을 공부했다 하지만 또한 학위를 취득했다

(in psychology).
심리학에서도

SVO
S는 V한다 O를

Foucault read the works (of the German philosophers Heidegger
푸코는 저서들을 읽었다 독일 철학자 하이데거와 니체의

and Nietzsche) [which had a significant impact (on his later work)].
(그게 뭐냐면) 큰 영향을 미쳤다 그의 후기 연구에

SVO
S는 V한다 O를

부사절(분사구문) – 부연

He started a series of lessons (at the Collège de France), {covering the Marxist-Leninist oriented topics}.

그는 강의들을 시작했다 Collège de France에서 다루면서 마르크스-레닌주의 중심의 주제를

SVO
S는 V한다 O를

Later, / Foucault co-founded the Groupe d'Information sur les Prisons(GIP), {aiming to investigate and expose poor conditions (in prisons) and give prisoners and ex-prisoners a voice (in French society).

이후, 푸코는 GIP(Groupe d'Information surls Prilities)를 공동 설립했다

부사절(분사구문) – 부연 ❶ ❷

목적으로 하여 조사하고 폭로하는 것을 감옥의 열악한 환경을 그리고 주는 것을 재소자들과 전과자들에게 발언권을 프랑스 사회에서

SVO
S는 V한다 O를

that 명사절(목적어)

He believed <that the prison is the miniature (of the society) [where the minority monopolizes power and knowledge and uses it / to control the others]>.

S V C / S V1 O1 V2 O2

그는 믿었다 감옥은 사회의 축소판이라고 (거기에서) 소수가 권력과 지식을 독점한다 그리고 그것을 사용한다

to부정사(부사적)

다른 사람들을 통제하기 위해

SVO
S는 V한다 O를

(In *Discipline and Punish*) he developed a notion of "biopower", [which invests people's lives (at a biological level) / to make us live (according to norms)].

감시와 처벌에서 그는 발전시켰다 "삶권력"의 개념을

to부정사(부사적)

V O OC

(그게 뭐냐면) 소비한다 인간의 삶을 생물학적 수준에서 우리를 만들기 위해 규범에 따라 살도록

SVO
S는 V한다 O를

that 명사절(목적어)

He stressed <that in order to regulate humanity (at the level of the population) / they also use school, family and culture>.

★ in order to V: [V]하기 위해서

그는 강조했다 / 인류를 규제하기 위해 / 인구 수준에서 / 그들이(S) / 학교, 가정, 문화도 이용한다고(V, O)

SVO and O
S는 V한다 O를 그리고 V한다

부사절 – 시간

{Until he died (in Paris) (in 1984)}, he had been ❶ critiquing powerful institutions and ❷ participating (in campaigns (against racism and human rights abuses)).

그가 사망할 때까지 / 파리에서 / 1984년에 / 그는 비판해왔다 / 강력한 / 제도를 / 그리고 / 캠페인에 참여해 왔다 / 인종차별과 / 인권 유린에 반대하는

SV
S는 V한다

He would go down (in history) / for seeking a way (of understanding ideas [that shape our present]).

그는 역사에 남을 것이다 / 방법을 모색한 것으로 / 사상을 이해하기 위한 / (그게 뭐냐면) 우리의 현재를 구성하는

난도 (중)

Michel Foucault was a French philosopher, writer, and political activist. He was best known for studying the relationship between power and knowledge, and how they are used for social control through societal institutions. He also wrote about discipline and punishment to discuss the role that power plays in society.

53 What is Michel Foucault best known for?

(a) helping improve prisoner's condition (상상)

(b) writing about the link between knowledge and manipulation

(c) being both philosopher and political activist (문제 관련 ×)

(d) struggling and seeking for power (상상)

STEP 1 항상 첫 번째는 정확한 문제 해석과 이해입니다. 문제에서 '미셸 푸코가 유명한 이유'에 대해 묻고 있으므로 '미셸 푸코가 유명하다'는 의미를 가진 문장을 찾아봅시다.

STEP 2 '미셸 푸코가 유명하다.'라는 문장은 1단락의 두 번째 문장에 있습니다. 해당 문장을 정확하게 해석하여 머릿속에 내용을 정리합니다.

"그는 가장 잘 알려져 있다 / 연구한 것으로 / 권력과 지식의 관계를 / 그리고 그것들이 어떻게 사용되는지를 / 사회 통제에 / 사회적인 제도를 통해."

STEP 3 각 선택지를 해석하며 '권력과 지식의 관계, 그 둘이 사회통제를 위해 어떻게 사용되는지 연구했다'는 내용을 찾습니다.

(a) 죄수들의 환경 개선을 도왔다는 것은 해당 문장에서 읽은 적이 없습니다.

(b) 지식과 조종(사회 통제)의 관계를 연구했다는 것은 우리가 읽은 내용과 일치합니다. 저술에 관해서는 언급이 없으므로 다른 선택지들을 더 살펴봅니다.

(c) 철학자이자 정치 활동가였다는 것은 해당 문장에서 읽은 적이 없습니다. 본문에 언급되었더라도 문제에서 묻는 것이 아니므로 정답이 될 수 없습니다. 문제에서 묻는 정답 부분만을 머릿속에 정리하여 정답을 골라야 이런 오답을 피해갈 수 있습니다.

(d) 권력에 대해 투쟁하고 권력을 얻고자 했다는 것은 해당 문장에서 읽은 적이 없습니다.

ANSWER (a), (c), (d)가 해당 문장과 전혀 관련 없는 내용이므로 (b)에 언급된 저술 여부를 확인합니다. 다음 문장에 그가 이에 관해 글을 썼다는 내용이 있으므로 미셸 푸코가 무엇으로 잘 알려져 있는지를 가장 제대로 설명한 (b)가 정답입니다.

어휘

manipulation 명 조작, 조종

struggle for 동 ~을 위해 싸우다

seek for 동 ~을 강구하다

난도 (중)

Michel was born on 15 October 1926 in the city of Poitiers, west-central France. His father had a prosperous career as a surgeon, and his paternal grandfather was a physician and taught at the medical school in Poitiers. In addition, his maternal grandfather also owned a private practice and taught anatomy. Although his father urged him to follow the path of medicine, he thought it was too disciplined and was interested in philosophy.

54 Based on the article, how was Foucault's schooling in the early years?

(a) He ~~pursued~~ the medical practice as a family occupation
(b) His father urged him to put his mind to ~~indisciplined~~ study
(c) He chose a major contrary to his father's expectation
(d) He privately had a tough time deciding on a career (상상)

STEP 1 항상 첫 번째는 정확한 문제 해석과 이해입니다. 문제에서 '푸코의 초기 학업'에 대해 묻고 있으므로 '학업'에 관해 이야기하는 문장을 찾아봅시다.

STEP 2 2단락의 첫 번째 문장은 그의 출생을, 두 번째 문장과 세 번째 문장은 그의 아버지와 조부들의 직업에 관해 이야기하고 있습니다. 마지막 문장에 그의 진로에 관한 이야기가 나오므로 해당 문장을 정확하게 해석하여 머릿속에 내용을 정리합니다.

"그의 아버지는 그에게 설득했지만 / 의학의 길을 따르도록, / 그는 생각했다 / 의학이 너무 규율적이라고 / 그리고 철학에 관심을 가졌다."

STEP 3 각 선택지를 해석하며 '아버지는 의학을 권고했지만 그는 철학에 관심있었다'는 내용을 찾습니다.

(a) 푸코는 아버지가 강요한 의학의 길을 거부했습니다. 그가 의학을 추구했다는 것은 틀린 내용입니다. → 소거

(b) 그의 아버지는 규율적인 의학을 권고했습니다. 아버지가 비규율적인 학문에 마음 두기를 권고했다는 것은 완전히 반대되는 내용입니다. → 소거

(c) 아버지의 기대(의학 전공)와는 반대로 철학을 선택한 것은 우리가 읽은 내용과 일치합니다. 전공을 선택했다는 것에 대해서는 선택지를 모두 확인한 다음 다시 확인해 봅니다.

(d) 그가 커리어를 선택하는 데 어려움을 겪었다는 것은 해당 문장에서 읽은 적이 없습니다.

ANSWER 다음 단락에서 미셸 푸코가 선택한 전공이 철학인 것을 확인해 보면, 푸코의 초기 학업에 제대로 설명한 (c)가 확실한 정답입니다. 문제에서 묻고 있는 내용을 잘 이해했고 본문에서 해당 문장을 잘 찾아 제대로 해석했으며 그와 일치하는 선택지가 있으므로 나머지 선택지의 내용은 본문에서 오답 확인하지 않습니다. (해당 내용이 본문에 있다고 하더라도, 문제에서 묻는 것이 아니므로 정답이 될 수 없습니다.)

어휘 pursue 타 추구하다
occupation 명 직업
indisciplined 형 훈련되어 있지 않은, 비규율적인
tough 형 힘든, 어려운

난도 상

In 1946, Foucault entered the École Normale Supérieure d'Ulm, the most prestigious institution for education in the humanities in France. Foucault primarily studied philosophy, but also obtained qualifications in psychology. Foucault read the works of the German philosophers Heidegger and Nietzsche which had a significant impact on his later work. He started a series of lessons at the Collège de France, covering the Marxist-Leninist oriented topics. Later, Foucault co-founded the Groupe d'Information sur les Prisons(GIP), aiming to investigate and expose poor conditions in prisons and give prisoners and ex-prisoners a voice in French society.

55 What most likely made Foucault teach at the Collège de France?

(a) He gave fairly popular lessons at that school
(b) He was part of the college administration (상상)
(c) He was recommended by the other universities (상상)
(d) He had an impressive academic background

STEP 1 항상 첫 번째는 정확한 문제 해석과 이해입니다. 문제에서 '푸코가 Collège de France에서 가르치게 된 원인'에 대해 묻고 있으므로 고유명사인 'Collège de France'가 언급된 문장을 찾아봅시다.

STEP 2 3단락의 네 번째 문장에 Collège de France가 언급되어 있으므로 해당 문장을 정확하게 해석하여 머릿속에 내용을 정리합니다. "그는 강의들을 시작했다 / Collège de France에서 / 다루면서 / 마르크스-레닌주의 중심의 주제를." 하지만 이 문장에는 Collège de France가 그의 첫 직장이었다는 점 외에 강의하게 된 원인에 대해서는 나와 있지 않습니다. 앞 문장에서 그 이유를 다시 찾아봅니다. 3단락의 첫 번째 문장에서 프랑스의 가장 권위있는 인문 대학에 다닌 점, 두 번째 문장에서 철학과 심리학 두 가지의 학위를 취득한 점, 세 번째 문장에서 하이데거와 니체의 영향을 받은 점이 언급되었다는 것을 기억하여 선택지를 살펴봅니다.

STEP 3 각 선택지를 해석하며 푸코가 Collège de France에서 강의를 시작하게 된 원인으로 가능한 것을 찾습니다.

(a) 그의 강의가 인기 있었다는 것은 네 문장 모두에서 언급되지 않았으며, Collège de France는 그의 첫 직장이었으므로 이는 틀린 내용입니다. → 소거

(b) 그가 대학 행정부에 속해있었다는 것은 네 문장 모두에서 읽은 적이 없습니다.

(c) 그가 다른 학교에서 추천을 받았다는 것은 네 문장 모두에서 읽은 적이 없습니다.

(d) 그가 프랑스 최고의 인문 대학에서 두 개의 학위를 취득했으므로, 훌륭한 학력을 가지고 있었다는 것은 우리가 읽은 내용과 일치합니다.

ANSWER 미셸 푸코가 Collège de France에서 강의를 시작한 이유를 가장 제대로 설명한 (d)가 정답입니다. 문제에서 묻고 있는 내용을 잘 이해했고 본문에서 해당 문장을 잘 찾아 제대로 해석했으며 그와 일치하는 선택지가 있으므로 나머지 선택지의 내용은 본문에서 오답 확인하지 않습니다. (해당 내용이 본문에 있다고 하더라도, 문제에서 묻는 것이 아니므로 정답이 될 수 없습니다.)

어휘 fairly 부 매우, 꽤
administration 명 행정부, 관리직

난도 (하)

In 1946, Foucault entered the École Normale Supérieure d'Ulm, the most prestigious institution for education in the humanities in France. Foucault primarily studied philosophy, but also obtained qualifications in psychology. Foucault read the works of the German philosophers Heidegger and Nietzsche which had a significant impact on his later work. He started a series of lessons at the Collège de France, covering the Marxist-Leninist oriented topics. Later, Foucault co-founded the Groupe d'Information sur les Prisons(GIP), aiming to investigate and expose poor conditions in prisons and give prisoners and ex-prisoners a voice in French society.

56 What was the purpose of the Groupe d'Information sur les Prisons(GIP)?

(a) to ~~teach~~ how prisoners can have a voice
(b) to publish papers about ~~French society~~
(c) to expose information about prison culture
(d) to investigate powerful prison ~~officers~~

STEP 1 항상 첫 번째는 정확한 문제 해석과 이해입니다. 문제에서 'GIP의 목적'에 대해 묻고 있으므로 고유명사인 'GIP'가 언급된 문장을 찾아봅시다.

STEP 2 3단락의 마지막 문장에 GIP가 언급되어 있으므로 해당 문장을 정확하게 해석하여 머릿속에 내용을 정리합니다.

"이후, 푸코는 GIP를 공동 설립했다 / 목적으로 하여 / 조사하고 폭로하는 것을 / 감옥의 열악한 환경을 / 그리고 주는 것을 / 재소자들과 전과자들에게 / 발언권을 / 프랑스 사회에서."

STEP 3 각 선택지를 해석하며 '감옥의 열악환 환경을 조사, 폭로해 재소자들에게 발언권을 주고자 한다'는 내용을 찾습니다.

(a) 재소자들의 현실을 폭로하고자 한 것이지, 재소자들에게 목소리를 내는 방법을 가르치고자 했다는 것은 틀린 내용입니다. → 소거

(b) 그의 조사 대상은 프랑스 사회 전체가 아닌 (프랑스) 감옥이므로 틀린 내용입니다. → 소거

(c) 교도소 문화에 대한 정보를 폭로하고자 한 것은 우리가 읽은 내용과 일치합니다.

(d) 그가 교도소에서 살펴보고 싶었던 것은 영향력을 가진 교도관들이 아닌 재소자들이므로 틀린 내용입니다. → 소거

ANSWER GIP의 목적에 대해 가장 제대로 설명한 (c)가 정답입니다.

어휘 paper 명 논문

난도 중

He believed that the prison is the miniature of the society where the minority monopolizes power and knowledge and uses it to control the others. In Discipline and Punish he developed a notion of "biopower", which invests people's lives at a biological level to make us live according to norms. He stressed that in order to regulate humanity at the level of the population they also use school, family and culture.

57 According to the article, how is the prison system useful for the people in power?

(a) They can ~~learn~~ about the real society (상상)

(b) They ~~can acquire~~ power and knowledge

(c) They can use it to supervise the behavior of certain people

(d) They can ~~have their own norms~~ for efficient control

STEP 1 항상 첫 번째는 정확한 문제 해석과 이해입니다. 문제에서 '교도소 시스템이 권력자들에게 유용한 이유'에 대해 묻고 있으므로 '권력자들이 얻는 이익'에 관해 이야기하는 문장을 찾아봅시다.

STEP 2 4단락의 첫 번째 문장에 교도소 시스템과 권력자들의 이익에 관한 이야기가 나오므로 해당 문장을 정확하게 해석하여 머릿속에 내용을 정리합니다.

"그는 믿었다 / 감옥은 사회의 축소판이라고 / (거기에서) 소수가 / 권력과 지식을 독점한다 / 그리고 그것을 사용한다 / 다른 사람들을 통제하기 위해."

(교도소 시스템 = 사회 시스템) 소수(권력, 지식 독점) → 다른 이 통제

STEP 3 각 선택지를 해석하며 '교도소 시스템(= 사회 시스템)하에서 권력자들이 다른 이들을 통제한다'는 내용을 찾습니다.

(a) 사회와 교도소는 비슷한 시스템을 가지는 비교 대상으로 언급되었습니다. 권력자들이 사회에 대해 배움을 얻기 위해 교도소를 이용한다는 것은 해당 문장에서 읽은 적이 없습니다.

(b) 이미 권력과 지식을 가진 사람들이 시스템을 이용하는 것이지, 시스템을 통해서 권력과 지식이 없던 사람들이 그것을 획득하는 것은 아니므로 틀린 내용입니다. → 소거

(c) 시스템을 통해 권력자들이 다른 이들을(= 특정 사람들을) 통제(= 행동을 감독)한다는 것은 우리가 읽은 내용과 일치합니다.

(d) 권력자들이 효율적 통제를 위해 자신들만의 규율을 가지고 있다는 것은 해당 문장에서 읽은 적이 없습니다. 본문에 언급되었더라도 문제에서 묻는 것이 아니므로 정답이 될 수 없습니다. (아래에 규율 이야기가 나오지만, 이는 권력자들이 정한 규율에 따라 일반적인 사람들이 통제를 당한다는 내용입니다.)

ANSWER 권력자들이 교도소(= 사회) 시스템을 이용하여 얻는 이익에 대해 제대로 설명한 (c)가 정답입니다. 문제에서 묻고 있는 내용을 잘 이해했고 본문에서 해당 문장을 잘 찾아 제대로 해석했으며 그와 일치하는 선택지가 있으므로 나머지 선택지의 내용은 본문에서 오답 확인하지 않습니다. (해당 내용이 본문에 있다고 하더라도, 문제에서 묻는 것이 아니므로 정답이 될 수 없습니다.)

어휘 acquire 타 얻다, 획득하다
supervise 타 감독, 지휘, 지도하다

난도 (하)

His father had a prosperous career as a surgeon, and his paternal grandfather was a physician and taught at the medical school in Poitiers.

58 In the context of the passage, prosperous means ________.

(a) appropriate
(b) lucky
(c) successful
(d) promising

STEP 1 단어 문제는 '문맥적' 유의어를 묻기 때문에 밑줄 친 단어와 함께 쓰인 앞/뒤의 단어를 함께 해석해야 합니다. 문맥상 어떤 의미로 쓰였는지 확인합니다.
"외과의사로서 풍부한 경력"

STEP 2 prosperous는 형용사로, '번영한, 번창한'의 뜻으로 사용되었습니다. 보통 사람 명사를 꾸며 '부유하고 성공했다'는 의미를 표현하는데, 주어진 문장에서는 '경력'이라는 명사를 수식하여 '성공적인'이라는 의미로 쓰였습니다.

STEP 3 (a) 적절한: 주어진 상황에 적절한지 부적절한지 옳고 그름을 나타내는 단어로, 전혀 다른 뜻의 단어입니다.
(b) 운이 좋은: 계획을 통해 얻은 것이 아닌 우연에 의해 얻게 된 행운을 나타내는 단어로, 전혀 다른 뜻의 단어입니다.
(c) 성공적인: 원하는 것을 이루어냈다는 의미로, 일반적으로 부와 번영을 얻은 것을 의미합니다.
(d) 전도유망한: 똑같은 성공이지만, promising은 현재는 성공적이지 않지만 미래에 성공할 가능성이 높아 보인다는 뜻으로, 전혀 다른 뜻의 단어입니다.
→ (c) a successful career as a surgeon (외과의사로서 성공적인 경력) – 빈칸에 넣어 자연스럽게 해석됨을 확인합니다.

ANSWER prosperous와 바꾸어 쓸 수 있는 (c) successful이 정답입니다.

난도 (하)

Until he died in Paris in 1984, he had been critiquing powerful institutions and participating in campaigns against racism and human rights abuses.

59 In the context of the passage, critiquing means __________.

(a) confusing
(b) inventing
(c) labeling
(d) criticizing

STEP 1 단어 문제는 '문맥적' 유의어를 묻기 때문에 밑줄 친 단어와 함께 쓰인 앞/뒤의 단어를 함께 해석해야 합니다. 문맥상 어떤 의미로 쓰였는지 확인합니다.
"그는 강력한 제도를 비판해 왔다"

STEP 2 동사 critique은 타동사로, '비평하다'의 뜻으로 사용되었습니다. 사람의 업적이나 생각, 또는 상황에 대해 검토 평가하는 것으로 보통 잘못된 점을 지적한다는 의미입니다.

STEP 3 (a) 혼란시키다: 주어가 대상을 어렵게 만들어 이해하지 못하게 만든다는 의미로, 전혀 다른 뜻의 단어입니다.
(b) 발명하다: 기존에 없었던 것을 새롭게 만들어낸다는 의미로, 전혀 다른 뜻의 단어입니다.
(c) 꼬리표 붙이다: 대상을 특정 방식으로 묘사한다는 의미로, 그것이 불합리하다는 속뜻을 가지고 있습니다. 이 문맥에서는 무엇이라고 꼬리표를 붙였는지도 언급되어 있지 않으며(문맥적으로 불가), 푸코가 지적한 부분은 불합리하지 않고 정당하므로 의미상으로도 부적절합니다.
(d) 비판하다, 비평하다: 대상의 잘못을 지적하여 그것이 옳지 않음을 표현한다는 의미입니다.
→ (d) he had been criticizing powerful institutions (그는 강력한 제도를 비평해 왔다) – 빈칸에 넣어 자연 스럽게 해석됨을 확인합니다.

ANSWER critiquing과 바꾸어 쓸 수 있는 (d) criticizing이 정답입니다.

SAFFRON, THE RED GOLD

S V C
S는 C다

Saffron is a spice [derived (from the flower (of *Crocus sativus*))],

샤프란은 향신료이다 크로커스 사티부스의 꽃에서 얻어지는

[commonly known (as the "saffron crocus")].

(그게 뭐냐면) 흔히 알려진 "샤프란 크로커스"라고

S V
S는 V한다

The vivid crimson stigma and styles, [called threads], are collected

선명한 진홍색의 암술머리와 암술대는 줄기라고 불리우는 채집되고

and dried (for use) (mainly as a seasoning and coloring agent (in food)).

건조된다 용도로 주로 양념과 착색제로 음식에서

S V O
but S V C
S는 V한다 O를
하지만 S는 C다

★ call N in question: [N]에 의문을 품다

Some people call its high value (in question), / but there are some

어떤 사람들은 샤프란의 높은 가치에 의문을 품는다 하지만 몇 가지 이유가 있다

관계부사절(형용사)

reasons [why this spice is extremely expensive].

S V C

이 향신료가 몹시 비싼 데에는

S V C
S는 C다

The domesticated saffron crocus is an autumn-flowering perennial

재배되는 샤프란 크로커스는 가을에 꽃을 피우는 다년생식물이다

plant.

S V C
S는 C다

부사절 – 시간

The spice [we think of {when we hear "saffron"}] is actually only

향신료는 우리가 생각하는 "샤프란"을 들을 때 사실 작은 부분에 불과하다

a small part (of the plant itself).

식물 자체의

S V C
S는 C다

what절(+불완전 문장): 명사절(주어) ❶ ❷
<What we use (for that distinctive yellow color, sweet-herb smell,
S V
우리가 사용하는 것은 그 독특한 노란 색깔, 달콤한 허브향,
❸
and bitter taste)> is actually the stigma (of the purple flower) (at the
그리고 쓴맛을 위해서 사실 암술머리다 보라색 꽃의
end of the red pistil).
붉은 암술 끝에 있는

S V C
S는 C다

★ each는 각 개체들 전부를 강조(=모든)
There are only three stigmata (in each saffron flower).
오직 세 개의 암술머리가 있다 각각의 샤프란 꽃에는

S V O
S는 V한다 O를

부사절 – 이유 가주어
{Since such a small part (of the flower) is used}, it takes 75,000
꽃의 아주 작은 부분만이 사용되기 때문에, 75,000송이의
진주어
saffron flowers / to make one pound (of saffron spice).
샤프란 꽃을 소모한다 1파운드를 만드는 데에 샤프란 향신료의

S V O
S는 V한다 O를

부사절 – 조건
Also, / {once the stigmata and their red pistils have been separated
또한, 일단 암술머리들과 그것의 붉은 암술이 분리되면
to부정사(부사적)
(from the plant)}, workers should dry them / to keep their color
식물로부터 작업자들은 그것들을 건조시켜야 한다 색과 풍미를 유지시키기 위해
and flavor.

S V and S V
S는 V한다 그리고 S는 V한다

①
In addition, / saffron thrives best (in warm sub-tropical climate)
게다가, 샤프란은 가장 잘 자란다 따뜻한 아열대 기후에서
②
and the enriched soil should be loosened periodically.
그리고 비옥한 토양은 뒤집어져야 한다 주기적으로

SVO
S는 V한다 O를

Low temperature [coupled with high humidity (during flowering
낮은 온도는 높은 습도와 결부된 개화 시기의

season)] affects flowering (of the Saffron crop) negatively.
영향을 미친다 샤프란 작물의 개화에 부정적으로

SVC
S는 C다

Another reason (of its high retail value) is labor-intensive harvesting
또 다른 이유는 샤프란의 높은 소매가치의 많은 노동력을 요구하는 수확방식이다

method.

SV
S는 V한다

For its high quality / it should be harvested manually / only (in bloom ❶
그것의 높은 품질을 위해서 샤프란은 수확되어야 한다 손으로 오직 개화 시기에

= and 부사절 – 조건 ❷

stage) as well as {before flowers fully open (with the warmth)}.
또한 꽃이 활짝 피기 전에 따뜻해져서

SVO
S는 V한다 O를

Thus / workers harvest them [that started to bloom (during the night)]
따라서 작업자들은 꽃들을 수확한다 (그게 뭐냐면) 개화하기 시작한 밤 동안에

부사절 – 시간

(in the early morning) (just before sunrise), {while the crocus petals
이른 아침에 해가 뜨기 직전 크로커스 꽃잎이

remain partly closed}.
어느 정도 닫혀 있는 동안

SVOC and VO
S는 V한다 O를 C하도록 그리고 V한다 O를

★ help (to) RV: [RV]하는 걸 돕다

This makes the flowers easier [to pick] / and helps protect their precious
이것은 꽃을 만든다 따기 더 쉽도록 그리고 보호하는 데 도움을 준다 그것들의 소중한

crimson-red stigmas.
진홍색 암술머리를

SV
S는 V한다

The delicate buds are handpicked and placed (into baskets).

그 연약한 꽃봉오리는 손으로 따져서 바구니에 담아진다.

SV
S는 V한다

Despite its significant cost, / the global saffron market size is expanding.

그것의 엄청나게 높은 가격에도, 세계 샤프란 시장 규모는 확대되고 있다

not only VSO but also SV
S는 V할 뿐 아니라 O를 / 또한 S는 V한다

(앞문장의 이유 설명) ★ not only A but (also) B: [A]뿐만 아니라 [B]도(부정어 not only 강조로 주어-동사 도치)

This is because not only do fine restaurants use it (for special looks, color, and taste), / but it can be used (in medical and cosmetic applications), {adding to the prestige}.

이것의 이유는 고급 레스토랑들이 샤프란을 사용할 뿐만 아니라 특별한 장식, 색감, 맛 등을 위해 그것이 또한 사용되기 때문이다 의료용과 화장품을 위한 활용에 위신에 더하여

부사절(분사구문) – 부연

SVOC
S는 V한다 O를 C하도록

This made it one of the world's costliest spice (by weight) (at US $5,000 per kilogram or higher).

이것은 샤프란을 만들었다 세계에서 가장 비싼 향신료 중 하나로 무게당 킬로그램당 미화 5,000달러로 혹은 그 이상으로

SVC
S는 C다

동격의 that – result 내용

There's also another inevitable result <that merchants often counterfeit the saffron / by using artificial red dye and synthetic perfume>.

S V O ★ by ~ing: ~함으로써 ❶ ❷

또 다른 필연적인 결과가 있다 (그게 뭐냐면) 상인들이 종종 샤프란의 모조품을 만든다 인공적인 붉은색 염료와 합성 향수를 사용하여

SAFFRON, THE RED GOLD

60 What is this article mainly about?

(a) what the saffron is ~~used for~~ (지엽적)
(b) ~~how much~~ people ~~consume~~ the most expensive spice (지엽적)
(c) how the saffron is ~~cultivated~~ well (지엽적)
(d) why the saffron is highly valued

STEP 1 Part 2와 4에서 자주 나오는 '본문의 주제 or 목적'을 묻는 문제입니다. 본문의 주제를 잘 파악하기 위해서는 ① 제목을 정확하게 읽기, ② 마지막에 풀기를 추천합니다. 정답에 꼭 들어가야 할 키워드를 정해두는 것, 선택지 사이의 차이점을 면밀하게 확인하여 오답을 소거하는 것을 잊지 맙시다.

STEP 2 다른 문제들을 모두 푼 뒤에 지문의 제목을 바탕으로 주제를 정리해 봅시다. '샤프란은 생산량이 낮고(61번) 그것의 특징이 가치가 높으며(62번) 수확도 힘들어(63번) 가치가 매우 높다(64번)'는 것이 본문에서 주장하고자 하는 바입니다.

STEP 3 각 선택지를 해석하여 '샤프란, 높은 가치'라는 키워드를 확인하며 글의 전체 주제에 부합하는 내용을 찾습니다.

(a) '높은 가치'라는 키워드가 빠져 있습니다. → 소거
(b) '높은 가치'라는 키워드가 빠져 있습니다. → 소거
(c) '높은 가치'라는 키워드가 빠져 있습니다. → 소거
(d) 샤프란이 높은 가치를 가지는 이유는 전체 주제에 부합합니다.

ANSWER '샤프란, 높은 가치'라는 키워드가 모두 들어가 있는 (d)가 정답입니다.

어휘
consume 타 소비하다
cultivate 타 경작하다, 재배하다
value 타 평가하다, 소중하게 생각하다

난도 ㊥

The domesticated saffron crocus is an autumn-flowering perennial plant. The spice we think of when we hear "saffron" is actually only a small part of the plant itself. What we use for that distinctive yellow color, sweet-herb smell, and bitter taste is actually the stigma of the purple flower at the end of the red pistil. There are only three stigmata in each saffron flower. Since such a small part of the flower is used, it takes 75,000 saffron flowers to make one pound of saffron spice. Also, once the stigmata (and their red pistils) have been separated from the plant, workers should dry them to keep their color and flavor.

61 According to the article, why most likely is the production of saffron so low?

(a) because the stigma would be ~~useless~~ after separated from the plant
(b) because the plant flowers ~~only in autumn~~
(c) because the ~~flower~~ is distinctively ~~small~~
(d) because the flower yields a minimal amount of product

STEP 1 항상 첫 번째는 정확한 문제 해석과 이해입니다. 문제에서 '샤프란의 생산량이 낮은 이유'에 대해서 묻고 있으므로 '생산량이 낮다'는 문장을 찾아봅시다.

STEP 2 2단락의 다섯 번째 문장에 생산량이 낮다는 내용(생산 파운드당 필요한 꽃의 양으로 표현)이 있으므로 해당 문장을 정확하게 해석하여 머릿속에 내용을 정리합니다. (항상 paraphrasing은 (고유 명사를 제외하고는) 단어가 아닌, 내용으로 찾아야 합니다).

"꽃의 아주 작은 부분만이 사용되기 때문에 / 75,000송이의 샤프란 꽃을 소모한다 / 1파운드를 만드는 데에 / 샤프란 향신료의."

*1파운드: 0.4~0.5kg

STEP 3 각 선택지를 해석하며 '꽃의 작은 부분만이 사용된다'는 내용을 찾습니다.

(a) 꽃에 붙어있느냐 붙어있지 않느냐가 생산량에 영향을 끼친다는 것은 해당 문장에서 읽은 적이 없습니다.

(b) 샤프란 꽃이 가을에만 핀다는 것은 해당 문장에서 읽은 적이 없습니다. 특히 '오직(only)'이라는 단어는 극단적인 표현으로, 본문에서 직접적으로 언급되지 않으면 쓸 수 없는 단어입니다. → 소거

(c) 작은 것은 꽃에서 사용되는 부분이지, 꽃 자체가 아니므로 틀린 내용입니다. → 소거

(d) 꽃이 아주 적은 상품만을 만들어낸다는 것은 우리가 읽은 내용과 일치합니다.

ANSWER 샤프란의 생산량이 적은 이유를 제대로 설명한 (d)가 정답입니다. 문제에서 묻고 있는 내용을 잘 이해했고 본문에서 해당 문장을 잘 찾아 제대로 해석했으며 그와 일치하는 선택지가 있으므로 나머지 선택지의 내용은 본문에서 오답 확인하지 않습니다. (해당 내용이 본문에 있다고 하더라도, 문제에서 묻는 것이 아니므로 정답이 될 수 없습니다.)

어휘 stigma 명 암술머리
useless 형 소용없는, 쓸모없는
distinctively 부 유별나게, 독특하게
yield 타 (수익 · 결과 · 농작물 등을) 내다, 산출하다, 생산하다

난도 (하)

The domesticated saffron crocus is an autumn-flowering perennial plant. The spice we think of when we hear "saffron" is actually only a small part of the plant itself. What we use for that distinctive yellow color, sweet-herb smell, and bitter taste is actually the stigma of the purple flower at the end of the red pistil. There are only three stigmata in each saffron flower. Since such a small part of the flower is used, it takes 75,000 saffron flowers to make one pound of saffron spice. Also, once the stigmata (and their red pistils) have been separated from the plant, workers should dry them to keep their color and flavor.

62 Why does the saffron go through dry process?

(a) to be safe ~~before~~ separating stigma from saffron
(b) to protect their ~~appearance~~
(c) to preserve their feature
(d) to keep workers from being drained (상상)

STEP 1 항상 첫 번째는 정확한 문제 해석과 이해입니다. 문제에서 '샤프란이 건조 과정을 거치는 이유'에 대해 묻고 있으므로 '건조된다'는 문장을 찾아봅시다.

STEP 2 2단락의 마지막 문장에 건조시켜야 한다는 언급이 있으므로 해당 문장을 정확하게 해석하여 머릿속에 내용을 정리합니다.
"일단 암술머리들과 그것의 붉은 암술이 분리되면 / 식물로부터 / 작업자들은 암술머리들을 건조시켜야 한다 / 색과 풍미를 유지시키기 위해."

STEP 3 각 선택지를 해석하며 '색과 풍미를 유지하기 위해서'라는 내용을 찾습니다.

(a) 꽃에서 떼어낸 후에 건조시킨다고 하였으므로, 분리하기 전의 안전을 위한다는 것은 틀린 내용입니다. → 소거

(b) 샤프란의 색과 풍미는 그것의 모양과는 관련이 없는 특성이므로 틀린 내용입니다. → 소거

(c) 색과 풍미는 샤프란이 가진 특징이므로 우리가 읽은 내용과 일치합니다.

(d) 작업자들이 지치지 않게끔 한다는 것은 해당 문장에서 읽은 적이 없습니다.

ANSWER 샤프란을 건조시키는 이유를 제대로 설명한 (c)가 정답입니다. 문제에서 묻고 있는 내용을 잘 이해했고 본문에서 해당 문장을 잘 찾아 제대로 해석했으며 그와 일치하는 선택지가 있으므로 나머지 선택지의 내용은 본문에서 오답 확인하지 않습니다. (해당 내용이 본문에 있다고 하더라도, 문제에서 묻는 것이 아니므로 정답이 될 수 없습니다.)

어휘 separate 타 분리시키다, 떼어놓다

appearance 명 모습, 외관; 나타남, 출현

feature 명 특색, 특징, 특성

drained 형 진이 빠진

keep A from B 통 A를 B로부터 막다

난도 (상)

Another reason of its high retail value is labor-intensive harvesting method. For its high quality it should be harvested manually only in bloom stage as well as before flowers fully open with the warmth. Thus workers harvest them that started to bloom during the night in the early morning just before sunrise, while the crocus petals remain partly closed. This makes the flowers easier to pick and helps protect their precious crimson-red stigmas. The delicate buds are handpicked and placed into baskets.

63 Based on the article, why is the saffron collected early in the morning?

(a) because the temperature is more suitable

(b) because the flower ~~has~~ precious petals

(c) because the flower should not get caught in the ~~rain~~ (상상)

(d) because workers have difficulty harvesting ~~under the sun~~ (상상)

STEP 1 항상 첫 번째는 정확한 문제 해석과 이해입니다. 문제에서 '이른 아침에 채집되는 이유'에 대해 묻고 있으므로 '이른 아침에 채집한다'는 문장을 찾아봅시다.

STEP 2 4단락의 세 번째 문장에 이른 아침에 대한 언급이 있으므로 해당 문장을 정확하게 해석하여 머릿속에 내용을 정리합니다.

"따라서 작업자들은 꽃들을 수확한다 / (그게 뭐냐면) 밤 동안에 개화하기 시작한 / 이른 아침에 / 해가 뜨기 직전 / 크로커스 꽃잎이 어느 정도 닫혀 있는 동안."

〈해가 뜨기 전〉		**〈해가 뜬 후〉**
(이른 아침)		
꽃이 부분적으로 닫혀 있음	↔	꽃이 완전히 만개함
↓		↓
수확하기 좋음		수확하기에 좋지 않음

STEP 3 각 선택지를 해석하며 '꽃이 부분적으로 닫혀 있을 때(= 꽃이 만개하기 전에)'라는 내용을 찾습니다.

(a) 해의 유무가 꽃의 개화에 영향을 주는 것은 맞지만, 그것이 자외선 때문인지 온도 때문인지는 확실치 않습니다.

(b) 꽃이 완전히 만개하기 전과 후의 차이점은 꽃잎의 유무가 아닙니다. 해가 뜬 후에도 꽃잎은 그대로 있으므로 틀린 내용입니다. → 소거

(c) 비에 관련된 이야기는 해당 문장에서 읽은 적이 없습니다.

(d) 태양 아래에서 작업하는 것이 힘들다는 이야기는 해당 문장에서 읽은 적이 없습니다.

STEP 4 꽃의 개화에 영향을 주는 것이 해라고 했기 때문에 (a) 말고는 정답이 될 수 있는 선택지가 없습니다. 정확하게 햇빛의 온도 때문에 개화가 진행되는 것인지 확인해 봅니다. 해당 문장이 '그러므로'로 시작했으므로 앞 문장에 이유가 언급되어 있습니다.

"그것의 높은 품질을 위해서 / 샤프란은 수확되어야 한다 / 손으로 / 오직 개화 시기에 / 또한 꽃이 활짝 피기 전에 / 따뜻해져서."

〈해가 뜨기 전〉		**〈해가 뜬 후〉**
(이른 아침)		
추움	↔	따뜻함
꽃이 부분적으로 닫혀 있음		꽃이 완전히 만개함
↓		↓
수확하기 좋음		수확하기에 좋지 않음

ANSWER 해가 뜨기 전, 이른 아침의 낮은 온도 때문에 꽃이 완전히 개화를 하지 않으며, 그래서 수확하기에 좋다는 내용이 맞습니다. 두 가지(해가 뜨기 전 ↔ 해가 뜬 후)의 대조관계를 표현하고 있으므로 비교급 사용이 가능합니다. 샤프란이 이른 아침에 채집되는 이유를 '더 적합한 온도 때문'이라고 제대로 설명한 (a)가 정답입니다.

어휘 suitable 형 적합한, 적절한, 알맞은

precious 형 소중한

CHAPTER 04

TEST 3-2

난도 (하)

Despite its significant cost, the global saffron market size is expanding. This is because not only do fine restaurants use it for special looks, color, and taste, but it can be used in medical and cosmetic applications, adding to the prestige. This made it one of the world's costliest spice by weight at US $5,000 per kilogram or higher. There's also another inevitable result that merchants often counterfeit the saffron by using artificial red dye and synthetic perfume.

64 What most likely is the dealers' response to high demand for the saffron?

(a) They produce ~~synthetic perfume~~ using it
(b) They ~~research~~ its medical effectiveness
(c) They develop ~~new application~~ of it
(d) They create the imitation of it

STEP 1 항상 첫 번째는 정확한 문제 해석과 이해입니다. 문제에서 '샤프란의 높은 수요에 대한 중개인들의 반응'에 대해 묻고 있으므로 샤프란의 높은 수요와 중개인들이 등장하는 문장을 찾아봅시다.

STEP 2 5단락의 세 번째 문장에 샤프란의 수요가 굉장히 높다(→ 가격이 비싸다)는 이야기가 있고, 마지막 문장에 그에 대한 결과로 상인들의 반응이 언급되어 있습니다. 해당 문장을 정확하게 해석하여 머릿속에 내용을 정리합니다.

"또 다른 필연적인 결과도 있다 / (그게 뭐냐면) 상인들은 종종 샤프란의 모조품을 만든다 / 인공적인 붉은색 염료와 합성 향수를 사용하여."

STEP 3 각 선택지를 해석하며 '염료와 향을 사용하여 위조품을 만든다'는 내용을 찾습니다.

(a) 합성 향료를 사용하여 가짜 샤프란을 만드는 것이지, 샤프란을 이용하여 합성 향료를 만드는 것이 아닙니다. 틀린 내용입니다. → 소거

(b) 샤프란의 의학적 효과에 관해서는 해당 문장에서 읽은 적이 없습니다.

(c) 샤프란의 새로운 활용에 관해서는 해당 문장에서 읽은 적이 없습니다.

(d) 샤프란의 모조품을 만들어낸다는 것은 우리가 읽은 내용과 일치합니다.

ANSWER 샤프란의 높은 수요에 대한 중개인들의 반응을 제대로 설명한 (d)가 정답입니다. 문제에서 묻고 있는 내용을 잘 이해했고 본문에서 해당 문장을 잘 찾아 제대로 해석했으며 그와 일치하는 선택지가 있으므로 나머지 선택지의 내용은 본문에서 오답 확인하지 않습니다. (해당 내용이 본문에 있다고 하더라도, 문제에서 묻는 것이 아니므로 정답이 될 수 없습니다.)

어휘 synthetic 형 합성한, 인조의
application 명 적용, 응용, 사용
imitation 명 모조품, 모방

난도 (하)

The delicate buds are handpicked and placed into baskets.

65 In the context of the passage, delicate means ________.

(a) unpredictable
(b) gentle
(c) dangerous
(d) fragile

STEP 1 단어 문제는 '문맥적' 유의어를 묻기 때문에 밑줄 친 단어와 함께 쓰인 앞/뒤의 단어를 함께 해석해야 합니다. 문맥상 어떤 의미로 쓰였는지 확인합니다.
"연약한 꽃봉오리"

STEP 2 delicate는 형용사로, '연약한, 여린, 다치기[손상되기] 쉬운'의 뜻으로 사용되었습니다. 대상이 충분히 강하지 않고 손상되거나 부러지기 쉬워 조심스럽게 다루어져야 한다는 의미입니다.

STEP 3 (a) 예측할 수 없는: 어떤 일이 일어날지 미리 알기 어렵다는 의미의 단어로, 전혀 다른 뜻의 단어입니다.
(b) 온화한: 식물에 대한 설명으로는 쓰이지 않으며, 보통 사람이 친절하고 순하다거나 날씨 · 기온이 적당하다는 의미로 주어진 문맥상 부적절합니다.
(c) 위험한: 다른 이에게 해를 끼칠 수 있다는 의미로 해를 입기 쉽다는 delicate와는 반대선상에 있는 단어입니다.
(d) 손상되기 쉬운: 쉽게 부서지거나 손상될 수 있다는 의미입니다.
→ (d) fragile buds (손상되기 쉬운 꽃봉오리) – 빈칸에 넣어 자연스럽게 해석됨을 확인합니다.

ANSWER delicate와 바꾸어 쓸 수 있는 (d) fragile이 정답입니다.

난도 중

This is because not only do fine restaurants use it for special looks, color, and taste, but it can be used in medical and cosmetic applications, adding to the prestige.

66 In the context of the passage, prestige means ________.

(a) surprise
(b) reputation
(c) rank
(d) legend

STEP 1 단어 문제는 '문맥적' 유의어를 묻기 때문에 밑줄 친 단어와 함께 쓰인 앞/뒤의 단어를 함께 해석해야 합니다. 문맥상 어떤 의미로 쓰였는지 확인합니다.

"그 위신에 더해"

STEP 2 prestige는 명사로, '위신, 명망'의 뜻으로 사용되었습니다. 사물 명사에 대한 특징으로 쓰일 때, 중요해 보이고 값비싸서 사람들이 선망하는 정도를 의미합니다. 위신이 쌓이면 선망의 정도도 높아집니다.

STEP 3 (a) 놀라움: 예상하지 못한 사건, 사실을 의미하는 단어로 전혀 다른 뜻의 단어입니다.

(b) 평판: 사람이 그 대상의 좋은 품질에 대해 생각하는 정도를 의미합니다. 평판은 쌓여서 점점 높아질 수 있습니다.

(c) 순위: 특정 집단 내에서의 위치나 점수를 이야기하는데, 기준이 무엇이냐에 따라 그 순위는 달라질 수 있습니다. 순위는 그것 자체가 쌓이는 것은 아닙니다.

(d) 전설: 사람이나 사물이 유명하여 많은 사람들이 존경하는 상태를 의미합니다. 전설은 정도가 없으며 역시 쌓일 수도 없습니다.

→ (b) adding to the reputation (그 평판에 더해) – 빈칸에 넣어 자연스럽게 해석됨을 확인합니다.

ANSWER prestige와 바꾸어 쓸 수 있는 (b) reputation이 정답입니다.

RAINBOW EUCALYPTUS

S V C
S는 C다

Eucalyptus deglupta is a species of tall tree, [generally known (as the rainbow eucalyptus)], [which is native to the Philippines, Indonesia, and Papua New Guinea]].

유칼립투스 데글룹타는 키 큰 나무의 한 종류다 / (그게 뭐냐면) 흔히 알려진 / 무지개 유칼립투스라고 / (그게 뭐냐면) 토종이다 / ❶ 필리핀, ❷ 인도네시아 / 그리고 ❸ 파푸아 뉴기니의

S V C
S는 C다

It is the only Eucalyptus species [that usually lives (in rainforest), (with its vibrantly colored bark)].

그것은 유일한 유칼립투스 종이다 / (그게 뭐냐면) 주로 열대우림에서 서식하는 / 활기가 넘치는 색깔의 나무껍질을 가진

S V O
S는 V한다 O를

부사절 – 조건

{As rainbow eucalyptus sheds the outer layer}, it reveals streaks (of pale green, red, orange, grey, and purplish brown).

무지개 유칼립투스가 외층을 벗으면 / 이 나무는 줄무늬를 드러낸다 / 연두색, 빨간색, 주황색, 회색, 그리고 보랏빛 갈색의

S V O and S V O
S는 V한다 O를 그리고 S는 V한다 O를

Eucalyptus prefers warm temperatures (between roughly 65 and 75 degrees Fahrenheit), / and it likes a moderate humidity level, [having moist soil].

유칼립투스는 / 선호한다 / 따뜻한 기온을 / 약 화씨 65도에서 75도 사이의 / 그리고 그것은 적당한 습도를 좋아한다 / (그게 뭐냐면) 촉촉한 흙을 가진다

SVO so SVO
S는 V한다 O를 그래서 S는 V한다 O를

It cannot survive prolonged exposure (to temperatures below 50 degrees Fahrenheit), / so we can find lots of them sparsely / with access (to enough unfiltered sunlight) (even in temperate regions).

그것은 살아남을 수 없다 장기간의 노출에 화씨 50도 이하의 온도에 그래서 우리는 많은 유칼립투스들을 드문드문 발견할 수 있다 충분한 직사광선이 있다면 심지어 온대 지역에서도

SVC
S는 C다

These trees are home (to many different animals and birds).

이 나무들은 서식지이다 다양한 동물들과 새들의

SVO and VO
S는 V한다 O를 그리고 V한다 O를

It provides food and shelter (for these animals), / and helps keep the forest floor clean / by recycling nutrients back (into the soil).

그것은 음식과 피난처를 제공한다 이 동물들에게 그리고 돕는다 숲 바닥을 깨끗하게 유지하도록 영양분을 재사용함으로써 다시 토양으로 되돌려

★ help (to) RV: [RV]하는 걸 돕다
★ by ~ing: ~함으로써
★ keep 명사 형용사: [명사]를 [형용사] 상태로 유지시키다

SVO
S는 V한다 O를

This huge tree has flower buds [arranged (on the end of branchlets)].

이 거대한 나무는 꽃봉오리들을 가지고 있다 가지 끝에 나란히 자리하는

SVC and SVC
S는 C다 그리고 S는 C다

Each bud is about 5 millimeter long / and {once it matures}, it is pale green or cream-colored (with a hemispherical operculum, the cap-like covering).

부사절 – 조건

각 꽃봉오리는 약 5mm의 길이다 그리고 그것이 일단 성숙하면 그것은 옅은 녹색 또는 크림색이다 반구형의 선개를 가진 뚜껑과 같은 덮개인

S V
S는 V한다

부사절 – 조건
{As flowering time ends}, the fruit comes (as a woody, brown capsule) (with three or four valves).

개화기가 끝나면, 열매가 나온다 목질의 갈색 캡슐로 3~4개의 판막을 가진

S V O
S는 V한다 O를

★ each는 각 개체들 전부를 강조(=모든) 형용사(수량, 크기, 색깔 순서)
Each cell (of the fruit) contains between three and twelve minute brown seeds, [each with a small wing].

열매의 각 방은 가지고 있다 3~12개 사이의 아주 작은 갈색 씨앗을 (그리고) 각각은 작은 날개를 가지고 있다

S V O C
S는 V한다 O를 C하도록

★ help 명사 (to) RV: [명사]를 [RV]하도록 돕다
This wing helps its seeds spread (by wind and water).

이 날개는 돕는다 씨앗을 퍼지도록 바람과 물에 의해

S V and V
S는 V한다 그리고 V한다

Rainbow eucalyptus trees are often used (for decoration or landscaping) and also cultivated (for paper, perfume, and building).

무지개 유칼립투스 나무는 종종 사용된다 장식이나 조경용으로 그리고 또한 재배된다 종이, 향수, 건축을 위해서

S V and S V
S는 V한다 그리고 S는 V한다

Oil (from Eucalyptus) is also used (for relieving any muscle pains), / and it is also applied topically / to heal any burns or cuts (on your skin).

to부정사(부사적)

유칼립투스에서 나오는 오일은 또한 사용된다 근육통을 완화시키기 위해 그리고 그것은 또한 국소적으로 도포된다 화상이나 상처를 치료하기 위해 피부에 있는

SVO
but SVO
and VO
S는 V한다 O를
그러나 S는 V한다
O를 그리고 V한다
O를

★ as+불완전 문장: ~처럼, ~대로

As expected, / many tropical countries won plantations (for this

예상대로, 많은 열대 국가들이 대규모 농장들을 지었다

★ be likely to V: [V]하는 경향이 있다 ❶

eye-stunning tree) / but they are likely to pull out trees (for

이 놀라운 나무를 위한 하지만 그들은 나무를 뽑는 경향이 있다

❷

commercial use) and not replant them.

상업적 사용을 위해 그리고 그것들을 다시 심지는 않는 경향이 있다

SVO
S는 V한다 O를

We should give more attention (to its endangered status).

우리는 더 많은 관심을 기울여야 한다 이 나무의 멸종 위기에

Eucalyptus deglupta is a species of tall tree, generally known as the rainbow eucalyptus, which is native to the Philippines, Indonesia, and Papua New Guinea. It is the only Eucalyptus species that usually lives in rainforest, with its vibrantly colored bark. As rainbow eucalyptus sheds the outer layer, it reveals streaks of pale green, red, orange, grey, and purplish brown.

67 What makes the rainbow eucalyptus different from other eucalyptus?

(a) It has a wide range of color.
(b) It changes color according to surrounding environment.
(c) Its color varies with the temperature.
(d) It grows only in Philippines and Indonesia.

STEP 1 항상 첫 번째는 정확한 문제 해석과 이해입니다. 문제에서 '무지개 유칼립투스가 다른 유칼립투스들과의 다른 점'에 대해 묻고 있으므로 '그것의 독특한 점'에 대해 이야기하는 문장을 찾아봅시다.

STEP 2 1단락 두 번째 문장에 그것이 유일한 유칼립투스라는 언급이 있으므로 해당 문장을 정확하게 해석하여 머릿속에 내용을 정리합니다.
"그것은 유일한 유칼립투스 종이다 / (그게 뭐냐면) 주로 열대우림에서 서식하는 / 활기가 넘치는 색의 나무껍질을 가진."

STEP 3 각 선택지를 해석하며 '활기가 넘치는 색으로 열대우림에서 서식한다'는 내용을 찾습니다.
(a) 활기가 넘치는 색이 다양한 색을 의미하는지는 확실치 않습니다.
(b) 활기가 넘치는 색이 주변 환경에 따라 색이 변하는 것을 의미하는지는 확실치 않습니다.
(c) 활기가 넘치는 색이 온도에 따라 색이 변하는 것을 의미하는지는 확실치 않습니다.
(d) 열대우림에서 서식한다고 했지, 필리핀과 인도네시아에서만 서식한다고 하지 않았습니다. 특히 '오직(only)'이라는 단어는 극단적인 표현으로, 본문에서 직접적으로 언급되지 않으면 쓸 수 없는 단어입니다. 본문에 언급되었더라도 문제에서 묻는 것이 아니므로 정답이 될 수 없습니다. 문제에서 묻는 정답 부분만을 머릿속에 정리하여 정답을 골라야 이런 오답을 피해갈 수 있습니다. → 소거

STEP 4 활기가 넘치는 색에 대한 정확한 정보가 필요합니다. 다음 문장에 무지개 유칼립투스의 색에 대한 자세한 설명이 나오므로 이를 해석해 보고 선택지들을 다시 확인합니다.
"무지개 유칼립투스가 외층을 벗으면 / 이 나무는 줄무늬를 드러낸다 / 연두색, 빨간색, 주황색, 회색, 그리고 보랏빛 갈색의."

STEP 5 남은 선택지들을 해석하며 '다양한 색'에 해당하는 내용을 찾습니다.
(a) 우리가 읽은 내용과 일치합니다.
(b) 주변 환경에 따라 색이 변화하지는 않으므로 틀린 내용입니다. → 소거
(d) 온도에 따라 색이 변화하지는 않으므로 틀린 내용입니다. → 소거

ANSWER 무지개 유칼립투스가 다른 유칼립투스들과의 다른 점을 제대로 설명한 (a)가 정답입니다.

어휘 a wide range of 형 광범위한, 다양한
surrounding 형 인근의, 주위의
vary 자 달라지다, 변하다

난도 중

Eucalyptus prefers warm temperatures between roughly 65 and 75 degrees Fahrenheit, and it likes a moderate humidity level, having moist soil. It cannot survive prolonged exposure to temperatures below 50 degrees Fahrenheit, so we can find lots of them sparsely with access to enough unfiltered sunlight even in temperate regions. These trees are home to many different animals and birds. It provides food and shelter for these animals, and helps keep the forest floor clean by recycling nutrients back into the soil.

68 What environment does the rainbow eucalyptus tree prefer?

(a) the region where there is little competition for sunlight
(b) the area which has ~~dry~~ soil
(c) the environment ~~only~~ in rainforest
(d) the forest where there are many animals and birds (문제 관련 ×)

STEP 1 항상 첫 번째는 정확한 문제 해석과 이해입니다. 문제에서 '무지개 유칼립투스가 선호하는 환경'에 대해 묻고 있으므로 '무지개 유칼립투스의 서식 환경'에 관해 이야기하는 문장을 찾아봅시다.

STEP 2 2단락의 첫 번째 문장에 유칼립투스의 선호와 관련된 이야기가 있으므로 해당 문장을 정확하게 해석하여 머릿속에 내용을 정리합니다.
"유칼립투스는 / 선호한다 / 따뜻한 기온을 / 약 화씨 65도와 75도 사이의 / 그리고 그것은 적당한 습도를 좋아한다 / (그게 뭐냐면) 촉촉한 흙을 가진다."

STEP 3 각 선택지를 해석하며 '따뜻한 온도, 적당한 습도, 촉촉한 흙'에 해당하는 내용을 찾습니다.
(a) 햇빛의 양에 관해서는 언급되지 않았습니다.
(b) 건조한 흙이 아닌 촉촉한 흙을 좋아한다고 하였으므로 틀린 내용입니다. → 소거
(c) 열대우림에 있는 환경만을 선호한다는 것에 관해서는 언급되지 않았습니다.
(d) 다른 동물들에 관해서는 언급되지 않았습니다.

STEP 4 유칼립투스가 선호하는 환경에 대한 추가적인 정보를 찾아봅니다. 다음 문장에 서식 환경에 관련된 추가적인 이야기가 나오므로 이를 해석해보고 선택지들을 다시 확인해 봅니다.

"그것은 살아남을 수 없다 / 장기간의 노출에 / 화씨 50도 이하의 온도에 / 그래서 우리는 발견할 수 있다 / 많은 유칼립투스들을 / 드문드문 / 충분한 직사광선이 있다면 / 심지어 온대 지역에서도"

STEP 5 남은 선택지들을 해석하며 '온대 지역에서도 직사광선을 충분히 받는 장소'에 해당하는 내용을 찾습니다.

(a) 햇빛의 양이 부족하지 않은(= 충분한) 장소에서 서로 멀리 떨어져 있는 나무들을 발견할 수 있다고 했으므로, 직사광선을 독점하는(= 햇빛에 대해 경쟁하지 않는) 장소는 우리가 읽은 내용과 일치합니다.

(c) 온대 지역에서도 직사광선만 충분하면 서식할 수 있다고 하였습니다. 특히 '오직(only)'이라는 단어는 극단적인 표현으로, 본문에서 직접적으로 언급되지 않으면 쓸 수 없는 단어인 데다 틀린 내용입니다. → 소거

(d) 다른 동물들에 관해서는 해당 부분에서 읽은 적이 없습니다.

ANSWER 무지개 유칼립투스가 선호하는 환경을 제대로 설명한 (a)가 정답입니다. 문제에서 묻고 있는 내용을 잘 이해했고 본문에서 해당 문장을 잘 찾아 제대로 해석했으며 그와 일치하는 선택지가 있으므로 나머지 선택지의 내용은 본문에서 오답 확인하지 않습니다. (해당 내용이 본문에 있다고 하더라도, 문제에서 묻는 것이 아니므로 정답이 될 수 없습니다.)

어휘 competition 명 경쟁

난도 중

This huge tree has flower buds arranged on the end of branchlets. Each bud is about 5 millimeter long and once it matures, it is pale green or cream-colored with a hemispherical operculum, the cap-like covering. As flowering time ends, the fruit comes as a woody, brown capsule with three or four valves. Each cell of the fruit contains between three and twelve minute brown seeds, each with a small wing. This wing helps its seeds spread by wind and water.

69 Based on the article, how most likely do the rainbow eucalyptus reproduce?

(a) by making its fruit brown (상상)
(b) by being cut and replanted by workers (상상)
(c) by producing stunning flower (상상)
(d) by using natural forces to disperse their seed

STEP 1 항상 첫 번째는 정확한 문제 해석과 이해입니다. 문제에서 '무지개 유칼립투스의 번식'에 대해 묻고 있으므로 '나무의 번식'에 관해 이야기하는 문장을 찾아봅시다.

STEP 2 3단락의 첫 번째와 두 번째 문장은 유칼립투스의 새싹, 세 번째 문장은 꽃과 열매, 네 번째 문장은 날개를 가진 씨앗에 관해 이야기하고 있습니다. 번식에 관한 이야기는 다섯 번째 문장에 있으므로 해당 문장을 정확하게 해석하여 머릿속에 내용을 정리합니다. (씨앗이 퍼진다는 것은 나무의 번식을 의미합니다. 각 단어를 매칭하는 연습은 하지 않습니다. 의미가 일치하는지 눈을 감고 생각해보는 것이 paraphrasing을 찾는 데 더 도움이 됩니다.)

"이 날개는 돕는다 / 씨앗이 / 퍼지도록 / 바람과 물에 의해."

STEP 3 각 선택지를 해석하며 '바람과 물의 도움을 받아 날개를 가진 씨앗이 퍼진다'는 내용을 찾습니다.

(a) 열매의 색깔에 관해서는 해당 문장에서 읽은 적이 없습니다.

(b) 노동자들의 나무 이식에 관해서는 해당 문장에서 읽은 적이 없습니다.

(c) 꽃에 관해서는 해당 문장에서 읽은 적이 없습니다.

(d) 바람과 물(= 자연의 힘)을 이용하여 씨앗이 흩어진다는 것은 우리가 읽은 내용과 일치합니다.

ANSWER 무지개 유칼립투스의 번식에 대하여 제대로 설명한 (d)가 정답입니다. 문제에서 묻고 있는 내용을 잘 이해했고 본문에서 해당 문장을 잘 찾아 제대로 해석했으며 그와 일치하는 선택지가 있으므로 나머지 선택지의 내용은 본문에서 오답 확인하지 않습니다. (해당 내용이 본문에 있다고 하더라도, 문제에서 묻는 것이 아니므로 정답이 될 수 없습니다.)

어휘

reproduce 자 번식하다, 복제하다

stunning 형 굉장히 아름다운, 깜짝 놀랄

disperse 타 흩어지게 하다, 확산시키다

난도 (하)

Rainbow eucalyptus trees are often used for decoration or landscaping and also cultivated for paper, perfume, and building. Oil from Eucalyptus is also used for relieving any muscle pains, and it is also applied topically to heal any burns or cuts on your skin. As expected, many tropical countries won plantations for this eye-stunning tree but they are likely to pull out trees for commercial use and not replant them. We should give more attention to its endangered status.

70 what does NOT people use the rainbow eucalyptus for?

(a) to let one smell nice ○

(b) to use for construction project ○

(c) to speed recovery of injury ○

(d) to make writing utensil ×

STEP 1 항상 첫 번째는 정확한 문제 해석과 이해이고, NOT 문제는 각 선택지를 모두 정확하게 해석해 본문과 매칭해 보아야 합니다. (NOT 형태의 문제는 paraphrasing이 심하지 않으니 겁먹을 것 없습니다.) 문제에서 묻는 것은 '무지개 유칼립투스의 활용'으로 마지막 단락에 언급되어 있는 것을 확인합니다.

STEP 2 각 선택지를 정확하게 해석하여 본문의 내용과 매칭되는지 확인합니다.

(a) 만들기 위해서 / 사람을 / 좋은 향기가 나도록 → 마지막 단락의 첫 번째 문장에서 언급한 '향수'에 해당합니다.

(b) 사용하기 위해서 / 건설 프로젝트를 위해 → 마지막 단락의 첫 번째 문장에서 언급한 '건축'에 해당합니다.

(c) 빠르게 하기 위해서 / 상처의 회복을 → 마지막 단락의 두 번째 문장에 있습니다. "유칼립투스에서 나오는 오일은 / 또한 사용된다 / 근육통을 완화시키기 위해 / 그리고 그것은 또한 국소적으로 도포된다 / 화상이나 상처를 치료하기 위해서 / 피부에 있는." → 상처를 자연 상태보다 더 빠르게 회복되도록 한다는 것은 우리가 읽은 내용과 일치합니다.

(d) 만들기 위해서 / 필기구를 → 마지막 단락의 첫 번째 문장에서 '종이'를 만드는 데 사용된다고 하였습니다. 보통 writing utensil은 연필, 볼펜 등을 지칭하며 종이는 해당되지 않습니다. → 정답

ANSWER 본문에서 언급되지 않은 필기구에 관한 (d)가 정답입니다.

어휘 speed 타 가속화하다
writing utensil 명 필기구

난도 (하)

Rainbow eucalyptus trees are often used for decoration or landscaping and also cultivated for paper, perfume, and building. Oil from Eucalyptus is also used for relieving any muscle pains, and it is also applied topically to heal any burns or cuts on your skin. As expected, many tropical countries won plantations for this eye-stunning tree but they are likely to pull out trees for commercial use and not replant them. We should give more attention to its endangered status.

71 Why most likely can the rainbow eucalyptus be endangered?

(a) because people harvest trees without restoring population
(b) because workers pull out trees ~~illegally~~ (상상)
(c) because plantations don't have the ~~new idea~~ about it (상상)
(d) because laborers aren't ~~able to~~ replant trees

STEP 1 항상 첫 번째는 정확한 문제 해석과 이해입니다. 문제에서 '무지개 유칼립투스가 멸종 위기에 처한 이유'에 대해 묻고 있으므로 '멸종 위기'에 관해 이야기하는 문장을 찾아봅시다.

STEP 2 마지막 단락의 네 번째 문장에 무지개 유칼립투스의 멸종 위기 상태에 관해 관심을 가져야 한다는 내용이 있으나, 그 이유는 나와 있지 않습니다. 바로 앞인 세 번째 문장에서 그 이유를 찾을 수 있으므로 해당 문장을 정확하게 해석하여 머릿속에 내용을 정리합니다.

"예상대로, / 많은 역대 국가들이 대규모 농장들을 지었다 / 이 놀라운 나무를 위한 / 하지만 그들은 나무를 뽑는 경향이 있다 / 상업적 사용을 위해 / 그리고 다시 심지는 않는 경향이 있다 / 그것들을."

STEP 3 각 선택지를 해석하며 '상업적인 용도로 나무를 뽑고 다시 심지 않는다'는 내용을 찾습니다.

(a) 나무를 수확하고 그 수를 원래대로 회복시키지 않는다는 것은 우리가 읽은 내용과 일치합니다.

(b) 나무를 뽑는 행위가 불법적이라는 이야기는 해당 문장에서 읽은 적이 없습니다.

(c) 멸종 위기에 대처하는 아이디어에 관해서는 해당 문장에서 읽은 적이 없습니다.

(d) 나무를 다시 심을 수 없는 것이 아니라 다시 심지 않는 것이므로 틀린 내용입니다. → 소거

ANSWER 무지개 유칼립투스의 멸종 위기에 대한 이유를 제대로 설명한 (a)가 정답입니다. 문제에서 묻고 있는 내용을 잘 이해했고, 본문에서 해당 문장을 잘 찾아 제대로 해석했으며, 그와 일치하는 선택지가 있으므로 나머지 선택지의 내용은 본문에서 오답 확인하지 않습니다. (해당 내용이 본문에 있다고 하더라도, 문제에서 묻는 것이 아니므로 정답이 될 수 없습니다.)

어휘

harvest 타 수확하다
restore 타 회복시키다
pull out 타 ~을 떼어 내다, 뽑다
illegally 부 불법적으로
replant 타 다시 심다

난도 중

As rainbow eucalyptus sheds the outer layer, it reveals streaks of pale green, red, orange, grey, and purplish brown.

72 In the context of the passage, sheds means ________.

(a) ends
(b) loses
(c) carries
(d) wears

STEP 1 단어 문제는 '문맥적' 유의어를 묻기 때문에 밑줄 친 단어와 함께 쓰인 앞/뒤의 단어를 함께 해석해야 합니다. 문맥상 어떤 의미로 쓰였는지 확인합니다.

"무지개 유칼립투스는 외층을 벗었다"

STEP 2 동사 shed는 타동사로, '(동식물이 자연스럽게) 잎, 털, 껍질을 떨어뜨리다, 벗다'의 뜻으로 사용되었습니다. 자연의 순환에 따라 나무가 외층을 한 꺼풀 벗겨내어 없앤 것을 의미합니다.

STEP 3 (a) 끝내다: 대상을 마지막 지점에 도달하게 하거나 멈추게 한다는 의미로, 전혀 다른 뜻의 단어입니다.

(b) 잃다: 대상을 잃어 더 이상 가지고 있지 않게 된 상태라는 의미입니다.

(c) 운반하다: 대상을 주어와 함께 그 장소를 이동시킨다는 의미로, 전혀 다른 뜻의 단어입니다.

(d) 입다, 착용하다: 몸에 대상을 지니고 있다는 의미로 shed와 반대되는 뜻의 단어입니다.

→ (b) rainbow eucalyptus loses the outer layer (무지개 유칼립투스는 외층을 잃는다) – 빈칸에 넣어 자연스럽게 해석됨을 확인합니다.

ANSWER sheds와 바꾸어 쓸 수 있는 (b) loses가 정답입니다.

난도 (하)

It cannot survive prolonged exposure to temperatures below 50 degrees Fahrenheit, so we can find lots of them sparsely with access to enough unfiltered sunlight even in temperate regions.

73 In the context of the passage, temperate means __________.

(a) cloudy
(b) mild
(c) cold
(d) windy

STEP 1 단어 문제는 '문맥적' 유의어를 묻기 때문에 밑줄 친 단어와 함께 쓰인 앞/뒤의 단어를 함께 해석해야 합니다. 문맥상 어떤 의미로 쓰였는지 확인해봅니다.

"온난한 지역에서"

STEP 2 temperate는 형용사로, '(기후 · 지역이) 온화한'의 뜻으로 사용되었습니다. 기후나 그 지역이 지나치게 춥거나 지나치게 덥지 않고 적당하다는 의미입니다.

STEP 3 (a) 흐린: 하늘에 구름이 많은 상태를 의미하여, 전혀 다른 뜻의 단어입니다.

(b) 온화한: 기후나 날씨에 쓰일 때에 지나치게 춥거나 지나치게 덥지 않아 쾌적한 상태를 의미합니다.

(c) 추운: 받아들일 수 있는 정도보다 혹은 평상시보다 더 온도가 낮은 상태를 의미하여, 반대되는 뜻의 단어입니다.

(d) 바람이 부는: 바람이 많이 부는 상태를 의미하며, 전혀 다른 뜻의 단어입니다.

→ (b) in mild regions (온화한 지역에서) – 빈칸에 넣어 자연스럽게 해석됨을 확인합니다.

ANSWER temperate과 바꾸어 쓸 수 있는 (b) mild가 정답입니다.

LETTER

SVO
S는 V한다 O를

to부정사(부사적)
I'm writing this letter / to express my feelings (for the warm welcome
나는 이 편지를 쓰는 중이다 내 마음을 표현하기 위해 따뜻한 환영과

and invaluable experience (from Oceanico Traviata)).
소중한 경험에 대한 오세아니코 트라비아타로부터 받은

SVO and VO
S는 V한다 O를 그리고 V한다 O를

Last weekend / we got❶ our neighbor's recommendation and made❷ a
지난 주말에 우리는 이웃의 추천을 받았다 그리고 예약했다

to부정사(부사적)
reservation / to celebrate our 30th anniversary (of marriage).
우리의 결혼 30주년을 기념하기 위해

SV
S는 V한다

부사절 – 이유
{As soon as we arrived}, we were ushered (into a private dining room)
우리가 도착하자마자, 우리는 안내되었다 별도 식사공간으로

(by your knowledgeable server).
당신의 정통한 종업원에 의해

SVC
S는 C다

It was a clean and well-organized private dining room.
그것은 깨끗하고 잘 정돈된 별도의 식사 공간이었다

SVC and SV so SVO
S는 C다 그리고 S는 V한다 그래서 S는 V한다 O를

The tableware was clean, / and a flower was put (on each plate),
식기들은 깨끗했다 그리고 꽃 한송이가 놓여 있었다 각 접시마다

so we could enjoy a very romantic atmosphere.
그래서 우리는 매우 낭만적인 분위기를 즐길 수 있었다

S V O
S는 V한다 O를

And / the wide window overlooks the city skyline.

그리고 넓은 창문은 내려다보았다 도시의 스카이라인을

S V C
S는 C다

Everything was in place (for our dinner).

모든 것들이 준비되어 있었다 우리의 저녁식사를 위한

S V C
S는 C다

All the dishes were also satisfactory.

모든 음식은 또한 만족스러웠다

S V C and S V C
S는 C다 그리고 S는 C다

The tomato basil soup (with the bread) was very savory / and

토마토 바질 수프는 빵과 함께 나온 매우 고소했다 그리고

curry risotto was really soft but a little salty.

커리 리조또는 정말 부드러웠지만 조금 짰다

S V O
S는 V한다 O를

that 명사절(목적어)

★ be used to N: [N]에 익숙하다

However, / you should bear (in mind) <that people our age are used

S V

하지만 당신은 기억해야 한다 우리 나이의 사람들은 익숙하다는 것을

to eating bland food (for health)>.

싱거운 음식을 먹는 것에 건강을 위해서

S V C and S V C
S는 C다 그리고 S는 C다

Pizza Margherita, the main menu, was so impressive / and nothing

=

주 메뉴인 마르게리타 피자는 매우 인상적이었다 그리고 어떤 것도

was any better than this [that we had (at our last trip) (in Italy)].

더 좋지 않았다 이것보다 (그게 뭐냐면) 우리가 먹었던 지난 번 이탈리아 여행에서

CHAPTER 04

TEST 3-4

SVC but SVO
S는 C다 하지만 S는 V한다 O를

부사절 – 시간

{When we got the chocolate chiffon cake (for dessert)}, we were

우리가 초코 쉬폰 케이크를 받았을 때 / 후식으로 / 우리는

★ too 형용사 to 동사: [동사]하기에는 너무 [형용사]한 / to부정사(부사적)

too stuffed to eat it / but probably we should revisit here / to taste it.

너무 배가 불렀다 그것을 먹기에는 / 하지만 / 아마도 우리는 여기를 재방문해야 한다 / 그것을 맛보기 위해

SVC
S는 C다

부사절 – 시간

{As already satisfied (with great dishes)}, we were so pleasantly

이미 훌륭한 요리들에 만족했을 때, / 우리는 정말 기쁘게 놀랐다

부사절 – 시간

surprised {when the server brought a complimentary bottle of wine

종업원이 무료 와인 한 병을 가져왔을 때

★ that read ~: ~라고 적힌

(with your card [that read "A great adventure! Thirty more!"])}.

당신의 카드와 함께 / (그게 뭐냐면) 적혀 있는 / "멋진 모험! 30년 더!"라고

SVC
S는 C다

부사절 – 역접 / 부사절 – 이유

{Although we couldn't see you once}, {as you were busy (with

우리는 당신을 한 번도 볼 수 없었지만 / 당신이 바빴기 때문에

hectic work) (in the kitchen)}, we became your big fan.

정신없는 일로 / 주방에서 / 우리는 당신의 열렬한 팬이 되었다

SV
S는 V한다

to부정사(부사적)

Next month / we intend to visit again / to celebrate our daughter's

다음 달에 / 우리는 다시 방문할 예정이다 / 딸의 졸업을 축하하기 위해

graduation.

V and SVO
V한다 그리고 S는 V한다 O를

Again thanks (for making our anniversary special), and we won't forget

V: making / O: our anniversary / OC: special

다시 한번 감사하다 / 우리의 기념일을 특별하게 만들어 주어서 / 그리고 우리는 잊지 않을 것이다

the fabulous dinner.

이 멋진 저녁 식사를

VO
V한다 O를

that 명사절(목적어)

Hope <your restaurant always keeps outstanding>.

S: your restaurant / V: keeps / O: outstanding

희망한다 / 당신의 레스토랑이 항상 훌륭하기를

74 What is the purpose of this letter?

(a) to show appreciation for good service
(b) to compliment a pleasant ~~server~~
(c) to ~~celebrate~~ an opening of the restaurant
(d) to provide several ~~suggestions~~

STEP 1 Part 2와 4에서 자주 나오는 '본문의 주제 or 목적'을 묻는 문제입니다. 편지글의 주제를 잘 파악하기 위해서는 마지막에 풀기를 추천합니다. 정답에 꼭 들어가야 할 키워드를 정해두는 것, 선택지 사이의 차이점을 면밀하게 확인하여 오답을 소거하는 것을 잊지 맙시다.

STEP 2 다른 문제들을 모두 푼 뒤에 문제를 풀며 읽은 내용을 바탕으로 주제를 정리해 봅시다. 글쓴이 부부는 식당의 좋은 분위기에서(75번) 저녁 식사에 만족했고(76번) 그린 씨에게 좋은 인상을 받아(77번) 다시 방문하겠다고(78번) 말하고 있습니다.

STEP 3 각 선택지를 해석하여 '좋은 식사, 감사'라는 키워드를 확인하며 이 편지의 궁극적인 목적에 부합하는 내용을 찾습니다.

(a) 오세아니코 식당에서의 좋은 서비스에 대한 감사를 표하는 것이 맞습니다. 모든 키워드가 들어있습니다.
(b) 특정 종업원에 대한 칭찬이 이 편지의 목적은 아닙니다. 틀린 내용입니다. → 소거
(c) 이 식당이 언제 오픈했는지는 전혀 언급되지 않았습니다. 개업 축하는 틀린 내용입니다. → 소거
(d) 식당에 대한 제안은 전혀 언급되지 않았으므로 틀린 내용입니다. → 소거

ANSWER '좋은 식사, 감사'라는 키워드가 모두 들어가 있는 (a)가 정답입니다.

어휘
appreciation 명 감사, 감탄
compliment 타 칭찬하다, 찬사를 보내다
pleasant 형 상냥한

난도 (중)

As soon as we arrived, we were ushered into a private dining room by your knowledgeable server. It was a clean and well-organized private dining room. The tableware was clean, and a flower was put on each plate, so we could enjoy a very romantic atmosphere. And the wide window overlooks the city skyline. Everything was in place for our dinner.

75 Based on the letter, what contributed to nice atmosphere?

(a) a tasteful table setting
(b) slow, peaceful ~~music~~ (상상)
(c) a great ~~ocean~~ view
(d) a ~~spacious~~ dining room (상상)

STEP 1 항상 첫 번째는 정확한 문제 해석과 이해입니다. 문제에서 '좋은 분위기를 만든 요소'에 대해 묻고 있으므로 '좋은 분위기'에 대해 이야기하는 문장을 찾아봅시다.

STEP 2 2단락에서 식사 분위기를 멋지게 만든 요소들에 대하여 이야기하고 있습니다. 2단락 전체에 걸쳐 언급되고 있으므로 이러한 포괄적인 범위의 문제는 각 선택지를 모두 정확하게 해석해 본문과 매칭해야 합니다. (포괄적 범위의 문제는 paraphrasing이 심하지 않으니 겁먹을 것 없습니다.)

STEP 3 각 선택지를 정확하게 해석하여 본문의 내용과 매칭되는지 확인합니다.

(a) 고급스러운 테이블 세팅 → 2단락의 세 번째 문장에 있습니다. "식기들은 깨끗했다. / 그리고 꽃 한 송이가 놓여 있었다 / 각 접시마다 / 그래서 우리는 즐길 수 있었다 / 매우 낭만적인 분위기를." → 우리가 읽은 내용과 일치합니다.

(b) 느리고 평화로운 음악 → 본문에서 언급되지 않았습니다.

(c) 멋진 오션뷰 → 2단락의 네 번째 문장에 도시의 스카이라인이 보인다고 하였으므로 틀린 내용입니다. → 소거

(d) 널찍한 식사 공간 → 2단락 첫 번째 문장에서 식사 공간은 별도로 마련되어 있다는 언급만 있을 뿐, 그 공간이 넓은지, 좁은지에 관해서는 언급되지 않았습니다.

ANSWER 좋은 분위기를 만든 요소를 제대로 설명한 (a)가 정답입니다. 문제에서 묻고 있는 내용을 잘 이해했고 본문에서 해당 문장을 잘 찾아 제대로 해석했으며 그와 일치하는 선택지가 있으므로 나머지 선택지의 내용은 다른 단락까지 읽으며 오답 확인하지 않습니다. (해당 내용이 다른 단락에 있다고 하더라도, 문제에서 묻는 것이 아니므로 정답이 될 수 없습니다.)

어휘 tasteful 형 고상한, 우아한
spacious 형 널찍한

난도 (하)

All the dishes were also satisfactory. The tomato basil soup with the bread was very savory and curry risotto was really soft but a little salty. However, you should bear in mind that people our age are used to eating bland food for health. Pizza Margherita, the main menu, was so impressive and nothing was any better than this that we had at our last trip in Italy. When we got the chocolate chiffon cake for dessert, we were too stuffed to eat it but probably we should revisit here to taste it.

76 What is NOT true about Mr. and Mrs. Hill's dinner?

(a) The main dish had ingredients ~~imported~~ from Italy ×
(b) The risotto was not enough to their taste ○
(c) The soup was flavored with the herb ○
(d) They wanted to taste dessert but couldn't ○

STEP 1 항상 첫 번째는 정확한 문제 해석과 이해이고, NOT 문제는 각 선택지를 모두 정확하게 해석해 본문과 매칭해야 합니다. (NOT 형태의 문제는 paraphrasing이 심하지 않으니 겁먹을 것 없습니다.) 문제에서 묻는 것은 '힐 부부의 저녁 식사에 관련된 것'으로 3단락에 언급되어 있는 것을 확인합니다.

STEP 2 각 선택지를 정확하게 해석하여 본문의 내용과 매칭되는지 확인합니다.

(a) 메인 요리는 가지고 있었다 / 재료들을 / (그게 뭐냐면) 수입되었다 / 이탈리아로부터 → 3단락의 네 번째 문장에 메인 요리에 대한 언급이 있습니다. "마르게리타 피자는 / (그게 뭐냐면) 주 메뉴인 / 매우 인상적이었다 / 그리고 어떤 것도 더 좋지 않았다 / 이것보다 / (그게 뭐냐면) 우리가 먹었던 / 지난 번 이탈리아 여행에서." → 글쓴이 부부가 이탈리아에서 먹었던 피자들보다 오세아니코에서 메인 요리로 먹은 마르게리타 피자가 더 맛있었다고 했습니다. 이 식당의 피자 재료가 이탈리아에서 수입되었다는 것은 전혀 언급되지 않았습니다. → 정답

(b) 리조또는 충분하지 않았다 / 그들의 입맛에. → 3단락의 두 번째 문장에 리조또에 대한 언급이 있습니다. "커리 리조또는 정말 부드러웠지만 조금 짰다." → 리조또가 입맛에 맞지 않았다는 것은 우리가 읽은 내용과 일치합니다.

(c) 수프는 풍미가 있었다 / 허브로. → 3단락의 두 번째 문장에 수프에 대한 언급이 있습니다. "토마토 바질 수프는 / 빵과 함께 나온 / 매우 고소했다." → 바질(허브의 일종)이 들어간 수프이므로 우리가 읽은 내용과 일치합니다.

(d) 그들은 맛보고 싶었다 / 디저트를 / 하지만 그러지 못했다. → 3단락 마지막 문장에서 디저트에 대한 언급이 있습니다. → "우리가 초코 쉬폰 케이크를 받았을 때 / 후식으로, / 우리는 너무 배가 불렀다 / 그것을 먹기에는 / 하지만 아마도 우리는 여기에 재방문해야 한다 / 그것을 맛보기 위해."

→ 배가 불러서 먹을 수 없었지만 이 후식을 맛보기 위해 재방문해야겠다고 했으므로 우리가 읽은 내용과 일치합니다.

ANSWER 힐 부부의 저녁식사에 관해 잘못된 정보를 서술하고 있는 (a)가 정답입니다.

어휘 ingredient 명 재료, 구성 요소
import 타 수입하다
taste 명 미각, 입맛
flavor 타 풍미를 더하다, 맛을 내다

난도 (하)

As already satisfied with great dishes, we were so pleasantly surprised when the server brought a complimentary bottle of wine with your card that read "A great adventure! Thirty more!". Although we couldn't see you once, as you were busy with hectic work in the kitchen, we became your big fan. Next month we intend to visit again to celebrate our daughter's graduation.

77 How most likely did Ms. Green impress the writers?

(a) by making special menu ~~named after~~ them (상상)
(b) by acknowledging their milestone
(c) by ~~taking care~~ of their bill
(d) by ~~dropping by~~ their table to celebrate their event

STEP 1 항상 첫 번째는 정확한 문제 해석과 이해입니다. 문제에서 '그린 씨가 글쓴이 부부를 감동시킨 방법'에 대해 묻고 있으므로 '부부가 받은 감동'에 관해 이야기하는 문장을 찾아봅시다.

STEP 2 4단락의 첫 번째 문장에 기쁘게 놀랐다는 표현이 있으므로 해당 문장을 정확하게 해석하여 머릿속에 내용을 정리합니다.
"이미 훌륭한 요리들로 만족했을 때 우리는 정말 기쁘게 놀랐다 / 종업원이 가져왔을 때 / 무료 와인 한 병을 / 당신의 카드와 함께 / (그게 뭐냐면) 적혀 있는 "멋진 모험! 30년 더!"라고."

STEP 3 각 선택지를 해석하며 '기념일을 축하하는 카드와 함께 무료 와인을 주었다'는 내용을 찾습니다.
(a) 부부의 이름을 딴 메인 메뉴를 만들었다는 것은 해당 문장에서 읽은 적이 없습니다.
(b) 부부의 업적(기념일)을 알아준 것은 우리가 읽은 내용과 일치합니다.
(c) 부부의 계산서를 처리해주었다는 것은 해당 문장에서 읽은 적이 없습니다. (계산서를 처리해 주었다는 것은 일부의 할인이 아닌, 음식값을 지불하지 않아도 되게끔 해주었다는 의미입니다.)
(d) 잠시 들러서 그들의 기념일을 축하해주었다는 것은 해당 문장에서 읽은 적이 없습니다.

ANSWER 그린 씨가 부부를 감동시킨 방법을 제대로 설명한 (b)가 정답입니다. 문제에서 묻고 있는 내용을 잘 이해했고 본문에서 해당 문장을 잘 찾아 제대로 해석했으며 그와 일치하는 선택지가 있으므로 나머지 선택지의 내용은 본문에서 오답 확인하지 않습니다. (해당 내용이 본문에 있다고 하더라도, 문제에서 묻는 것이 아니므로 정답이 될 수 없습니다.)

어휘 name A after B 동 B의 이름을 따서 A의 이름을 짓다
acknowledge 타 인정하다, 알은 체 하다
drop by 동 잠깐 들르다

난도 (하)

As already satisfied with great dishes, we were so pleasantly surprised when the server brought a complimentary bottle of wine with your card that read "A great adventure! Thirty more!". Although we couldn't see you once, as you were busy with hectic work in the kitchen, we became your big fan. Next month we intend to visit again to celebrate our daughter's graduation.

78 According to the letter, why would they visit this Oceanico Traviata again?

(a) to rate its ~~latest dessert~~ (상상)
(b) to hold a ~~meeting for improvement~~ (상상)
(c) to commemorate another event
(d) to ~~introduce~~ it to her daughter

STEP 1 항상 첫 번째는 정확한 문제 해석과 이해입니다. 문제에서 '글쓴이 부부가 오세아니아에 재방문할 이유'에 대해 묻고 있으므로 '재방문의 목적'에 관해 이야기하는 문장을 찾아봅시다.

STEP 2 4단락의 마지막 문장에 다시 방문한다는 내용이 있으므로 해당 문장을 정확하게 해석하여 머릿속에 내용을 정리합니다.

"다음 달에 / 우리는 다시 방문할 예정입니다 / 축하하기 위해서 / 딸의 졸업을."

STEP 3 각 선택지를 해석하며 '딸의 졸업 축하'와 관련된 내용을 찾습니다.

(a) 최신 디저트를 평가하겠다는 것은 해당 문장에서 읽은 적이 없습니다.

(b) 개선을 위한 미팅을 열겠다는 것은 해당 문장에서 읽은 적이 없습니다.

(c) 또 다른 행사(= 딸의 졸업)를 기념하겠다는 것은 우리가 읽은 내용과 일치합니다.

(d) 딸에게 소개해주는 것이 재방문의 목적은 아니므로 틀린 내용입니다. → 소거

ANSWER 부부의 재방문 목적을 제대로 설명한 (c)가 정답입니다. 문제에서 묻고 있는 내용을 잘 이해했고, 본문에서 해당 문장을 잘 찾아 제대로 해석했으며, 그와 일치하는 선택지가 있으므로 나머지 선택지의 내용

은 본문에서 오답 확인하지 않습니다. (해당 내용이 본문에 있다고 하더라도, 문제에서 묻는 것이 아니므로 정답이 될 수 없습니다.)

어휘 rate 타 평가하다
latest 형 최근의, 최신의
commemorate 타 기념하다

난도 (하)

When we got the chocolate chiffon cake for dessert, we were too stuffed to eat it but probably we should revisit here to taste it.

79 In the context of the passage, stuffed means ___________.

(a) crowded
(b) full
(c) busy
(d) filled

STEP 1 단어 문제는 '문맥적' 유의어를 묻기 때문에 밑줄 친 단어와 함께 쓰인 앞/뒤의 단어를 함께 해석해야 합니다. 문맥상 어떤 의미로 쓰였는지 확인합니다.
"우리는 너무 배가 불렀다."

STEP 2 stuffed는 stuff의 과거분사(형용사) 형태로 '잔뜩 먹다, 포식하다'라는 뜻으로 사용되었습니다. 음식을 많이 먹었다는 의미입니다.

STEP 3 (a) 붐볐다 : 특정 장소에 사람이 많다는 의미로, 사람을 수식할 수 없습니다.
(b) 배부르게 먹었다 : 사람이 주어일 경우, 너무 많이 먹어 더 이상 먹기를 원하지 않는다는 의미입니다.
(c) 바빴다 : 일이 많아 다른 것을 할 시간이나 여유가 없다는 의미로 포만감과 관련이 없는 단어입니다.
(d) 가득 찼다 : 사람 주어에는 be filled with (감정)으로 쓰입니다. 특정 감정을 강하게 느낀다는 의미로 포만감과 관련이 없는 단어입니다.

ANSWER stuffed와 바꾸어 쓸 수 있는 (b) full이 정답입니다.

난도 (하)

As already satisfied with great dishes, we were so pleasantly surprised when the server brought a complimentary bottle of wine with your card that read “A great adventure! Thirty more!”.

80 In the context of the passage, complimentary means ________.

(a) polite
(b) free
(c) new
(d) matching

STEP 1 단어 문제는 ‘문맥적’ 유의어를 묻기 때문에 밑줄 친 단어와 함께 쓰인 앞/뒤의 단어를 함께 해석해야 합니다. 문맥상 어떤 의미로 쓰였는지 확인합니다.

“무료 와인 한 병”

STEP 2 complimentary는 형용사로, ‘무료의’라는 뜻으로 사용되었습니다. 값이나 요금이 필요 없이 제공되었다는 의미입니다.

STEP 3 (a) 공손한: 사람, 사람의 행동, 태도가 예의 바르다는 의미의 단어로, 사물을 수식할 수 없습니다.

(b) 공짜의: 값이나 요금이 필요 없이 무료로 제공되었다는 의미입니다.

(c) 새로운: 그 전에 존재하지 않았던 것이 생겨났다는 의미입니다. 지불할 값이 있는지 없는지와는 전혀 관련이 없는 단어입니다.

(d) 어울리는: 함께 잘 조화된다는 의미입니다. 지불할 값이 있는지 없는지와는 전혀 관련이 없는 단어입니다.

→ (b) a free bottle of wine (공짜 와인 한 병) – 빈칸에 넣어 자연스럽게 해석됨을 확인합니다.

ANSWER complimentary와 바꾸어 쓸 수 있는 (b) free가 정답입니다.

MARY HIGGINS CLARK

SVC
S는 C다

Mary Higgins Clark was an American ❶ mystery and ❷ suspense writer
메리 히긴스 클라크는 미국의 미스터리, 서스펜스 작가이다

[who was a fixture (on best-seller author lists) (for more than four
(그게 누구냐면) 계속 있었다 베스트셀러 작가 명단에 40년이 넘는 시간 동안

decades)].

SV
S는 V한다

She is famed (for page-turning thrillers) (with ❶ innovative and
그녀는 유명하다 흥미진진한 스릴러물로 혁신적이고

❷ resilient female characters [heading the plot]).
회복력이 뛰어난 여성 캐릭터들을 가진 그 줄거리를 이끌어가는

SVC and SVC
S는 C다 그리고 S는 C다

★ each는 각 개체들 전부를 강조(=모든)

Each of her 56 books was a bestseller (in the US and various European
그녀의 56권의 책들 각각은 베스트셀러였다 미국과 다양한 유럽 국가들에서

countries), / and all of her novels remain in print.
그리고 그녀의 소설 모두가 여전히 출간 중이다.

SV
S는 V한다

Mary Higgins was born (on December 24th, 1927) (in the Bronx)
메리 히긴스는 태어났다 1927년 12월 24일에 브롱크스에서

(to a married couple of Irish descent).
아일랜드계 부부에게

SVO
so SVO
and VO
S는 V한다 O를
그래서 S는 V한다
O를 그리고 V한다
O를

From the time [when she was a small child], / she took an interest
S V C
그녀가 어린아이였을 때부터 그녀는 관심을 가졌다

❶
(in writing), / so she began writing poetry (at the age of six) and
글쓰기에 그래서 그녀는 시를 쓰기 시작했다 6살 때 그리고

❷ to부정사(의미상의 주어)
crafted short stories [for her friends to play].
단편 소설들을 만들었다 그녀의 친구들이 연극을 할

SV
S는 V한다

부사절 – 시간
{When her father had died (in his sleep) (of a sudden)},
그녀의 아버지가 돌아가셨을 때 자다가 갑작스럽게

her middle-aged mother couldn't provide (for the family of four).
그녀의 중년의 어머니는 부양할 수 없었다 4명의 가족을

SVO
and V
S는 V한다 O를
그리고 V한다

★ help (to) RV: [RV]하는 걸 돕다
To help pay the bills, / she placed aside study and went (to work)
공과금 지불하는 것을 돕기 위해 그녀는 공부를 제쳐두었다 그리고 일하러 갔다

❶
(as a switchboard operator) (at the Shelton Hotel) and then
교환원으로 셸턴 호텔에서 그 후에는

❷
(as a secretary) (at an advertising agency).
비서로 광고 대행사에서

SVC
S는 C다

After three years, / she became a flight attendant (with Pan American
3년 후, 그녀는 승무원이 되었다 팬아메리칸 월드 에어웨이즈의

관계대명사 계속적 용법 – 부연 설명
World Airways), [which became the basis (for her tales)
(그게 뭐냐면) 그녀의 이야기의 기반이 되었다

(of adventure and intrigue) (according to her reminiscence)].
모험과 호기심에 대한 그녀의 회상에 따르면

SVO and V
S는 V한다 O를 그리고 V한다

In 1949, / she married William Clark and focused (on writing short stories) {while becoming a mother of (five children)}.

1949년에 그녀는 윌리엄 클라크와 결혼하여 단편 소설을 쓰는 데 집중했다
부사절 – 시간
다섯 아이의 엄마가 되는 동안

SVO and SVO
S는 V한다 O를 그리고 S는 V한다 O를

She expanded her own experiences (as a flight attendant) (into a short story) [called "*Stowaway*"], / and she spent much time / pitching short stories (to publishing companies).

그녀는 승무원으로서 자신의 경험을 확장시켰다
단편 소설로 "*Stowaway*"로 불리는 그리고 그녀는 많은 시간을 보냈다
단편 소설들을 제안하는 데에 출판사에

SVO
S는 V한다 O를

부사절 – 시간
{After she lost her husband unfortunately}, she got a job (as a radio scriptwriter) (for a four-minute program).

그녀가 남편을 잃은 후 불행하게 그녀는 취직했다
라디오 대본 작가로 4분짜리 프로그램의

SV
S는 V한다

Finally, / her constant effort [to rise (at 5 a.m.) (before work) / to write] resulted (in her first best-selling novel, *Where Are the Children?*(1975)), [which garnered her a series of multimillion-dollar contracts (with her publisher Simon & Schuster)].

마침내 그녀의 끊임없는 노력은 아침 5시에 일어난 출근 전에
작품을 쓰기 위해 결실 맺었다 그녀의 첫 번째 베스트셀러 소설인 *Where Are the Children?*(1975)으로
관계대명사 계속적 용법 – 부연 설명
V O O
(그게 뭐냐면) 가져다주었다 그녀에게 수백만 달러의 계약을
그녀의 출판사 사이먼 & 슈스터와의

SV and SV
S는 V한다 그리고 S는 V한다

Clark became known (as the "Queen of Suspense,") / and several (of Clark's novels and stories) were adapted (into films).

클라크는 알려지게 되었다 "서스펜스의 여왕"으로 그리고
클라크의 소설과 이야기 중 몇몇은 영화로 각색되었다

S V O
S는 V한다 O를

Her plots followed a formula, (with her characters) [placed (into perilous situations), and often triumphing].

그녀의 줄거리는 공식을 따른다 / 그녀의 등장인물들로 / (그게 누구냐면) ❶ 위험한 상황에 놓여진다 / ❷ 그리고 종종 승리를 거둔다

S V O
S는 V한다 O를

She also co-authored a series of Christmas-themed mysteries (with her daughter, Carol Higgins Clark).

그녀는 또한 공동 집필했다 / 크리스마스를 테마로 한 미스터리 시리즈를 / 그녀의 딸과 함께 = 캐롤 히긴스 클라크인

S V O
S는 V한다 O를

(Unlike her original pieces), / *Reagan Reilly* series incorporated humor and suspense (into its narratives).

그녀의 본래 작품들과 달리, / *Reagan Reilly* 시리즈는 / 품고 있다 / 유머와 서스펜스를 / 이야기에

S V
S는 V한다

Higgins Clark was still writing {when she died (in Naples, Florida), (on January 31, 2020), (at her age of 92)}.

부사절 – 시간

히긴스 클라크는 여전히 글을 쓰고 있었다 / 그녀가 사망했을 때 / 플로리다주 나폴리에서 / 2020년 1월 31일 / 92세의 나이로

S V C and S V
S는 C다 그리고 S는 V한다

There are more than 100 million copies (of her books) (in print) (in the United States) / and people are still engrossed (in her stories).

1억 부 이상의 그녀의 책이 있다 / 인쇄된 / 미국에서 / 그리고 / 사람들은 여전히 푹 빠져있다 / 그녀의 이야기에

S V O and V
S는 V한다 O를 그리고 V한다

She paved the way (for women) [writing their own stories] / and would be loved (for any length of time).

그녀는 길을 닦았다 / 여성들을 위해 / (그게 누구냐면) 자신의 이야기를 쓰는 / 그리고 / 사랑받을 것이다 / 언제까지나

CHAPTER 04

TEST 4-1

난도 (중)

Mary Higgins Clark was an American mystery and suspense writer who was a fixture on best-seller author lists for more than four decades. She is famed for page-turning thrillers with innovative and resilient female characters heading the plot. Each of her 56 books was a bestseller in the US and various European countries, and all of her novels remain in print.

53 What is Higgins Clark famous for?

(a) being an innovative and resilient female
(b) writing a number of best-sellers (문제 관련 ×)
(c) being the first female best-seller author
(d) creating stories with strong female leads

STEP 1 항상 첫 번째는 정확한 문제 해석과 이해입니다. 문제에서 '히긴스 클라크가 유명한 이유'에 대해 묻고 있으므로 '히긴스 클라크가 유명하다'는 의미를 가진 문장을 찾아봅시다.

STEP 2 '히긴스 클라크가 유명하다'는 문장은 1단락의 두 번째 문장에 있습니다. 해당 문장을 정확하게 해석하여 머릿속에 내용을 정리합니다.

"그녀는 유명하다 / 흥미진진한 스릴러물로 / 혁신적이고 회복력이 뛰어난 여성 캐릭터들을 가진 / 그 줄거리를 이끌어가는."

STEP 3 각 선택지를 해석하며 '강한 여성 캐릭터가 줄거리를 이끌어나가는 스릴러물'에 해당하는 내용을 찾습니다.

(a) 혁신적이고 회복력이 뛰어난 것은 그녀의 소설의 주인공에 대한 설명이지, 그녀에 대한 설명이 아니므로 틀린 내용입니다. → 소거

(b) 베스트셀러를 많이 썼다는 것은 해당 문장에서 읽은 적이 없습니다. 본문에 언급되었더라도 문제에서 묻는 것이 아니므로 정답이 될 수 없습니다. 문제에서 묻는 정답 부분만을 머릿속에 정리하여 정답을 골라야 이런 오답을 피해갈 수 있습니다.

(c) 첫 번째 여성 베스트셀러 작가였다는 것은 해당 문장에서 읽은 적이 없습니다. 특히 '첫 번째'라는 단어는 극단적인 표현으로, 본문에서 직접적으로 언급되지 않으면 쓸 수 없는 단어입니다. → 소거

(d) 강력한 여성 주인공들로 이야기를 만들었다는 것은 우리가 읽은 내용과 일치합니다.

ANSWER 히긴스 클라크가 유명한 이유를 가장 제대로 설명한 (d)가 정답입니다. 문제에서 묻고 있는 내용을 잘 이해했고, 본문에서 해당 문장을 잘 찾아 제대로 해석했으며, 그와 일치하는 선택지가 있으므로 나머지 선택지의 내용은 본문에서 오답 확인하지 않습니다. (해당 내용이 본문에 있다고 하더라도, 문제에서 묻는 것이 아니므로 정답이 될 수 없습니다.)

어휘 resilient 형 회복력이 좋은, 탄력적인

a number of 형 많은

lead 명 주인공

난도 (하)

Mary Higgins was born on December 24th, 1927 in the Bronx to a married couple of Irish descent. From the time when she was a small child, she took an interest in writing, so she began writing poetry at the age of six and crafted short stories for her friends to play. When her father had died in his sleep of a sudden, her middle-aged mother couldn't provide for the family of four. To help pay the bills, she placed aside study and went to work as a switchboard operator at the Shelton Hotel and then as a secretary at an advertising agency.

54 Why most likely did she work as a switchboard operator?

(a) because she wanted to ~~find~~ sources of stories (상상)

(b) because her mother ~~asked~~ her to support the family (상상)

(c) because her family was struggling in poverty

(d) because she ~~didn't want~~ to go to school

STEP 1 항상 첫 번째는 정확한 문제 해석과 이해입니다. 문제에서 '그녀가 교환원으로 일한 이유'에 대해 묻고 있으므로 '교환원으로 일했다'는 의미를 가진 문장을 찾아봅시다.

STEP 2 2단락의 마지막 문장에 '교환원으로 일했다'는 내용이 있으므로 해당 문장을 정확하게 해석하여 머릿속에 내용을 정리합니다.

"돕기 위해 / 공과금을 지불하는 것을 / 그녀는 / 공부를 제쳐두었다 / 그리고 일하러 갔다 / 교환원으로 / 셸턴 호텔에서 / 그 후에는 비서로서 / 광고대행사에서."

STEP 3 각 선택지를 해석하며 '공과금을 내는 것을 돕기 위해서'에 해당하는 내용을 찾습니다.

(a) 이야기의 소재를 찾고자 했다는 것은 해당 문장에서 읽은 적이 없습니다.

(b) 그녀의 어머니가 가족 부양을 요청했다는 것은 해당 문장에서 읽은 적이 없습니다. help라는 동사가 쓰인 것으로 보아, 그녀 혼자서 가족을 부양하지는 않았습니다. 틀린 내용입니다. → 소거

(c) 그녀의 가족이 공과금을 내기 힘들어했다(= 가난했다)는 것은 우리가 읽은 내용과 일치합니다.

(d) 그녀가 학교를 다니고 싶어하지 않았다는 것은 해당 문장에서 읽은 적이 없습니다.

ANSWER 그녀가 교환원으로 일한 이유를 제대로 설명한 (c)가 정답입니다. 문제에서 묻고 있는 내용을 잘 이해했고, 본문에서 해당 문장을 잘 찾아 제대로 해석했으며, 그와 일치하는 선택지가 있으므로 나머지 선택지의 내용은 본문에서 오답 확인하지 않습니다. (해당 내용이 본문에 있다고 하더라도, 문제에서 묻는 것이 아니므로 정답이 될 수 없습니다.)

어휘 place aside 타 ~을 중단하다, 제쳐두다
support 타 부양하다, 책임지다
struggle 자 몸부림치다, 힘겹게 나아가다

난도 중

After three years, she became a flight attendant with Pan American World Airways, which became the basis for her tales of adventure and intrigue according to her reminiscence. In 1949, she married William Clark and focused on writing short stories while becoming a mother of five children. She expanded her own experiences as a flight attendant into a short story called "*Stowaway*", and she spent much time pitching short stories to publishing companies. After she lost her husband unfortunately, she got a job as a radio scriptwriter for a four-minute program. Finally, her constant effort to rise at 5 a.m. before work to write resulted in her first best-selling novel, *Where Are the Children?*(1975), which garnered her a series of multimillion-dollar contracts with her publisher Simon & Schuster.

55 When did she become a best-selling author?

(a) after she penned radio scripts
(b) ~~while~~ she was providing services on the planes
(c) before she had five children
(d) once her radio program became ~~popular~~ (상상)

STEP 1 항상 첫 번째는 정확한 문제 해석과 이해입니다. 문제에서 '그녀가 베스트셀러 작가가 된 시기'에 대해 묻고 있으므로 '베스트셀러 작가가 되었다'는 의미를 가진 문장을 찾아봅시다.

STEP 2 3단락의 마지막 문장에 '그녀의 첫 번째 베스트셀러 소설이 되었다'는 내용이 있으므로 해당 문장을 정확하게 해석하여 머릿속에 내용을 정리합니다. "마침내, 그녀의 끊임없는 노력은 / 아침 5시에 일어난 / 출근 전에 / 작품을 쓰기 위해 / 결실 맺었다 / 그녀의 첫 번째 베스트셀러 소설인 *Where Are the Children?*으로." 하지만 이 문장에는 아침에 일찍 일어나서 글을 썼다는 것 외에 베스트셀러 작가가 된 시기적 정보에 대해서는 나와 있지 않습니다. 해당 문장이 Finally로 시작되고 해당 단락의 마지막

문장이므로 앞 문장에서 시기적 정보에 대한 내용을 더 찾아봅니다. "그녀가 남편을 잃은 후 / 불행하게 / 그녀는 취직했다 / 라디오 대본 작가로 / 4분짜리 프로그램의."

STEP 3 각 선택지를 해석하며 '남편이 죽은 후' 혹은 '라디오 작가로 일한 후'에 해당하는 내용을 찾습니다.

(a) 그녀가 라디오 대본을 쓴 이후라는 것은 우리가 읽은 내용과 일치합니다.

(b) 그녀가 비행기에서 서비스를 제공하던 중에 베스트셀러 작가가 되었다는 것은 해당 문장에서 읽은 적이 없습니다.

(c) 그녀가 아이 다섯을 낳기 전이라는 것은 해당 문장에서 읽은 적이 없습니다.

(d) 그녀의 라디오 프로그램이 인기가 많아졌다는 것은 해당 문장에서 읽은 적이 없습니다.

ANSWER 그녀가 베스트셀러 작가가 된 시기를 제대로 설명한 (a)가 정답입니다. 문제에서 묻고 있는 내용을 잘 이해했고 본문에서 해당 문장을 잘 찾아 제대로 해석했으며 그와 일치하는 선택지가 있으므로 나머지 선택지의 내용은 본문에서 오답 확인하지 않습니다. (해당 내용이 본문에 있다고 하더라도, 문제에서 묻는 것이 아니므로 정답이 될 수 없습니다.)

어휘 pen 타 쓰다

난도 (하)

Clark became known as the "Queen of Suspense," and several of Clark's novels and stories were adapted into films. Her plots followed a formula, with her characters placed into perilous situations, and often triumphing. She also co-authored a series of Christmas-themed mysteries with her daughter, Carol Higgins Clark. Unlike her original pieces, *Reagan Reilly* series incorporated humor and suspense into its narratives.

56 How was *Reagan Reilly* series different from her former novels?

(a) Its suspense was built early in the story (상상)

(b) It had a ~~first-person~~ narrative (상상)

(c) It was the ~~only~~ series that she worked on with another author

(d) It included humorous elements

STEP 1 항상 첫 번째는 정확한 문제 해석과 이해입니다. 문제에서 '*Reagan Reilly* 시리즈의 그녀의 이전 소설들과의 차이점'에 대해 묻고 있으므로 고유명사인 '*Reagan Reilly*'를 찾아봅시다.

STEP 2 4단락의 마지막 문장에 '*Reagan Reilly*'라는 작품명과 함께, 차이점에 대한 설명이 있으므로 해당 문장을 정확하게 해석하여 머릿속에 내용을 정리합니다.

"그녀의 본래 작품들과 달리, *Reagan Reilly* 시리즈는 / 품고 있다 / 유머와 서스펜스를 / 이야기에."

STEP 3 각 선택지를 해석하며 '유머와 서스펜스가 있다'는 내용을 찾습니다.

(a) 서스펜스가 이야기의 초기에 쌓아올려졌다는 것은 해당 문장에서 읽은 적이 없습니다.

(b) *Reagan Reilly*가 1인칭 시점이라는 것은 해당 문장에서 읽은 적이 없습니다.

(c) *Reagan Reilly*가 그녀가 공동집필한 유일한 시리즈라는 것은 해당 문장에서 읽은 적이 없습니다. 특히 '유일한(only)'이라는 단어는 극단적인 표현으로, 본문에서 직접적으로 언급되지 않으면 쓸 수 없는 단어입니다. → 소거

(d) *Reagan Reilly*가 유머러스한 요소를 포함했다는 것은 우리가 읽은 내용과 일치합니다.

ANSWER *Reagan Reilly*가 이전 소설들과 다른 점을 제대로 설명한 (d)가 정답입니다. 문제에서 묻고 있는 내용을 잘 이해했고 본문에서 해당 문장을 잘 찾아 제대로 해석했으며 그와 일치하는 선택지가 있으므로 나머지 선택지의 내용은 본문에서 오답 확인하지 않습니다. (해당 내용이 본문에 있다고 하더라도, 문제에서 묻는 것이 아니므로 정답이 될 수 없습니다.)

어휘 first person 명 일인칭

element 명 요소

난도 (하)

Higgins Clark was still writing when she died in Naples, Florida, on January 31, 2020, at her age of 92. There are more than 100 million copies of her books in print in the United States and people are still engrossed in her stories. She paved the way for women writing their own stories and would be loved for any length of time.

57 Based on the article, which achievement did she leave behind?

(a) She has presented opportunities for the other female authors

(b) She has ~~popularized~~ the mystery genre in America (상상)

(c) She has contributed to ~~printing books~~ (상상)

(d) She has ~~taught~~ how to write one's own story (상상)

STEP 1 항상 첫 번째는 정확한 문제 해석과 이해입니다. 문제에서 '히긴스 클라크가 남긴 업적'에 대해 묻고 있으므로 그녀가 끼친 영향에 대해 서술하는 문장을 찾아봅시다.

STEP 2 5단락의 두 번째, 세 번째 문장에서 그녀가 끼친 영향을 설명하고 있으므로 해당 문장을 정확하게 해석하여 머릿속에 내용을 정리합니다.

"1억 부 이상의 그녀의 책이 있다 / 인쇄된 / 미국에서 / 그리고 사람들은 여전히 푹 빠져 있다 / 그녀의 이야기에. / 그녀는 길을 닦았다 / 여성들을 위해 / (그게 누구냐면) 자신의 이야기를 쓰는 / 그리고 사랑받을 것이다 / 언제까지나."

STEP 3 각 선택지를 해석하며 '1억 부 이상의 책이 인쇄됐고, 여성 작가들에게 선례가 되었으며, 이야기로 사랑받고 있다'는 내용을 찾습니다.

(a) 그녀가 다른 여성 작가들에게 기회를 열어주었다는 것은 우리가 읽은 내용과 일치합니다.

(b) 그녀가 미국에서 미스터리 장르를 대중화했다는 것은 해당 문장에서 읽은 적이 없습니다.

(c) 그녀가 책 인쇄에 기여했다는 것은 해당 문장에서 읽은 적이 없습니다. 그녀가 직접 인쇄한 것이 아닌, 그녀가 쓴 글을 출판사가 인쇄해서 판매한 것입니다.

(d) 그녀가 글쓰는 방법을 가르쳤다는 것은 해당 문장에서 읽은 적이 없습니다.

ANSWER 히긴스 클라크가 남긴 업적을 제대로 설명한 (a)가 정답입니다. 문제에서 묻고 있는 내용을 잘 이해했고 본문에서 해당 문장을 잘 찾아 제대로 해석했으며 그와 일치하는 선택지가 있으므로 나머지 선택지의 내용은 본문에서 오답 확인하지 않습니다. (해당 내용이 본문에 있다고 하더라도, 문제에서 묻는 것이 아니므로 정답이 될 수 없습니다.)

어휘 popularize 타 보급하다, 많은 사람에게 알리다
contribute 자 기여하다, 이바지하다

난도 (하)

She expanded her own experiences as a flight attendant into a short story called "*Stowaway*", and she spent much time pitching short stories to publishing companies.

58 In the context of the passage, pitching means ________.

(a) connecting
(b) limiting
(c) throwing
(d) proposing

STEP 1 단어 문제는 '문맥적' 유의어를 묻기 때문에 밑줄 친 단어와 함께 쓰인 앞/뒤의 단어를 함께 해석해야 합니다. 문맥상 어떤 의미로 쓰였는지 확인합니다.

"많은 시간을 보냈다 / 제안하는 데에 / 단편 소설들을"

STEP 2 pitching은 pitch의 현재분사(형용사) 형태로 '(구입 · 거래 등을 하도록) 권유 · 설득하려 하다, 홍보하다'의 뜻으로 사용되었습니다. 출판사가 그녀의 소설을 구입하여 출간하도록 제안하고 설득했다는 의미입니다.

STEP 3 (a) 연결시켰다: 대상을 다른 것과 서로 이어주었다는 의미입니다. 제안이나 설득과는 전혀 관련이 없는 단어입니다.

(b) 제한했다: 일정한 한도를 정하거나 그 한도를 넘지 못하게 막는다는 의미입니다. 제안이나 설득과는 전혀 관련이 없는 단어입니다.

(c) 던졌다: 대상을 특정 장소나 상황에 던져 넣었다는 의미입니다. pitch의 다른 뜻인 '내던지다'를 가지고 만들어 낸 오답입니다.

(d) 제안, 건의했다: 상대방이 생각해볼 수 있도록 계획이나 생각을 제시한다는 의미입니다.

→ (d) spent much time proposing short stories (많은 시간을 보냈다 / 제시하는 데에 / 단편소설들을) – 빈칸에 넣어 자연스럽게 해석됨을 확인합니다.

ANSWER pitching과 바꾸어 쓸 수 있는 (d) proposing이 정답입니다.

난도 (하)

Finally, her constant effort to rise at 5 a.m. before work to write resulted in her first best-selling novel, *Where Are the Children?*(1975), which garnered her a series of multimillion-dollar contracts with her publisher Simon & Schuster.

59 In the context of the passage, garnered means ________.

(a) allowed
(b) showed
(c) earned
(d) assigned

STEP 1 단어 문제는 '문맥적' 유의어를 묻기 때문에 밑줄 친 단어와 함께 쓰인 앞/뒤의 단어를 함께 해석해야 합니다. 문맥상 어떤 의미로 쓰였는지 확인합니다.

"안겨주었다 그녀에게 / 수백만 달러의 계약을"

STEP 2 garnered는 타동사로 4형식 문형에 쓰여, '얻게 하다, 모으게 하다'의 뜻으로 사용되었습니다. 대상이 무언가 유용하거나 귀중한 것을 얻거나 모으도록 만들었다는 의미입니다.

STEP 3 (a) 허락했다: '반대했다'와 반대선상에 있는 단어로, 대상에게 무언가에 대한 허가를 주었다는 의미입니다. 좋은 무언가를 소유하도록 만들었다는 의미와는 전혀 다른 뜻의 단어입니다.

(b) 보여주었다: 대상이 무엇인가를 볼 수 있게 만들었다는 의미로 전혀 다른 뜻의 단어입니다.

(c) 벌어주었다: 마땅히 받을 만한 것을 갖게 만들었다는 의미입니다.

(d) 할당했다: 몫을 가르고 나눈 후에 그 일부를 대상에게 배치, 배분해주었다는 의미로 전혀 다른 뜻의 단어입니다.

→ (c) which earned her a series of multimillion–dollar contracts (벌어다 주었다 그녀에게 / 수백만 달러의 계약을) – 빈칸에 넣어 자연스럽게 해석됨을 확인합니다.

ANSWER garnered와 바꾸어 쓸 수 있는 (c) earned가 정답입니다.

문제편 52p

WHAT ANCIENT SCULPTURES DISCLOSE ABOUT UNIVERSAL FACIAL EXPRESSIONS

S V O
S는 V한다 O를

부사절 – 대조 / that 명사절(목적어)

{While Darwin proposed <that facial expressions (of emotion) are universal>}, he also proposed <that gestures are culture-specific conventions>.

(S: facial expressions (of emotion) / V: are / C: universal; S: gestures / V: are / C: culture-specific conventions)

다윈은 주장하면서 / 감정에 대한 얼굴 표현이 / 보편적이라고 / 그는 또한 제안했다 / that 명사절(목적어) / 몸짓은 문화에 특화된 관습이라고

S V O
S는 V한다 O를

This sparked the wide-ranging debate (among scientists) (across fields (of study)) (over <whether facial expressions can be common (across cultures)>).

(S: facial expressions / V: can be / C: common)

이것은 광범위한 논쟁을 촉발시켰다 / 과학자들 사이에서 / 연구 분야 전반에 걸쳐 / ★ whether 문장(명사절): [문장]인지 아닌지 / 얼굴 표정이 공통적일 수 있는지에 대해 / 문화 전반에 걸쳐

S V O
S는 V한다 O를

To offer a new take (on the age-old question), / a team (of researchers) [led by Dacher Keltner and Alan Cowen (at the University of California, Berkeley)], conducted a study (in a novel way).

새로운 견해를 제시하기 위해 / 이 오래된 질문에 대한 / 연구팀은 / 대처 켈트너와 알란 코웬이 이끄는 / 캘리포니아 버클리 대학의 / 수행했다 / 연구를 / 이전에 없던 방법으로

SVO
S는 V한다 O를

★ in order to V: [V]하기 위해서

In order to rule out cultural contact and circumvent potential biases,

문화적 접촉을 배제하기 위해 그리고 가능한 편향을 피하기 위해

/ they scoured sculptures [crafted (between 3,500 and 600 years ago)

그들은 샅샅이 뒤졌다 조각품들을 (그게 뭐냐면) 만들어진 3,500년에서 600년 전 사이에

(in Mexico and Central America)], [which all predate Europeans' arrival].

멕시코와 중앙아메리카에서 (그것들은) 모두 유럽인들이 도착하기 이전의 것이다

SVO
S는 V한다 O를

Then they selected 63 works [portraying subjects (within identifiable

그런 다음 그들은 63개의 작품을 선정했다 (그게 뭐냐면) 대상을 묘사한다 인식 가능한 맥락 내에서

contexts)], [including discernible depictions (of faces) and

(그게 뭐냐면) 식별 가능한 얼굴 묘사를 가지고 있다 그리고

deemed credibly authentic (upon expert review)].

신뢰할 수 있는 진품으로 간주된다 전문가의 심사를 통해

SV
S는 V한다

They could be assorted (into eight readily discernible contexts /

그것들은 분류될 수 있다 여덟 가지의 쉽게 식별 가능한 상황들로

such as being tortured, holding a baby, carrying a heavy object,

예를 들어 고문을 당하거나, 아기를 안고 있거나, 무거운 물건을 들고 있거나,

or playing music).

음악을 연주하는 것과 같은

SVO and VO
S는 V한다 O를 그리고 V한다 O를

Researchers compiled sculptures [that include apparent facial

연구원들은 조각품들을 모았다 (그게 뭐냐면) 명확한 얼굴 표정을 포함한다

expressions (with powerful emotions)] and isolated the face

강한 감정을 가지는 그리고 얼굴 묘사들을 분리시켰다

depictions (from images (of each artwork)) / to remove indications

to부정사(부사적)

각 예술 작품의 이미지로부터 암시를 제거하기 위해서

(of their broader context).

작품들의 보다 전반적인 맥락에 대한

SVC
S는 C다

325 volunteers were asked to judge 30 emotional categories

325명의 지원자들은 판단하도록 요청받았다 30개의 감정 범주를

❶ ❷

(such as "awe" and "anger") and 13 broader affective features

"경외"와 "분노" 같은 그리고 13개의 더 넓은 감정적 특징을

(such as happiness" or "sadness").

"행복"과 "슬픔" 같은

SV
and VC
S는 V한다
그리고 C다

★ provide A with B: [A]에게 [B]를 제공하다

In addition, / the other 114 participants were provided (with verbal

거기에 더해, 다른 114명의 참가자들은 제공받았다 말로된 설명을

❶

descriptions (of the statues' situations)) and requested to expect

조각상들의 상황에 대해 그리고 예측하도록 요구받았다

❷

someone's expression (in each of the eight contexts).

그 조각상의 표정을 8개 각각의 맥락 내에서

SVC
S는 C다

Overall, / the emotions [reported by volunteers [presented (with

전반적으로, 감정들은 (그게 뭐냐면) 지원자들이 보고한 (그게 누구냐면)

명사절 what: what+불완전 문장

visual and verbal cues)]] appeared to align (with <what the

시각적, 언어적 단서를 제공받은 일치하는 것처럼 보였다

부사절(분사구문) – 조건

researchers expected {given the situations portrayed}>).

S V

연구원들이 예상했던 것과 상황을 고려했을 때 (조각상에) 묘사된

SVC
S는 C다

That link (between ancient and modern groups) seems to indicate

그러한 관련성은 고대와 현대 인류 사이의 나타내는 것처럼 보인다

that 명사절(목적어)

<there are universality and genetic origins (of particular emotion

C V S

보편성과 유전적 이유가 있다는 것을 특정한 감정 표현에

expressions)>.

CHAPTER 04

TEST 4-2

SVC
S는 C다

It's the feat (over previous researches) {suggesting <that individuals (across cultures) classify emotions (in similar ways)>}.

부사절(분사구문) – 부연
그것은 업적이다 / 이전의 연구들을 넘어선 / 보여주면서 / 문화권을 넘어선 개인들이(S) / 감정을(O) 분류한다는(V) 것을 / 비슷한 방식으로

SVO
S는 V한다 O를

After all, / the study [conducted by UC Berkeley] showed a preliminary glimpse (of <how people [who lived long ago, and who had no exposure to any modern culture], expressed certain emotions (with their faces) {as Westerners now do}>).

결국, / 그 연구는 / UC 버클리에 의해 실시된 / 보여주었다 / 최초의 발견을 / 관계부사절(명사) / 어떻게 사람들이(S) / ❶ (그게 누구냐면) 오래전에 살아 / ❷ 근대 문화에 전혀 노출되지 않았던 / 특정 감정들을(O) 표현했는지(V) / 그들의 얼굴을 사용해 / ★ as+불완전 문장: ~처럼, ~대로 / 현재의 서양인들이 그러는 것처럼

SVO
S는 V한다 O를

Nevertheless, / those findings won't settle the long-standing debate.

그럼에도 불구하고, / 그러한 결과들은 그 오랜 논쟁을 해결하지 못할 것이다

SVC
S는 C다

There are still inconsistent studies (such as one (from Papua New Guinea)) [that emotional meanings (of faces) may not translate (across cultures)].

모순되는 연구들이 여전히 있다 / 파푸아 뉴기니의 연구와 같이 / 동격의 that – studies 내용 / (그게 뭐냐면) 표정의 감정적인 의미가 통역되지 않을 수 있다 / 문화권이 달라지면

난도 (하)

While Darwin proposed that facial expressions of emotion are universal, he also proposed that gestures are culture-specific conventions. This sparked the wide-ranging debate among scientists across fields of study over whether facial expressions can be common across cultures.

60 What did Darwin consider universal?

(a) the way that people's faces show their ~~culture~~

(b) the way that people's faces show their ~~opinions~~

(c) the way that people's faces show their feelings

(d) the way that people's faces show their ~~intelligence~~

STEP 1 항상 첫 번째는 정확한 문제 해석과 이해입니다. 문제에서 '다윈이 보편적이라고 생각한 것'에 대해 묻고 있으므로 고유명사인 '다윈'을 찾아봅시다.

STEP 2 1단락의 첫 번째 문장에 다윈이 등장하므로 해당 문장을 정확하게 해석하여 머릿속에 내용을 정리합니다. "다윈은 주장하면서 / 감정에 대한 얼굴의 표현이 / 보편적이라고 / 그는 또한 제안했다 / 몸짓은 문화 특화적인 관습이라고."

STEP 3 각 선택지를 해석하며 '감정에 대한 얼굴의 표현'에 해당하는 내용을 찾습니다.
(a) 사람의 얼굴이 그 사람의 문화를 보여준다는 것은 해당 문장에서 읽은 적이 없습니다.
(b) 사람의 얼굴이 그 사람의 의견을 보여준다는 것은 해당 문장에서 읽은 적이 없습니다.
(c) 사람의 얼굴이 그 사람의 감정을 보여준다는 것은 우리가 읽은 내용과 일치합니다.
(d) 사람의 얼굴이 그 사람의 지성을 보여준다는 것은 해당 문장에서 읽은 적이 없습니다.

ANSWER 다윈이 보편적이라고 말한 것을 제대로 설명한 (c)가 정답입니다. 문제에서 묻고 있는 내용을 잘 이해했고 본문에서 해당 문장을 잘 찾아 제대로 해석했으며 그와 일치하는 선택지가 있으므로 나머지 선택지의 내용은 본문에서 오답 확인하지 않습니다. (해당 내용이 본문에 있다고 하더라도, 문제에서 묻는 것이 아니므로 정답이 될 수 없습니다.)

어휘 universal 형 일반적인, 보편적인

난도 (하)

To offer a new take on the age-old question, a team of researchers led by Dacher Keltner and Alan Cowen at the University of California, Berkeley, conducted a study in a novel way. In order to rule out cultural contact and circumvent potential biases, they scoured sculptures crafted between 3,500 and 600 years ago in Mexico and Central America, which all predate Europeans' arrival. Then they selected 63 works portraying subjects within identifiable contexts, including discernible depictions of faces and deemed credibly authentic upon expert review. They could be assorted into eight readily discernible contexts such as being tortured, holding a baby, carrying a heavy object, or playing music.

61 How did researchers gain the subject of the study?

(a) They ignored potential biases.
(b) They crafted statues like in Mexico and Central America.
(c) They looked for sculptures isolated from Western influence.
(d) They collected portraits that predate 600 years ago.

STEP 1 항상 첫 번째는 정확한 문제 해석과 이해입니다. 문제에서 '연구자들의 연구의 대상을 모은 방법'에 대해 묻고 있으므로 '연구 대상을 모았다'는 의미를 가진 문장을 찾아봅시다.

STEP 2 2단락의 두 번째 문장에 '조각상을 샅샅이 뒤졌다'는 내용이 있으므로 해당 문장을 정확하게 해석하여 머릿속에 내용을 정리합니다.

"문화적 접촉을 배제하기 위해 / 그리고 피하기 위해 / 가능한 편향을, / 그들은 샅샅이 뒤졌다 / 조각품들을 / (그게 뭐냐면) 만들어진 / 3,500년에서 600년 전 사이에 / 멕시코와 중앙아메리카에서, / (그것들은) 모두 유럽인들이 도착하기 이전의 것이다."

STEP 3 각 선택지를 해석하며 '유럽인들이 도착하기 전인 3,500~600년 전에 멕시코와 중앙아메리카에서 만들어진 조각상들을 뒤졌다'에 해당하는 내용을 찾습니다.

(a) 가능한 편향에 빠지지 않기 위해서 노력했습니다. 편향을 무시했다는 것은 완전히 반대인 틀린 내용입니다. → 소거

(b) 멕시코와 중앙아메리카에서 만들어진 조각상을 찾은 것이지, 그것과 비슷한 조각상을 직접 만든 것은 아니므로 틀린 내용입니다. → 소거

(c) 서구의 영향을 받지 않은 조각상을 찾았다는 것은 우리가 읽은 내용과 일치합니다.

(d) 600년 전 이전에 만들어진 초상화가 아니라 조각상을 모았습니다. 틀린 내용입니다. → 소거

ANSWER 연구자들이 연구 대상을 모은 방법을 제대로 설명한 (c)가 정답입니다.

어휘
ignore 타 무시하다, 못 본 척하다
bias 명 편견, 편향
craft 타 (공예품을) 만들다
isolate 타 격리하다, 따로 떼어내다
portrait 명 초상화
predate 타 먼저 지어지다, 발생하다, 형성되다

난도 (상)

Researchers compiled sculptures that include apparent facial expressions with powerful emotions and isolated the face depictions from images of each artwork to remove indications of their broader context. 325 volunteers were asked to judge 30 emotional categories such as "awe" and "anger" and 13 broader affective features such as "happiness" or "sadness". In addition, the other 114 participants were provided with verbal descriptions of the statues' situations and requested to expect someone's expression in each of the eight contexts.

62 Why most likely did researchers use strong emotions for the study?

(a) because they are most visibly demonstrated
(b) because they are easiest to ~~express~~ (상상)
(c) because they are ~~simplest~~ to measure (상상)
(d) because they are most ~~common~~ globally (상상)

STEP 1 항상 첫 번째는 정확한 문제 해석과 이해입니다. 문제에서 '연구를 위해 강렬한 감정들을 이용한 이유'에 대해 묻고 있으므로 '강렬한 감정'에 대한 문장을 찾아봅시다.

STEP 2 3단락의 첫 번째 문장에 '강렬한 감정'에 대한 언급이 있으므로 해당 문장을 정확하게 해석하여 머릿속에 내용을 정리합니다.

"연구원들은 조각품들을 모았다 / (그게 뭐냐면) 명확한 얼굴 표정을 포함한다 / 강한 감정을 가지는 / 그리고 얼굴 묘사를 분리시켰다 / 각 예술 작품의 이미지로부터 / 암시를 제거하기 위해서 / 작품들의 보다 전반적인 맥락에 대한."

STEP 3 수식어의 역할과 의미에 대한 이해가 부족하면 헷갈릴 수 있는 문제입니다. 수식어는 기본적으로 ① '제한'과 ② '설명'의 의미가 있습니다. 예를 들어 '빨간 꽃'이라는 표현에서 '빨간'이라는 형용사는 '꽃'

을 표현해 주는 단순한 설명의 역할뿐만 아니라 아주 많은 꽃들 중에서 색이 빨간색인 것들만을 제한하여 지칭하는 역할도 합니다. 그렇다면 '빨갛게 예쁜 꽃'은 어떨까요? 여러 꽃들 중에서 예쁜 것들만을 제한하여 지칭하면서, 또 그것들이 빨간색이기 때문에 예쁘다는 인과 관계의 설명도 가지고 있지요. 그러므로 우리가 본문에서 읽은 '강렬한 감정을 가지는 명백한 얼굴 표정'은 강렬한 감정(원인)이 일어나서 얼굴 표정이 명확하게 보인다(결과)는 의미를 가지고 있습니다. 이해가 잘 안된다면 눈을 감고 한 번 문장의 의미를 떠올려 보세요. 각 선택지를 해석하며 이 내용을 찾아봅니다. 그리고 이 문제에서는 선택지 네 개 모두가 최상급을 사용하고 있으므로 최상급은 신경쓰지 않아도 됩니다.

(a) 강렬한 감정들이 가장 분명하게 드러나기 때문이라는 것은 우리가 읽은 내용과 일치합니다.

(b) 강렬한 감정들이 가장 표현하기 쉽다는 것은 해당 문장에서 읽은 적이 없습니다.

(c) 강렬한 감정들이 측정하기에 가장 단순하다는 것은 해당 문장에서 읽은 적이 없습니다.

(d) 강렬한 감정들이 전 세계적으로 가장 흔하다는 것은 해당 문장에서 읽은 적이 없습니다.

ANSWER 연구에서 강렬한 감정을 이용한 이유를 제대로 설명한 (a)가 정답입니다. 문제에서 묻고 있는 내용을 잘 이해했고 본문에서 해당 문장을 잘 찾아 제대로 해석했으며 그와 일치하는 선택지가 있으므로 나머지 선택지의 내용은 본문에서 오답 확인하지 않습니다. (해당 내용이 본문에 있다고 하더라도, 문제에서 묻는 것이 아니므로 정답이 될 수 없습니다.)

어휘 visibly 부 눈에 띄게, 분명하게

demonstrate 타 보여주다, 발휘하다

measure 타 측정하다

난도 중

Overall, the emotions reported by volunteers presented with visual and verbal cues appeared to align with what the researchers expected given the situations portrayed. That link between ancient and modern groups seems to indicate there are universality and genetic origins of particular emotion expressions. It's the feat over previous researches suggesting that individuals across cultures classify emotions in similar ways.

63 What most likely does the result of the experiment suggest?

(a) All cultures share a similar emotion classification

(b) Various facial expressions can be shown from the same emotion

(c) Westerners have distinctive emotions

(d) Certain facial expressions are comparable universally

STEP 1 항상 첫 번째는 정확한 문제 해석과 이해입니다. 문제에서 '실험의 결과가 시사하는 바'에 대해 묻고 있으므로 실험 결과에 대한 문장을 찾아봅시다.

STEP 2 4단락의 첫 번째 문장에서 실험 결과를, 두 번째 문장에서 그 결과가 의미하는 바를, 세 번째 문장에서 이 결과의 의의를 설명하고 있습니다. 두 번째 문장을 정확하게 해석하여 머릿속에 내용을 정리합니다. "그러한 관련성은 / 고대와 현대 인류 사이의 / 나타내는 것처럼 보인다 / 보편성과 유전적 이유가 있다는 것을 / 특정한 감정 표현에."

STEP 3 각 선택지를 해석하며 '특정한 감정의 표현에는 보편성, 유전적인 이유가 있다'는 내용을 찾습니다.

(a) 고대와 현대의 모든 사람들이 보편성을 가진다고 했으므로 '모든 문화'라는 표현을 쓸 수는 있지만 그 대상은 감정의 분류가 아닌 감정을 표정으로 표현하는 것입니다. 틀린 내용입니다. → 소거

(b) 한 감정으로부터 다양한 표정이 나타날 수 있다는 것은 해당 문장에서 읽은 적이 없습니다.

(c) 서양인들이 독특한 감정을 가진다는 것은 해당 문장에서 읽은 적이 없습니다.

(d) 특정한 얼굴 표정이 보편적으로 비슷하다는 것은 우리가 읽은 내용과 일치합니다.

ANSWER 실험 결과가 의미하는 바를 제대로 설명한 (d)가 정답입니다. 문제에서 묻고 있는 내용을 잘 이해했고 본문에서 해당 문장을 잘 찾아 제대로 해석했으며 그와 일치하는 선택지가 있으므로 나머지 선택지의 내용은 본문에서 오답 확인하지 않습니다. (해당 내용이 본문에 있다고 하더라도, 문제에서 묻는 것이 아니므로 정답이 될 수 없습니다.)

어휘

share 타 공유하다, 함께 나누다
classification 명 분류
distinctive 형 독특한
comparable 형 비슷한
universally 부 보편적으로

난도 (하)

After all, the study conducted by UC Berkeley showed a preliminary glimpse of how people who lived long ago, and who had no exposure to any modern culture, expressed certain emotions with their faces as Westerners now do. Nevertheless, those findings won't settle the long-standing debate. There are still inconsistent studies such as one from Papua New Guinea that emotional meanings of faces may not translate across cultures.

64 According to the article, why could there be more follow-up studies?

(a) because the debate is a long-standing one (문제 관련 ×)

(b) because there are inconsistent ~~interpretations~~ on the result

(c) because there is a conflicting evidence in the field

(d) because the study ~~disregarded~~ subtle emotions (상상)

STEP 1 항상 첫 번째는 정확한 문제 해석과 이해입니다. 문제에서 '후속 연구의 이유'에 대해 묻고 있으므로 이 실험이 충분치 않은 이유에 대한 문장을 찾아봅시다.

STEP 2 5단락의 두 번째 문장에서 이 실험이 논쟁을 종식시키지 못한다는 것을, 세 번째 문장에서 그 이유를 설명하고 있으므로 세 번째 문장을 정확하게 해석하여 머릿속에 내용을 정리합니다.

"모순되는 연구들이 여전히 있다 / 파푸아 뉴기니의 연구와 같이 / (그게 뭐냐면) 표정의 감정적인 의미가 / 통역되지 않을 수도 있다 / 문화권이 달라지면."

STEP 3 각 선택지를 해석하며 '문화에 따라 표정이 해석되지 않는다는 모순되는 연구들이 있다'에 해당하는 내용을 찾습니다.

(a) 그 논쟁이 오래되었다는 것은 사실이지만, 후속 연구가 필요한 이유는 아닙니다. 해당 문장에서 읽은 적이 없습니다.

(b) 연구 결과에 대해 모순되는 해석이 있다는 것은 해당 문장에서 읽은 적이 없습니다. 우리가 읽은 내용은 모순되는 결과를 가지는 다른 연구들이 있다는 것입니다. inconsistent라는 형용사를 가지고 오답을 만들어냈습니다. → 소거

(c) 그 분야에 모순되는 증거가 있다는 것은 우리가 읽은 내용과 일치합니다.

(d) 그 연구가 미묘한 감정을 무시했다는 것은 해당 문장에서 읽은 적이 없습니다.

ANSWER 후속 연구가 필요한 이유를 제대로 설명한 (c)가 정답입니다. 문제에서 묻고 있는 내용을 잘 이해했고 본문에서 해당 문장을 잘 찾아 제대로 해석했으며 그와 일치하는 선택지가 있으므로 나머지 선택지의 내용은 본문에서 오답 확인하지 않습니다. (해당 내용이 본문에 있다고 하더라도, 문제에서 묻는 것이 아니므로 정답이 될 수 없습니다.)

어휘 follow-up 형 후속
long-standing 형 오래된
inconsistent 형 내용이 다른, 모순되는
conflicting 형 모순되는, 상충되는
disregard 타 무시하다
subtle 형 미묘한, 교묘한

난도 하

This sparked the wide-ranging debate among scientists across fields of study over whether facial expressions can be common across cultures.

65 In the context of the passage, sparked means ________.

(a) started
(b) flashed
(c) forced
(d) settled

STEP 1 단어 문제는 '문맥적' 유의어를 묻기 때문에 밑줄 친 단어와 함께 쓰인 앞/뒤의 단어를 함께 해석해야 합니다. 문맥상 어떤 의미로 쓰였는지 확인합니다.
"이것은 촉발시켰다 / 광범위한 논쟁을"

STEP 2 spark는 타동사로 쓰여, '촉발시키다, 유발하다'의 뜻으로 사용되었습니다. 원인과 결과의 관계로 어떤 일이 발생하고 그 이후에 또 다른 일이 발생하도록 만들었다는 의미입니다.

STEP 3 (a) 시작시켰다: 원인과 결과의 관계로 주어가 목적어를 발생하도록 야기했다는 의미입니다. '반대했다'와 반대선상에 있는 단어로, 대상에게 무언가에 대한 허가를 주었다는 의미입니다.
(b) 내보이다: 타동사로 쓰일 때, 주어가 목적어를 빠르게 보여준다는 의미입니다. spark의 명사 뜻인 '불꽃'을 가지고 만들어 낸 오답입니다. (flash의 자동사 뜻에는 '번쩍이다'가 있습니다.)
(c) 강제했다: 원인과 결과는 맞지만, 여기에는 목적어가 하고 싶어 하지 않는 것을 하게 만든다는 부정적인 강제의 의미가 있습니다. 단순히 인과관계를 설명하는 spark와는 다른 뜻의 단어입니다.
(d) 해결했다: 주어가 목적어인 문제나 논쟁을 해결한다는 의미로, 전혀 다른 뜻의 단어입니다.
→ (a) This started the wide-ranging debate (이것은 시작시켰다 / 광범위한 논쟁을) – 빈칸에 넣어 자연스럽게 해석됨을 확인합니다.

ANSWER sparked와 바꾸어 쓸 수 있는 (a) started가 정답입니다.

난도 (하)

To offer a new take on the age-old question, a team of researchers led by Dacher Keltner and Alan Cowen at the University of California, Berkeley, conducted a study in a novel way.

66 In the context of the passage, novel means ________.

(a) new
(b) quick
(c) similar
(d) imaginary

STEP 1 단어 문제는 '문맥적' 유의어를 묻기 때문에 밑줄 친 단어와 함께 쓰인 앞/뒤의 단어를 함께 해석해야 합니다. 문맥상 어떤 의미로 쓰였는지 확인합니다.
"이전에 없던 방법으로"

STEP 2 novel은 형용사로, '새로운, 신기한'의 뜻으로 사용되었습니다. 이전까지 볼 수 없었던, 존재하지 않았던 것이라는 의미입니다.

STEP 3 (a) 새로운: 그 전에 존재하지 않았던 것이라는 의미입니다.
(b) 빠른: 속도가 빠르거나 시간이 적게 걸린다는 의미로, 전혀 다른 뜻의 단어입니다.
(c) 비슷한: 같은 특징들을 가지고 있다는 의미로, 전혀 다른 뜻의 단어입니다.
(d) 상상의: 머릿속이나 이야기 속에만 존재하며, 실제로는 존재하지 않는다는 의미로, 전혀 다른 뜻의 단어입니다.
→ (a) in a new way (새로운 방법으로) – 빈칸에 넣어 자연스럽게 해석됨을 확인합니다.

ANSWER novel와 바꾸어 쓸 수 있는 (a) new가 정답입니다.

COATI

SVC
S는 C다

Coati, [also known as coatimundi], is a diurnal mammal [that is related (to raccoons)].

코아티문디로도 알려져 있는 긴코너구리는 주행성 포유류이다 (그게 뭐냐면) 관련된 너구릿과에

SV
S는 V한다

They extend (in wooded regions (only in the American Continents, especially ❶ parts of South America, ❷ Central America, and ❸ North America)).

그들은 분포한다 숲이 우거진 지역에 오직 아메리카 대륙에서만 = 특히 남아메리카와 중앙아메리카, 북아메리카의 일부의

SVO
S는 V한다 O를

They have long front claws [to dig in or keep secure] {when they move freely (on the tall tree trunks)}.

그들은 긴 앞발톱을 가지고 있다 흙을 파거나 또는 안정감을 가지는 부사절 – 조건 그들이 자유롭게 움직일 때 높은 나무 둥치에서

SVC and VC
S는 C다 그리고 C다

Coatis ❶ are about 30 centimeters tall and ❷ weigh between 2 and 8 kilograms, [about the size of a large house cat].

긴코너구리는 약 30cm의 길이다 그리고 2~8kg 사이의 무게가 나간다 부연설명 (그게 뭐냐면) 집고양이 정도의 크기이다

SVO
S는 V한다 O를

Like its cousin raccoon, / it has a long, ringed tail (for balance and signaling).

그것의 사촌인 너구리처럼, 그것은 긴 고리 모양의 꼬리를 가지고 있다 균형과 신호 전달을 위한

S V C
S는 C다

One of their characteristics is their long and pig-like snout, [which is <why they are nicknamed 'the hog-nosed raccoon'>].

그들의 특징 중 하나는 길고 돼지처럼 생긴 코이다 (그게 뭐냐면) 관계부사절(명사) 이유이다 그들이 별명 붙여진 '돼지코 너구리'라고

S V C
S는 C다

★ so 형용사 that 문장: 매우 [형용사]라서(원인) [문장]이다(결과)

It's so flexible that it can be rotated (up to 60 degrees (in any direction)) / to forage for food (such as ❶ seeds, ❷ fruits, and ❸ small mammals).

이 코는 매우 유연해서 그것은 회전될 수 있다 60도까지 어느 방향으로도 to부정사(부사적) 찾기 위해서 먹이를 씨앗, 과일, 작은 포유류와 같은

S V O, V O and V
S는 V한다 O를, V한다 O를 그리고 V한다

They ❶ comb the trees, ❷ probe gaps (between rocks), and ❸ search (under piles of leaves).

그들은 나무를 샅샅이 뒤지고, 바위 사이의 틈을 조사하고, 나뭇잎 더미 아래를 수색한다

S V
S는 V한다

가주어 It is known <that coati is a very gregarious animal, {traveling through their territories (in bands [made up of 5 to 25 individuals])}>.

that 명사절(진주어) 부사절(분사구문) – 부연

그것은 알려져 있다 (그게 뭐냐면) 긴코너구리는 매우 사교적인 동물이라고 (그래서) 자신의 영역을 돌아다닌다 무리로 5~25마리로 구성된

S V O and V O
S는 V한다 O를 그리고 V한다 O를

They ① communicate ❶ their intentions or ❷ feelings (with various sounds) and ② show ❶ cooperative grooming, ❷ nursing, ❸ vigilance, and ❹ evident defensive behavior.

그들은 자신의 의도나 감정을 전달한다 다양한 소리로 그리고 보여준다 함께하는 털 손질, 육아, 경계, 눈에 띄는 방어적 행동을

S V C
but S V
S는 C다
하지만 S는 V한다

부사절 – 조건
Bands can be antagonistic (to other bands) {when they meet}, / but
무리는 적대적일 수 있다 다른 무리들에게 그들이 만났을 때 하지만
부사절(분사구문) – 부연
peaceful interactions can also occur, {characterized by intergroup
평화적인 교류 또한 일어날 수 있다 무리 간에 털 손질을 해주는 시간으로 나타나는
grooming sessions}.

S V
S는 V한다

A band of coatis usually consists (of females and their young).
긴코너구리의 한 무리는 보통 구성된다 암컷과 암컷의 새끼들로

S V O
S는 V한다 O를

부사절(분사구문) – 부연
Adult males spend most of their time (on their own), {only joining
성체 수컷들은 대부분의 시간을 보낸다 혼자서 (그리고) 오직 합류한다
부사절 – 조건
the band {when it's time [to mate]}}.
무리에 짝짓기를 할 시기일 때

S V O
S는 V한다 O를

부사절 – 이유
{Because offsprings are born blind}, female coatis (in the band)
새끼들은 눈이 안 보이는 상태로 태어나기 때문에, 무리 내 암컷 긴코너구리들은
★ take turns ~ing: ~를 번갈아 하다 부사절 – 시간
take turns nursing pups {while some go out (for food or patrol)}.
교대로 새끼를 돌본다 몇몇이 외출하는 동안 먹이나 순찰을 위해

S V O
S는 V한다 O를

부사절 – 시간 ①
They babysit young (for up to 4 months) {until they open their
긴코너구리는 새끼들을 돌본다 최대 4개월까지 새끼들이 눈을 떠서
② ❶ ❷ ❸
eyes and be able to climb, walk, and hunt well}.
나무를 타고, 걷고, 사냥을 잘할 수 있을 때까지

S V C and
S V C
S는 C다 그리고
S는 C다

There are four species of coatis, [all of which are thought to be decreasing (in numbers)], and the primary threats (to them) are habitat loss and hunting.

긴코너구리의 4종이 있다 / (그 모두는) 감소하는 중이라고 여겨진다 (V: are thought, C: to be decreasing) / 개체수에 있어서 / 그리고 / 그들에게 주된 위협은 / ❶ habitat loss ❷ hunting: 서식지 감소와 사냥이다

S V C
and V
S는 C다
그리고 V한다

부사절 – 역접

{Although they are protected (under Wildlife Protection Act)}, (in Arizona) they are considered game and captured (by licensed hunters) (for their skin or hide).

비록 긴코너구리들이 보호받고 있지만 / 야생동물 보호법에 따라 / 애리조나주에서 / 그들은 사냥감으로 간주된다 / 그리고 / 포획된다 / 허가받은 사냥꾼들에게 / 피부나 가죽을 목적으로

난도 (하)

Coati, also known as coatimundi, is a diurnal mammal that is related to raccoons. They extend in wooded regions only in the American Continents, especially parts of South America, Central America, and North America. They have long front claws to dig in or keep secure when they move freely on the tall tree trunks.

67 Based on the article, where can coatis be found?

(a) in the vast ~~arid~~ region with ~~brushes~~ (상상)
(b) in the high mountain slopes (상상)
(c) in the woodlands of specific regions
(d) ~~throughout~~ seven continents

STEP 1 항상 첫 번째는 정확한 문제 해석과 이해입니다. 문제에서 '긴코너구리가 발견되는 장소'에 대해 묻고 있으므로 긴코너구리의 서식지에 관련된 내용을 찾아봅시다.

STEP 2 1단락의 두 번째 문장에 서식지에 대한 설명이 등장하므로 해당 문장을 정확하게 해석하여 머릿속에 내용을 정리합니다.

"그들은 분포한다 / 숲이 우거진 지역에 / 오직 아메리카 대륙에서만 / 특히 남아메리카와 중앙아메리카, 북아메리카의 일부의."

STEP 3 각 선택지를 해석하며 '오직 아메리카 대륙에 있는 삼림지역'에 해당하는 내용을 찾습니다.

(a) 덤불이 있는 건조지역에 관해서는 해당 문장에서 읽은 적이 없습니다.

(b) 높은 산비탈에 대해서는 해당 문장에서 읽은 적이 없습니다.

(c) 특정 지역(아메리카 대륙)의 삼림지대는 우리가 읽은 내용과 일치합니다.

(d) 오직 아메리카 대륙에서만 서식한다고 하였으므로, 7개 대륙 전부는 틀린 내용입니다. → 소거

ANSWER 긴코너구리가 발견되는 장소를 제대로 설명한 (c)가 정답입니다. 문제에서 묻고 있는 내용을 잘 이해했고 본문에서 해당 문장을 잘 찾아 제대로 해석했으며 그와 일치하는 선택지가 있으므로 나머지 선택지의 내용은 본문에서 오답 확인하지 않습니다. (해당 내용이 본문에 있다고 하더라도, 문제에서 묻는 것이 아니므로 정답이 될 수 없습니다.)

어휘

vast 형 어마어마한, 방대한
arid 형 건조한
mountain slope 명 산비탈
specific 형 구체적인, 특정한
throughout 전 도처에, 전체를 걸쳐

난도 (하)

Coatis are about 30 centimeters tall and weigh between 2 and 8 kilograms, about the size of a large house cat. Like its cousin raccoon, it has a long, ringed tail for balance and signaling. One of their characteristics is their long and pig-like snout, which is why they are nicknamed 'the hog-nosed raccoon'. It's so flexible that it can be rotated up to 60 degrees in any direction to forage for food such as seeds, fruits, and small mammals. They comb the trees, probe gaps between rocks, and search under piles of leaves.

68 What made Coatis nicknamed 'hog-nosed raccoon'?

(a) their resemblance to other animals
(b) their ~~frightening~~ appearance (상상)
(c) their ~~habit~~ similar to the pig's
(d) the ~~size~~ of their nose

STEP 1 항상 첫 번째는 정확한 문제 해석과 이해입니다. 문제에서 '긴코너구리에게 '돼지코 너구리'라는 별명이 붙은 이유'에 대해 묻고 있으므로 '돼지코 너구리라는 별명'에 대해 이야기하는 내용을 찾아봅시다.

STEP 2 2단락의 세 번째 문장에 '돼지코 너구리'라는 별명이 등장하므로 해당 문장을 정확하게 해석하여 머릿속에 내용을 정리합니다.

"그들의 특징들 중 하나는 / 길고 돼지같이 생긴 코이다. / (그게 뭐냐면) 이유이다 / 그들이 별명 붙여진 / '돼지코 너구리'라고."

STEP 3 각 선택지를 해석하며 '길고 돼지같이 생긴 코 때문에'를 가리키는 내용을 찾습니다.

(a) 다른 동물(돼지)과의 비슷한 점 때문이라는 것은 우리가 읽은 내용과 일치합니다.
(b) 긴코너구리의 외양이 무서워서라는 것은 해당 문장에서 읽은 적이 없습니다.
(c) 돼지와 코 모양이 비슷한 것이지, 습성이 비슷했기 때문은 아니므로 틀린 내용입니다. → 소거
(d) 코의 길이가 길어 돼지코와 비슷하다는 것이지, 코가 컸다는 것은 틀린 내용입니다. → 소거

ANSWER 긴코너구리에게 '돼지코 너구리'라는 별명이 붙은 이유를 제대로 설명한 (a)가 정답입니다. 문제에서 묻고 있는 내용을 잘 이해했고 본문에서 해당 문장을 잘 찾아 제대로 해석했으며 그와 일치하는 선택지가 있으므로 나머지 선택지의 내용은 본문에서 오답 확인하지 않습니다. (해당 내용이 본문에 있다고 하더라도, 문제에서 묻는 것이 아니므로 정답이 될 수 없습니다.)

어휘

resemblance 명 닮음, 비슷함, 유사함
frightening 형 무서운
appearance 명 외양, 외관, 외모
habit 명 습성, 습관, 버릇

난도 (하)

It is known that coati is a very gregarious animal, traveling through their territories in bands made up of 5 to 25 individuals. They communicate their intentions or feelings with various sounds and show cooperative grooming, nursing, vigilance, and evident defensive behavior. Bands can be antagonistic to other bands when they meet, but peaceful interactions can also occur, characterized by intergroup grooming sessions.

69 How do coatis resolve disputes between groups?

(a) by ~~risking a combat~~ for peace
(b) by making their own rules (상상)
(c) by interacting through ~~representatives~~
(d) by communicating through physical contact

STEP 1 항상 첫 번째는 정확한 문제 해석과 이해입니다. 문제에서 '긴코너구리들이 무리 간의 분쟁을 해결하는 방법'에 대해 묻고 있으므로 '무리 간 분쟁'에 대해 이야기하는 내용을 찾아봅시다.

STEP 2 3단락의 마지막 문장에 무리가 적대적일 수 있다는 내용이 등장하므로 해당 문장을 정확하게 해석하여 머릿속에 내용을 정리합니다.
"무리는 적대적일 수 있다 / 다른 무리에게 / 그들이 만났을 때, / 하지만 평화적인 교류 또한 일어날 수 있다 / 무리 간에 털 손질을 해주는 시간으로 나타나는."

STEP 3 각 선택지를 해석하며 '그룹 간에 털손질을 해주는 시간을 갖는다'에 해당하는 내용을 찾습니다.
(a) 전투의 위험을 무릅쓴다는 것은 평화적인 교류와 반대되는 내용입니다. → 소거
(b) 그들만의 규칙을 만든다는 것은 해당 문장에서 읽은 적이 없습니다.
(c) 대표자를 통해 교류한다는 것은 해당 문장에서 읽은 적이 없습니다.
(d) 신체적인 접촉(= 털 손질)을 통해서 교류한다는 것은 우리가 읽은 내용과 일치합니다.

ANSWER 긴코너구리 무리들이 분쟁을 해결하는 방법을 제대로 설명한 (d)가 정답입니다. 문제에서 묻고 있는 내용을 잘 이해했고 본문에서 해당 문장을 잘 찾아 제대로 해석했으며 그와 일치하는 선택지가 있으므로 나머지 선택지의 내용은 본문에서 오답 확인하지 않습니다. (해당 내용이 본문에 있다고 하더라도, 문제에서 묻는 것이 아니므로 정답이 될 수 없습니다.)

어휘
risk 타 ~의 위험을 무릅쓰다, ~을 위태롭게 하다
representative 명 대표(자)
physical 형 신체적인, 물리적인

난도 (중)

A band of coatis usually consists of females and their young. Adult males spend most of their time on their own, only joining the band when it's time to mate. Because offsprings are born blind, female coatis in the band take turns nursing pups while some go out for food or patrol. They babysit young for up to 4 months until they open their eyes and be able to climb, walk, and hunt well.

70 In what way do the female coatis take care of their blind pups?

(a) They ~~teach them~~ how to find out the food (상상)
(b) They let them ~~learn to nurse~~ each other in turn (상상)
(c) They ~~ask male coatis~~ to guard them (상상)
(d) They collaborate with each other to protect their pups

STEP 1 항상 첫 번째는 정확한 문제 해석과 이해입니다. 문제에서 '암컷 긴코너구리들이 눈이 안 보이는 새끼들을 보살피는 방법'에 대해 묻고 있으므로 '눈이 안 보이는 새끼들'에 대해 이야기하는 내용을 찾아봅시다.

STEP 2 4단락의 세 번째 문장에 새끼들이 눈이 안 보이는 상태로 태어난다는 내용이 등장하므로 해당 문장을 정확하게 해석하여 머릿속에 내용을 정리합니다.
"새끼들이 태어나기 때문에 / 눈이 안 보이는 상태로, / 무리 내 암컷 긴코너구리들은 / 교대로 새끼를 돌본다 / 몇몇이 외출하는 동안 / 먹이나 순찰을 위해."

STEP 3 각 선택지를 해석하며 '교대해서 새끼들을 돌본다'에 해당하는 내용을 찾습니다.
(a) 새끼들에게 음식 찾는 방법을 가르친다는 것은 해당 문장에서 읽은 적이 없습니다.
(b) 새끼들에게 서로를 보살피는 방법을 가르친다는 것은 해당 문장에서 읽은 적이 없습니다.
(c) 수컷들에게 새끼를 지켜달라고 요청한다는 것은 해당 문장에서 읽은 적이 없습니다.
(d) 서로 협동하여 새끼들을 보호한다는 것은 우리가 읽은 내용과 일치합니다.

ANSWER 암컷 긴코너구리들이 눈이 안 보이는 새끼들을 보살피는 방법을 제대로 설명한 (d)가 정답입니다. 문제에서 묻고 있는 내용을 잘 이해했고 본문에서 해당 문장을 잘 찾아 제대로 해석했으며 그와 일치하는 선택지가 있으므로 나머지 선택지의 내용은 본문에서 오답 확인하지 않습니다. (해당 내용이 본문에 있다고 하더라도, 문제에서 묻는 것이 아니므로 정답이 될 수 없습니다.)

어휘
nurse 타 보살피다
in turn 부 차례차례
guard 타 지키다
collaborate 자 협동하다, 협력하다

난도 (하)

There are four species of coatis, all of which are thought to be decreasing in numbers, and the primary threats to them are habitat loss and hunting. Although they are protected under Wildlife Protection Act, in Arizona they are considered game and captured by licensed hunters for their skin or hide.

71 Why most likely are coatis hunted in Arizona?

(a) because Wildlife Protection Act made an exception (상상)
(b) because they are aggressive there (상상)
(c) because the law does not protect them
(d) because they are more valuable there

STEP 1 항상 첫 번째는 정확한 문제 해석과 이해입니다. 문제에서 '긴코너구리들이 애리조나에서 사냥당하는 이유'에 대해 묻고 있으므로 고유명사인 '애리조나'를 찾아봅시다.

STEP 2 5단락의 두 번째 문장에 애리조나가 등장합니다. 해당 문장을 정확하게 해석하여 머릿속에 내용을 정리합니다.

"비록 긴코너구리들이 보호받고 있지만 / 야생동물 보호법에 따라, / 애리조나주에서 / 그들은 사냥감으로 간주된다 / 그리고 포획된다 / 허가받은 사냥꾼들에게 / 그들의 피부와 가죽을 목적으로"

〈애리조나 이외〉		〈애리조나〉
야생동물 보호법 ○	⟷	야생동물 보호법 ×
긴코너구리 보호받음		사냥당함

STEP 3 각 선택지를 해석하며 '야생동물 보호법의 보호를 받지 못하며 허가받은 사냥꾼들이 있다'에 해당하는 내용을 찾습니다.

(a) 애리조나와 애리조나 이외의 지역을 나누는 차이점은 보호법의 유무였습니다. 야생동물 보호법하에서 예외적인 경우로 규정된 것이 아니므로 틀린 내용입니다. → 소거

(b) 애리조나와 애리조나 이외의 지역을 나누는 차이점으로 긴코너구리들의 공격성은 언급되지 않았습니다.

(c) 애리조나 법이 긴코너구리들을 보호하지 않는다(= 보호법이 적용되지 않는다)는 것은 우리가 읽은 내용과 일치합니다.

(d) 애리조나와 애리조나 이외의 지역을 나누는 차이점으로 긴코너구리들의 가치는 언급되지 않았습니다.

ANSWER 긴코너구리들이 애리조나에서 사냥당하는 이유를 제대로 설명한 (c)가 정답입니다. 문제에서 묻고 있는 내용을 잘 이해했고 본문에서 해당 문장을 잘 찾아 제대로 해석했으며 그와 일치하는 선택지가 있으므로 나머지 선택지의 내용은 본문에서 오답 확인하지 않습니다. (해당 내용이 본문에 있다고 하더라도, 문제에서 묻는 것이 아니므로 정답이 될 수 없습니다.)

어휘 exception 명 예외, 이례
aggressive 형 공격적인
valuable 형 가치가 큰, 소중한

난도 하

It's so flexible that it can be rotated up to 60 degrees in any direction to forage for food such as seeds, fruits, and small mammals. They comb the trees, probe gaps between rocks, and search under piles of leaves.

72 In the context of the passage, forage means __________.

(a) plan
(b) search
(c) wait
(d) beg

STEP 1 단어 문제는 '문맥적' 유의어를 묻기 때문에 밑줄 친 단어와 함께 쓰인 앞/뒤의 단어를 함께 해석해야 합니다. 문맥상 어떤 의미로 쓰였는지 확인합니다.
"먹이를 찾다"

STEP 2 forage는 자동사로 전치사 for과 함께 쓰이며, '(먹이로) ~을 찾다'의 뜻으로 사용되었습니다. 동물이 먹이를 찾는다는 의미입니다.

STEP 3 (a) 계획하다: 미래에 할 것, 혹은 할 의도가 있는 것을 자세하게 결정한다는 의미로, 전혀 다른 뜻의 단어입니다.
(b) 탐색하다: 대상을 면밀하게 찾는다는 의미입니다.
(c) 기다리다: 대상이 발생하거나 도착할 때까지 다른 일을 하지 못한다는 의미로, 전혀 다른 뜻의 단어입니다.
(d) 간청하다: 애타게 간절히 대상을 요청한다는 의미로, 전혀 다른 뜻의 단어입니다.
→ (b) search for food (먹이를 탐색하다) – 빈칸에 넣어 자연스럽게 해석됨을 확인합니다.

ANSWER forage와 바꾸어 쓸 수 있는 (b) search가 정답입니다.

난도 (하)

It is known that coati is a very gregarious animal, traveling through their territories in bands made up of 5 to 25 individuals.

73 In the context of the passage, gregarious means ___________.

(a) energetic
(b) social
(c) careful
(d) attractive

STEP 1 단어 문제는 '문맥적' 유의어를 묻기 때문에 밑줄 친 단어와 함께 쓰인 앞/뒤의 단어를 함께 해석해야 합니다. 문맥상 어떤 의미로 쓰였는지 확인합니다.

"매우 사교적인 동물"

STEP 2 gregarious는 형용사로, '남과 어울리기 좋아하는, 사교적인'의 뜻으로 사용되었습니다. 다른 이들과 함께 있는 것을 즐긴다는 의미입니다. 모르는 단어였을지라도 무리생활을 하며 함께 생활한다는 문장에서 그 의미를 유추할 수 있습니다.

STEP 3 (a) 정력적인: 열정과 투지가 가득하다는 의미의 단어로, 전혀 다른 뜻의 단어입니다.

(b) 사회적인: 동물을 수식할 때 무리지어 생활하며 함께 행동한다는 의미입니다.

(c) 신중한: 피해나 실수를 피하기 위해서 많은 관심을 들인다는 의미의 단어로, 전혀 다른 뜻의 단어입니다.

(d) 매력적인: 기분좋은 외양이나 소리를 묘사하는 단어로, 전혀 다른 뜻의 단어입니다.

→ (b) a very social animal (매우 사회적인 동물) – 빈칸에 넣어 자연스럽게 해석됨을 확인합니다.

ANSWER gregarious와 바꾸어 쓸 수 있는 (b) social이 정답입니다.

LETTER

S V C
S는 C다

I'm Jeremy Mason, the director / of Student Orchestra (of Willow Middle School (SOW)).

나는 제레미 메이슨이다 = 지휘자인 윌로우 중학교 학생 오케스트라(SOW)의

S V and S V C
S는 V한다 그리고 S는 C다

SOW consists (of 35 middle school students), / and its purpose is to enrich and enhance our surrounding community (with various collaborative music-making).

SOW는 구성된다 서른 다섯 명의 중학생들로 그리고 그것의 목적은 ❶ 풍요롭게 하고 ❷ 발전시키는 것이다 우리를 둘러싼 지역사회를 다양한 협업적 합주로

S V O
S는 V한다 O를

In pursuit (of this purpose), / we hold a charity concert every September (with the huge help of sponsors).

이 목적을 추구하여 우리는 자선콘서트를 개최한다 매년 9월 후원자들의 큰 도움으로

S V O
S는 V한다 O를

So we are hoping to perform this year (at Washington Music Center, one of the greatest, most state-of-the-art concert venues (in this community)) {if you are willing to help us}.

그래서 우리는 희망한다 올해 공연하기를 워싱턴 뮤직 센터에서 = (그게 뭐냐면) ❶ 가장 훌륭하며 ❷ 최첨단의 공연장 중 하나인 이 지역에서 부사절 – 이유 당신이 기꺼이 우리를 도와준다면

SVO
S는 V한다 O를

부사절 – 시간
{As we've performed more than 10 times}, we have captivated huge audiences (through every generation) (with assorted genres [including jazz, classic, rap, or dance]).

우리는 공연해오면서 10회 이상 우리는 사로잡아 왔다 많은 관객들을 모든 세대를 아울러 다양한 장르로 (그게 뭐냐면) 포함한다 재즈, 클래식, 랩, 댄스 등을

SVO
S는 V한다 O를

that 명사절(목적어)
I am assured <that this opportunity can draw the new generation (to Washington Music Center)>.

나는 확신한다 (그게 뭐냐면) 이 기회가 새로운 세대를 끌어올 수 있을 것이라고 워싱턴 뮤직 센터에

SVC so SVC
S는 C다 그래서 S는 C다

In addition, / the concert is a charity fundraiser (for 3 orphanages and 50 underprivileged children) (in Washington), / so you are going to be part of helping children (in need) (in our community).

게다가 이 콘서트는 자선 모금 행사이다 3개의 고아원과 50명의 소외된 어린이들을 위한 워싱턴에 있는 그러므로 여러분은 돕는 일에 동참하게 될 것이다 어려운 어린이들을 우리 지역사회의

SVO
S는 V한다 O를

And of course, / we would happily like to promote your donation program (before the start of the performance).

그리고 물론 우리는 기쁘게 홍보하고 싶다 당신의 기부 프로그램을 공연이 시작되기 전에

SVC
S는 C다

부사절(분사구문) – 부연
{Sharing the common value (of helping children)}, an outstanding event planner is ready / to help organize the concert.

to부정사(부사적)
★ help (to) RV: [RV]하는 걸 돕다

공통의 가치를 공유하는 아이들을 돕는다는 뛰어난 이벤트 기획자가 준비되어 있다 콘서트를 기획하는 걸 도울

SVO
S는 V한다 O를

She expressed excitement (at the possibility (of planning the event) (at Washington Music Center)).

그녀는 흥분을 표했다 / 가능성에 대해 / 이 행사를 기획할 / 워싱턴 뮤직 센터에서

SVO
S는 V한다 O를

that 명사절(목적어) / ★ so that 문장: 그래서 [문장](결과)

She said <that your facilities accommodate all of our needs so that we don't have to rent anything (at all)>.

S / V / O — S / V / O

그녀는 말했다 / 워싱턴 뮤직센터의 시설은 우리의 모든 요구를 수용한다고 / 그래서 / 우리는 렌트할 필요가 없다고 / 어느 것도

SVC
S는 C다

❶ ❷ that 부사절 – 형용사 부연

Also, / she is experienced enough and confident [that she can take care (of audiences) (in changing weather conditions)].

S / V

또한, / 그녀는 경험이 충분하고 / 확신한다 / 그녀가 책임질 수 있다고 / 관객들을 / 변화하는 날씨 조건에서

SVC
S는 C로 V한다

부사절 – 조건

We would come equipped (with large folding tents) {in case it should rain}.

우리는 갈 것이다 / 커다란 접이식 텐트를 챙겨서 / 비가 올 경우를 대비해

SV
S는 V한다

Our talented students and all staff are looking forward (to your affirmative response).

우리의 재능 있는 학생들과 모든 스태프들은 / 기대하고 있다 / 당신의 / 긍정적인 답변을

VC
C로 V하다

❶ ❷

{If you have any further questions or something [to discuss]},

당신이 다른 질문이나 의논할 것을 가진다면,

to부정사(부사적)

please feel free / to contact me.

마음 놓고 해라 / 나에게 연락하는 것을

SVC
S는 C다

Attached here are our office number and e-mail address.

여기 첨부된 것은 우리의 사무실 번호와 이메일 주소이다

SVO
S는 V한다 O를

Also, you can call me (at my mobile phone number) (at any time).

또한 당신은 나에게 전화할 수 있다 내 핸드폰 번호로 언제든지

난도 (하)

74 What is the purpose of this letter?

(a) requesting permission to use the venue
(b) promoting that they will hold a concert
(c) asking to fund the event favorably
(d) appreciating being allowed to put on a performance

STEP 1 Part 2와 4에서 자주 나오는 '본문의 주제 or 목적'을 묻는 문제입니다. 편지글의 주제를 잘 파악하기 위해서는 마지막에 풀기를 추천합니다. 정답에 꼭 들어가야 할 키워드를 정해두는 것, 선택지 사이의 차이점을 면밀하게 확인하여 오답을 소거하는 것을 잊지 맙시다.

STEP 2 다른 문제들을 모두 푼 뒤에 문제를 풀며 읽은 내용을 바탕으로 주제를 정리해 봅시다. 글쓴이는 자신들의 콘서트가 모든 연령대의 관심을 끌며(75번), 이 콘서트를 통해 워싱턴 뮤직센터가 얻을 수 있는 이점을 나열하고(76번), 기획자가 능력이 있음을(77번) 이야기하고 있습니다. 그리고 긍정적인 응답을 원한다는 말도(78번) 덧붙였습니다. 이를 통해 글쓴이가 워싱턴 뮤직센터에서 콘서트를 하고 싶어하는 것을 알 수 있으며, 1단락의 마지막 문장에서도 직접적으로 이를 언급하고 있습니다.

STEP 3 각 선택지를 해석하여 '콘서트 개최 장소, 허가 요청'이라는 키워드를 확인하며 이 편지의 궁극적인 목적에 부합하는 내용을 찾습니다.

(a) 장소를 사용하기 위한 허가를 요청하는 것이 맞습니다. 모든 키워드가 들어있습니다.
(b) 콘서트 개최를 홍보하는 것이 아닙니다. '허가 요청'이라는 키워드가 누락되어 있습니다.
(c) 콘서트 장소를 빌리고 싶은 것이지, 자금 지원을 요구하는 것이 아니므로 틀린 내용입니다. → 소거
(d) 콘서트 허락에 대한 감사가 아닙니다. 콘서트는 아직 열리지 않았으므로, 틀린 내용입니다. → 소거

ANSWER '콘서트 개최 장소, 허가 요청'이라는 키워드가 모두 들어가 있는 (a)가 정답입니다.

어휘
permission 명 허가
venue 명 장소
promote 타 홍보하다
favorably 부 호의적으로
appreciate 타 감사하다, 고마워하다
put on 타 상연하다

난도 (하)

As we've performed more than 10 times, we have captivated huge audiences through every generation with assorted genres including jazz, classic, rap, or dance. I am assured that this opportunity can draw the new generation to Washington Music Center. In addition, the concert is a charity fundraiser for 3 orphanages and 50 underprivileged children in Washington, so you are going to be part of helping children in need in our community. And of course, we would happily like to promote your donation program before the start of the performance.

75 Why most likely could SOW's concert appeal to all ages?

(a) It can influence people with music (상상)

(b) It features many kinds of music

(c) People can ~~contribute~~ to the community with ~~donations~~ (문제 관련 ×)

(d) Children can take part in the concert (문제 관련 ×)

STEP 1 항상 첫 번째는 정확한 문제 해석과 이해입니다. 문제에서 'SOW의 콘서트가 모든 연령대에게 관심을 끌 수 있었던 이유'에 대해 묻고 있으므로 '모든 연령대에게 어필한다'는 내용의 문장을 찾아봅시다.

STEP 2 2단락의 첫 번째 문장에 모든 세대를 아우르는 관중들을 사로잡았다는 이야기가 나오므로 해당 문장을 정확하게 해석하여 머릿속에 내용을 정리합니다.

"우리는 공연해오면서 / 10회 이상 / 우리는 사로잡아 왔다 / 많은 관객들을 / 모든 세대를 아울러 / 다양한 장르로 / (그게 뭐냐면) 포함한다 / 재즈, 클래식, 랩, 댄스 등을."

STEP 3 각 선택지를 해석하며 '다양한 장르'에 해당하는 내용을 찾습니다.

(a) 관객들에게 음악으로 영향을 주었다는 것은 해당 문장에서 읽은 적이 없습니다.

(b) 다양한 음악을 선보였다는 것은 우리가 읽은 내용과 일치합니다.

(c) 기부를 통해 지역사회에 기여했다는 것은 해당 문장에서 읽은 적이 없습니다.

(d) 아이들이 콘서트에 참여했다는 것은 해당 문장에서 읽은 적이 없습니다.

ANSWER SOW의 콘서트가 모든 연령대에게 관심을 끌 수 있었던 이유를 제대로 설명한 (b)가 정답입니다. 문제에서 묻고 있는 내용을 잘 이해했고 본문에서 해당 문장을 잘 찾아 제대로 해석했으며 그와 일치하는 선택지가 있으므로 나머지 선택지의 내용은 본문에서 오답 확인하지 않습니다. (해당 내용이 본문에 있다고 하더라도, 문제에서 묻는 것이 아니므로 정답이 될 수 없습니다.)

어휘

feature 타 특징으로 삼다, 특별히 포함하다

contribute 자 기여하다, 이바지하다

donation 명 기부, 기증

take part in 동 ~에 참여하다, 가담하다, 협력하다

난도 중

As we've performed more than 10 times, we have captivated huge audiences through every generation with assorted genres including jazz, classic, rap, or dance. I am assured that this opportunity can draw the new generation to Washington Music Center. In addition, the concert is a charity fundraiser for 3 orphanages and 50 underprivileged children in Washington, so you are going to be part of helping children in need in our community. And of course, we would happily like to promote your donation program before the start of the performance.

76 Which is NOT an advantage the concert can give Washington Music Center?

(a) participating in contributing to the community ○
(b) raising funds for charities ×
(c) advertising its donation program ○
(d) attracting young people ○

STEP 1 항상 첫 번째는 정확한 문제 해석과 이해이고, NOT 문제는 각 선택지를 모두 정확하게 해석해 본문과 매칭해 보아야 합니다. (NOT 형태의 문제는 paraphrasing이 심하지 않으니 겁먹을 것 없습니다.) 문제에서 묻는 것은 '콘서트가 워싱턴 뮤직센터에 주는 이점'으로 2단락에 언급되어 있는 것을 확인합니다.

STEP 2 각 선택지를 정확하게 해석하여 본문의 내용과 매칭되는지 확인합니다.

(a) 참여 / 기여에 / 지역사회에 대한 → 본문에서 '지역사회에 공헌'에 대한 내용을 찾습니다. 2단락 세 번째 문장에 있습니다. "게다가, 이 콘서트는 자선 모금 행사이다 / 3개의 고아원과 50명의 소외된 어린이들을 위한 / 워싱턴에 있는, / 그러므로 여러분은 돕는 일에 동참하게 될 것이다 / 어려운 어린이들을 / 우리 지역사회의." → 워싱턴 뮤직센터가 지역사회에 공헌을 한다는 내용과 일치합니다.

(b) 기금모금 / 자선단체를 위해 → 본문에서 '기금모금'에 대한 내용을 찾습니다. (a)에서 읽은 문장에 있습니다. → 자선 기금모금을 하는 것은 콘서트이며, 워싱턴 뮤직센터가 자선모금을 할 수 있다는 것은 아니므로 틀린 내용입니다. → 정답

(c) 광고 / 뮤직센터의 기부 프로그램을 → 본문에서 '기부 프로그램'에 대한 내용을 찾습니다. 2단락 네 번째 문장에 있습니다. "그리고 물론, / 우리는 기쁘게 홍보하고 싶다 / 당신의 기부 프로그램을 / 공연이 시작되기 전에." → 뮤직센터의 기부 프로그램 홍보의 우리가 읽은 내용과 일치합니다.

(d) 젊은 사람들을 끌어옴 → 본문에서 '젊은 사람들'에 대한 내용을 찾습니다. 2단락 두 번째 문장에 있습니다. "나는 확신한다 / (그게 뭐냐면) 이 기회가 끌어올 수 있다고 / 새로운 세대를 / 워싱턴 뮤직 센터에." → 젊은 사람들을 끌어온다는 우리가 읽은 내용과 일치합니다.

ANSWER 본문의 정보를 틀리게 서술하는 (b)가 정답입니다. 문제가 묻는 것이 '콘서트로 인해 워싱턴 뮤직센터가 얻게 되는 이점'인 것을 잊지 맙시다.

어휘 participate in 동 ~에 참가, 참여하다
charity 명 자선 단체
donation 명 기부

난도 하

Sharing the common value of helping children, an outstanding event planner is ready to help organize the concert. She expressed excitement at the possibility of planning the event at Washington Music Center. She said that your facilities accommodate all of our needs so that we don't have to rent anything at all. Also, she is experienced enough and confident that she can take care of audiences in changing weather conditions. We would come equipped with large folding tents in case it should rain.

77 What is the event planner being confident about?

(a) ~~instructing~~ how to build folding tents
(b) ~~predicting~~ the weather condition
(c) leasing the hall at a ~~reasonable price~~ (상상)
(d) protecting audiences from the weather

STEP 1 항상 첫 번째는 정확한 문제 해석과 이해입니다. 문제에서 '이벤트 기획자가 자신있는 것'에 대해 묻고 있으므로 '이벤트 기획자가 자신있다'는 내용의 문장을 찾아봅시다.

STEP 2 3단락의 네 번째 문장에 자신있다는 이야기가 나오므로 해당 문장을 정확하게 해석하여 머릿속에 내용을 정리합니다.

"또한, 그녀는 경험이 충분하고 / 확신한다 / 그녀가 책임질 수 있다고 / 관객들을 / 변화하는 날씨 조건에서."

STEP 3 각 선택지를 해석하며 '변하는 날씨에서 관중들을 책임진다'에 해당하는 내용을 찾습니다.

(a) 이벤트 기획자가 텐트를 치는 방법을 가르쳐준다는 것은 해당 문장에서 읽은 적이 없습니다.

(b) 이벤트 기획자가 날씨 변화를 예측한다는 것은 해당 문장에서 읽은 적이 없습니다.

(c) 이벤트 기획자가 홀을 적당한 가격으로 빌린다는 것은 해당 문장에서 읽은 적이 없습니다.

(d) 이벤트 기획자가 날씨로부터 청중들을 보호한다는 것은 우리가 읽은 내용과 일치합니다.

ANSWER 이벤트 기획자가 자신있는 것을 제대로 설명한 (d)가 정답입니다. 문제에서 묻고 있는 내용을 잘 이해했고 본문에서 해당 문장을 잘 찾아 제대로 해석했으며 그와 일치하는 선택지가 있으므로 나머지 선택지의 내용은 본문에서 오답 확인하지 않습니다. (해당 내용이 본문에 있다고 하더라도, 문제에서 묻는 것이 아니므로 정답이 될 수 없습니다.)

어휘

instruct 타 지시하다, 가르치다, 알려 주다

folding 형 접을 수 있는

lease 타 임대하다

reasonable 형 타당한, 합당한, 적정한

난도 (하)

Our talented students and all staff are looking forward to your affirmative response. If you have any further questions or something to discuss, please feel free to contact me. Attached here are our office number and e-mail address. Also, you can call me at my mobile phone number at any time.

78 What most likely does the writer want Ms. Chang to do?

(a) to meet in person for mediation

(b) to contact as quickly as possible

(c) to send a contract through e-mail

(d) to give a couple of days to choose from (상상)

STEP 1 항상 첫 번째는 정확한 문제 해석과 이해입니다. 문제에서 '글쓴이가 장 씨에게 원하는 것'에 대해 묻고 있으므로 당부나 부탁에 대한 문장을 찾아봅시다.

STEP 2 4단락의 첫 번째 문장에는 긍정적인 응답을 바란다는 내용이, 두 번째 문장에는 질문이 있다면 편하게 연락을 달라는 내용이, 세 번째 문장에는 사무실 번호와 이메일 주소가, 네 번째 문장에는 언제든 개인 핸드폰 번호로 전화해도 된다는 내용이 있습니다. 긍정적 응답에 대한 바람과 함께 연락할 수 있는 여러 가지 방법을 제시하고 있으므로 장 씨에게 바라는 것은 '긍정적 응답, 연락'입니다.

STEP 3 각 선택지를 해석하며 '긍정적 응답, 연락'에 해당하는 내용을 찾습니다.

(a) 조율을 위한 만남은 해당 단락에서 읽은 적이 없습니다.

(b) 가능한 한 빠른 연락은 우리가 읽은 내용과 일치합니다.

(c) 이메일을 통한 계약서 전달은 해당 문장에서 읽은 적이 없습니다.

(d) 선택할 몇 개의 날짜를 주는 것은 해당 문장에서 읽은 적이 없습니다.

ANSWER 글쓴이가 장 씨에게 원하는 것을 제대로 설명한 (b)가 정답입니다. 문제에서 묻고 있는 내용을 잘 이해했고 본문에서 해당 문장을 잘 찾아 제대로 해석했으며 그와 일치하는 선택지가 있으므로 나머지 선택지의 내용은 본문에서 오답 확인하지 않습니다. (해당 내용이 본문에 있다고 하더라도, 문제에서 묻는 것이 아니므로 정답이 될 수 없습니다.)

어휘 in person 부 직접
contact 타 연락하다
contract 명 계약서

난도 (하)

As we've performed more than 10 times, we have captivated huge audiences through every generation with assorted genres including jazz, classic, rap, or dance.

79 In the context of the passage, captivated means ________.

(a) created
(b) impressed
(c) absorbed
(d) contained

STEP 1 단어 문제는 '문맥적' 유의어를 묻기 때문에 밑줄 친 단어와 함께 쓰인 앞/뒤의 단어를 함께 해석해야 합니다. 문맥상 어떤 의미로 쓰였는지 확인합니다.
"우리는 사로잡았다 / 많은 관객들을"

STEP 2 captivate는 타동사로, '~의 마음을 사로잡다, 매혹하다'의 뜻으로 사용되었습니다. 주어가 대단히 흥미롭거나 매력적이라는 것을 대상이 알게 만든다는 의미입니다.

STEP 3 (a) 만들었다: 그전에 없었던 것을 발생하거나 존재하게끔 만들어낸다는 의미로 전혀 다른 뜻의 단어입니다.
(b) 감동시켰다: 대상이 주어에 대해 큰 감탄과 존경을 느끼게 한다는 의미입니다.
(c) 빠지게 만들었다: 대상에게 엄청난 흥미를 불러일으켜 대상의 모든 관심과 에너지를 거기에만 쏟게 만든다는 의미로, 단순하게 매력을 발견하는 것과는 차이가 있습니다.
(d) 포함시켰다: 사람 목적어에 쓸 경우에는 주어가 그 사람들이 모여 구성하는 집단이 되어야 합니다. 주어진 문장의 문맥에 적절하지 않습니다.
→ (b) we have impressed huge audiences (우리는 감동시켰다 / 많은 관객들을) – 빈칸에 넣어 자연스럽게 해석됨을 확인합니다.

ANSWER captivated와 바꾸어 쓸 수 있는 (b) impressed가 정답입니다.

난도 (하)

She said that your facilities accommodate all of our needs so that we don't have to rent anything at all.

80 In the context of the passage, accommodate means __________.

(a) hold
(b) serve
(c) welcome
(d) inspire

STEP 1 단어 문제는 '문맥적' 유의어를 묻기 때문에 밑줄 친 단어와 함께 쓰인 앞/뒤의 단어를 함께 해석해야 합니다. 문맥상 어떤 의미로 쓰였는지 확인합니다.

"당신의 시설은 수용한다 / 우리의 모든 요구를"

STEP 2 accommodate는 타동사로, '(요구 등에) 부응하다, 협조하다'의 뜻으로 사용되었습니다. 대상의 요구, 필요를 충족시킬 수 있는 것들을 갖추고 있다는 의미입니다.

STEP 3 (a) 담다, 가진다: 기본적으로 주어가 대상을 가지고 있다는 의미로, 주어진 문장의 문맥에 적절하지 않습니다.

(b) 충족시키다: 대상이 원하는 것들을 제공한다는 의미입니다.

(c) 환영하다: 대상을 친근한 방식으로 맞아준다는 의미로, 전혀 다른 뜻의 단어입니다.

(d) 영감을 준다: 목적어에 사람이나 단체, 혹은 감정을 받아 새롭거나 익숙하지 않은 것을 하고 싶어 하게 만든다는 의미로, 전혀 다른 뜻의 단어입니다.

→ (b) your facilities serve all of our needs (당신의 시설은 충족시킨다 / 우리의 모든 요구를) – 빈칸에 넣어 자연스럽게 해석됨을 확인합니다.

ANSWER accommodate와 바꾸어 쓸 수 있는 (b) serve가 정답입니다.

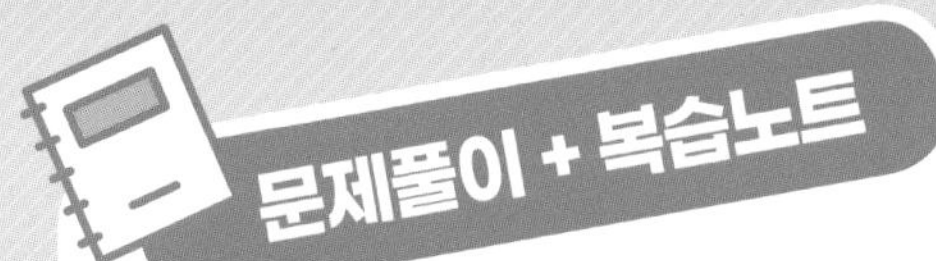

풀이시간 ________ ~ ________

TEST 1-1 | BRUCE LEE

케이티 문제 풀이

❶
❷
❸

문제	a	b	c	d	오답 이유	복습 & 공부
53						
54						
55						
56						
57						
58						
59						

※ 복습노트는 시대에듀 홈페이지(www.sdedu.co.kr) 또는 네이버 카페 '케이티 지텔프(cafe.naver.com/katiegtelp)'에서 다운받으실 수 있습니다.

풀이시간 ________ ~ ________

| TEST 1-2 | A STUDY THAT INDICATES THE INADEQUACY OF SELFISH HERDING HYPOTHESIS

케이티 문제 풀이

❶
❷
❸

문제	a	b	c	d	오답 이유	복습 & 공부
60						
61						
62						
63						
64						
65						
66						

풀이시간 ________ ~ ________

| TEST 1-3 | DIABOLICAL IRONCLAD BEETLE

케이티 문제 풀이

❶

❷

❸

문제	a	b	c	d	오답 이유	복습 & 공부
67						
68						
69						
70						
71						
72						
73						

풀이시간 ________ ~ ________

| TEST 1-4 | LETTER

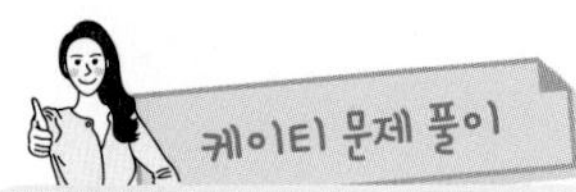

❶
❷
❸

문제	a	b	c	d	오답 이유	복습 & 공부
74						
75						
76						
77						
78						
79						
80						

풀이시간 ________ ~ ________

| TEST 2-1 | ADA LOVELACE

케이티 문제 풀이

❶

❷

❸

문제	a	b	c	d	오답 이유	복습 & 공부
53						
54						
55						
56						
57						
58						
59						

※ 복습노트는 시대에듀 홈페이지(www.sdedu.co.kr) 또는 네이버 카페 '케이티 지텔프(cafe.naver.com/katiegtelp)'에서 다운받으실 수 있습니다.

풀이시간 ________ ~ ________

| TEST 2-2 | BRAZIL'S RAINFOREST LOSING ITS ROLE RECENTLY

케이티 문제 풀이

❶
❷
❸

문제	a	b	c	d	오답 이유	복습 & 공부
60						
61						
62						
63						
64						
65						
66						

🕓 풀이시간 ________ ~ ________

| TEST 2-3 | WOODSTOCK

❶
❷
❸

문제	a	b	c	d	오답 이유	복습 & 공부
67						
68						
69						
70						
71						
72						
73						

풀이시간 ________ ~ ________

| TEST 2-4 | LETTER

케이티 문제 풀이

❶
❷
❸

문제	a	b	c	d	오답 이유	복습 & 공부
74						
75						
76						
77						
78						
79						
80						

풀이시간 ________ ~ ________

| TEST 3-1 | MICHEL FOUCAULT

케이티 문제 풀이

❶
❷
❸

문제	a	b	c	d	오답 이유	복습 & 공부
53						
54						
55						
56						
57						
58						
59						

※ 복습노트는 시대에듀 홈페이지(www.sdedu.co.kr) 또는 네이버 카페 '케이티 지텔프(cafe.naver.com/katiegtelp)'에서 다운받으실 수 있습니다.

풀이시간 ________ ~ ________

| TEST 3-2 | SAFFRON, THE RED GOLD

케이티 문제 풀이

❶
❷
❸

문제	a	b	c	d	오답 이유	복습 & 공부
60						
61						
62						
63						
64						
65						
66						

풀이시간 ________ ~ ________

TEST 3-3 | RAINBOW EUCALYPTUS

❶
❷
❸

문제	a	b	c	d	오답 이유	복습 & 공부
67						
68						
69						
70						
71						
72						
73						

풀이시간 ________ ~ ________

| TEST 3-4 | LETTER

케이티 문제 풀이

❶
❷
❸

문제	a	b	c	d	오답 이유	복습 & 공부
74						
75						
76						
77						
78						
79						
80						

풀이시간 ________ ~ ________

| TEST 4-1 | MARY HIGGINS CLARK

케이티 문제 풀이

❶
❷
❸

문제	a	b	c	d	오답 이유	복습 & 공부
53						
54						
55						
56						
57						
58						
59						

※ 복습노트는 시대에듀 홈페이지(www.sdedu.co.kr) 또는 네이버 카페 '케이티 지텔프(cafe.naver.com/katiegtelp)'에서 다운받으실 수 있습니다.

풀이시간 ________ ~ ________

| TEST 4-2 | WHAT ANCIENT SCULPTURES DISCLOSE ABOUT UNIVERSAL FACIAL EXPRESSIONS

❶
❷
❸

문제	a	b	c	d	오답 이유	복습 & 공부
60						
61						
62						
63						
64						
65						
66						

풀이시간 ______ ~ ______

TEST 4-3 | COATI

❶

❷

❸

문제	a	b	c	d	오답 이유	복습 & 공부
67						
68						
69						
70						
71						
72						
73						

풀이시간 ______ ~ ______

| TEST 4-4 | LETTER

케이티 문제 풀이

❶
❷
❸

문제	a	b	c	d	오답 이유	복습 & 공부
74						
75						
76						
77						
78						
79						
80						

오랫동안 꿈을 그리는 사람은 마침내 그 꿈을 닮아간다.

– 앙드레 말로 –

2025 최신개정판

합격에듀 시대에듀

답이 보이는

지텔프 독해 실전편

케이티 지음

군무원 | 경찰공무원 | 소방공무원 | 경찰·소방간부후보생 | 5급·7급 공무원
공기업 | 대기업 | 변리사 | 세무사 | 노무사 | 회계사 | 관광통역안내사

문제 풀이는 SKill
빠르게 푸는 전략!

문제편

시대에듀

답이 보이는

지텔프 독해 - 실전편

문제

TEST 1 영문본 & 한글본

TEST 2 영문본 & 한글본

TEST 3 영문본 & 한글본

TEST 4 영문본 & 한글본

TEST 1

PART 1. *Read the following biographical article and answer the questions. The underlined words in the article are for vocabulary questions.*

BRUCE LEE

Bruce Lee was a Hong Kong and American actor, martial artist, and martial arts instructor who taught self-defense. He is also noted for opening people's eyes to martial arts movies. Creating Jeet Kune Do, a hybrid martial arts philosophy, he was one of the most influential pop culture icon of the 20th century.

Lee was born in San Francisco in 1940 while his parents were visiting the city. After his family returned to Hong Kong, his father, a noted Cantonese opera star, introduced him to the Hong Kong film industry as a child actor. However, at the same time, throughout his teens, he had experienced Wing Chun, tai chi, boxing, and apparently frequent street fighting. After Lee was involved in several street fights, his parents decided that he needed to be trained in the martial arts. Lee began training in Wing Chun with Yip Man, but his street fights became more frequent and included beating the son of a feared triad family.

In April 1959, Lee's parents sent him to the United States to stay with his older sister, Agnes Lee. After several months, he started to teach martial arts to make money. He thought that traditional martial arts techniques were too rigid and restrictive to be practical in the real world and founded Jeet Kune Do, drawing from different combat disciplines. Operating three martial arts schools, he made a brief appearance in many films including Marlowe, showcasing his martial arts abilities.

Looking for the chance of taking a leading role, he realized that the main positions in Hollywood were for Caucasian actors. Unsatisfied with supporting roles, Lee returned to Hong Kong. Lee played his first leading role in The Big Boss, which proved to be an enormous box office success across Asia and catapulted him to stardom. Subsequently, he appeared in five feature-length Hong Kong martial arts films and became an iconic figure known throughout the world.

Lee died on July 20, 1973, at the age of 32. Even since his death, Lee has continued to be a prominent influence on modern combat sports, as well as modern popular culture, bridging the gap between East and West.

53 What is Bruce Lee best known for?

(a) creating the new version of martial arts
(b) being the first successful Asian actor in Hollywood
(c) teaching his special defending skill
(d) sparking audiences' interest in specific film genre

54 How did Lee first appear in the world of performance?

(a) by starring in a film as a young actor
(b) by appearing in a movie alongside his father
(c) by giving a performance in an opera
(d) by introducing martial arts in a movie

55 How did Lee's parents respond to his street fighting?

(a) urged him to practice skills in a formal setting
(b) encouraged him to teach his own way
(c) forbade him from going to the academy
(d) persuaded him to be dedicated to his schoolwork

56 Why most likely did Lee start his own martial arts philosophy?

(a) because each martial art had its own weak point
(b) because traditionalists disregarded him
(c) because other martial arts were inflexible to apply
(d) because he focused more on self-discipline

57 Why most likely couldn't Lee continue his career in Hollywood?

(a) He was not satisfied with living there
(b) He looked different from other movie stars
(c) He couldn't get enough support as an actor
(d) He wanted to be more paid

58 In the context of the passage, founded means ____________.

(a) created
(b) set
(c) based
(d) discovered

59 In the context of the passage, showcasing means ____________.

(a) pointing
(b) suggesting
(c) displaying
(d) expressing

PART 2. *Read the following magazine article and answer the questions. The underlined words in the article are for vocabulary questions.*

A STUDY THAT INDICATES THE INADEQUACY OF SELFISH HERDING HYPOTHESIS

The selfish herd theory states that individuals within a population attempt to reduce their predation risk by putting other members between themselves and predators. According to W. D. Hamilton, if a group of flying birds scatters to the rim of the group, the predator will attack the nearest one. Each bird would have a better chance of not being closest to and thus not vulnerable to the attack by the predator, if it is between other members. As a result, typical birds would fly to smaller gaps between neighboring birds for one's survival.

Researchers, led by Daniel Sankey, designed an experiment to look into birds' behavior model when they face predation risk with advanced technology. They tested both small and large flocks of homing pigeons tagged with Global Positioning System(GPS) loggers. In order to pose a threat, a special robot seeming like a peregrine falcon was used to chase flocks by controlling a remote control. Under this perceived threat, each pigeon's change of location was analyzed with the aid of GPS receivers and satellites, and they showed no increased attraction compared to another group without Robot Falcon's existence.

Based on this result, they suggested that they adapt to form mutualistic alignment because of a high coincidence of individual and collective interests. Individuals in herds could be relieved of the responsibility to trace the predator's location, which is high cognitive demand under threat by switching their positions. In fact, this change in alignment keeps pigeons from flying in a V-formation where birds can catch the preceding bird's updraft and save energy during flight. Thus, birds' attraction toward their neighbors' positions is not to benefit at the expense of others but to sacrifice themselves to share the burden to monitor the predators and avoid possible crashes.

Although the conclusion is still being refined, this experiment can be used for studies in a wide range of areas. For example, scientists can better understand the ecology of animal movement, account for the birds' leadership hierarchy, as well as perceive collective behaviors in nature.

60 What is the study all about?

(a) the birds' tendency to protect each other
(b) how the birds drive away their predator
(c) the changes in birds' formation when attacking
(d) the relationship between prey and predator

61 How most likely did researchers observe their subjects of the experiment?

(a) They had control over the satellite to find GPS signals
(b) They noted the action of individual flock members
(c) They monitored the change of the machine
(d) They measured the distance of a group of birds from the predator

62 How did most likely birds try to survive when attacked?

(a) by giving all their responsibility to the leader
(b) by keeping track of the location of the attacker together
(c) by increasing their cognitive demand
(d) by aiding themselves with a clash

63 Why do birds have to put additional effort into flying under threat?

(a) because they fly farther not to collide
(b) because they come to encounter extra wind resistance
(c) because they should keep V-formation continually
(d) because they try to ride an air current

64 What is NOT the possible application of this experiment's result?

(a) a survey of frogs' action in ponds with water snake
(b) a research for original group action of sheep
(c) a study in weather effects on flying birds
(d) an investigation about how one leads the other birds

65 In the context of the passage, vulnerable means ____________.

(a) accessible
(b) immune
(c) sensitive
(d) open

66 In the context of the passage, refined means ____________.

(a) developed
(b) purified
(c) polished
(d) cultivated

__PART 3.__ Read the following encyclopedia article and answer the questions. The underlined words in the article are for vocabulary questions.

DIABOLICAL IRONCLAD BEETLE

Diabolical ironclad beetle is found mainly in the US and Mexico, where it lives under the bark of trees or beneath rocks. It crawls about along the rocky, sandy turf of grassy area and desert. It lives on fungi growing under tree bark or rotting branches.

At a glance, the beetle's dark, bumpy shell seems like a charred rock and it is also practical for camouflage. Many species of beetles can fly, which helps them escape predators, but the ironclad doesn't have wings. Instead, this ground-dwelling beetle has such a tough, specially-designed armor that it can withstand forces up to 39,000 times its body weight. It can even survive being run over by a car.

The secret of its surprising physique lies in the structure of the exoskeleton. Its exoskeleton is divided into top and bottom halves and its ridges along the outer edges of the top and bottom latch together, resisting bending pressure. The connections have different shapes so that they get more interconnected and flexible enough to withstand crushing forces. Also, a rigid joint, or suture connects its left and right sides. A series of protrusions, called blades, fit together like jigsaw puzzle pieces to join the two sides. These blades contain layers of tissue glued together by proteins, and are highly damage-resistant.

Thus, when an ironclad beetle encounters its predator, it just remains still and waits for the disrupter to give up and leave. Its flat shape and low-to-the-ground profile are also helpful to play dead. Using this appearance, the ironclad beetle tucks its legs under the body and disguises itself as a stone.

Thanks to their unique armor and dull look, these inch-long beetles have the potential for abnormally long lifespans. While most beetles only live for a few weeks, a diabolical ironclad can live for seven or eight years.

67 What is the article mainly about?

(a) many survival strategies of insects
(b) an insect feeding on decomposing materials
(c) the largest beetle of its subspecies
(d) a bug which spends most of its life in the desert

68 Based on the article, how can Ironclad beetle blend in with its surroundings?

(a) It settles down around rocky areas
(b) It removed its wings to camouflage itself
(c) It wears a hard shell like an armor
(d) It can look like an inanimate object

69 What most likely differentiates Ironclad beetle from other beetles?

(a) its diffusion over the ground
(b) its diverse body color
(c) its heavy weight
(d) its ability to endure intense impact

70 Which of the following is NOT Ironclad Beetles' physical characteristic?

(a) Their layered case absorbs the pressure
(b) Their shell has intertwined ridges joining two parts
(c) They have an armor that they can quickly regenerate
(d) Their winding sutures are fused together

71 Why does Ironclad beetle tuck its limbs under the body?

(a) to show that it is waiting for dying
(b) to move the stone toward the disrupter
(c) to roll and run away from the threat
(d) to make itself unnoticed by predators

72 In the context of the passage, remains means ____________.

(a) pauses
(b) lives
(c) delays
(d) stays

73 In the context of the passage, abnormally means ____________.

(a) unusually
(b) rarely
(c) differently
(d) unofficially

PART 4. *Read the following business letter and answer the questions. The underlined words in the article are for vocabulary questions.*

Mrs. Ernest Wilkinson
The Principal
St. Paul's Lutheran School
22120 Chase St.
West Hills, CA 91304-2307

Dear Mrs. Ernest Wilkinson:
Thank you for your unwavering attention and support for Silverton Zoo. Every year students visit the zoo, we are <u>committed</u> to making it a memorable experience. And I've always thought about how to expand their horizons with new experiences. Thus, I'm very happy to add Exploring Nature as the new program to Silverton Zoo following this concern.

Especially, I want to express my special thanks to you. Last year, I had an opportunity to have a deep conversation with Bella, the science teacher who guided the students, about the school's educational outlook. I came to know that your school is <u>championing</u> the importance of education through hands-on learning and deeply sympathized with this view. This talk inspired me to organize Exploring Nature focusing on students' hands-on experiences, observation, and feedback.

In this program, students can touch dolphins and commune with them under the guidance of staff with expertise. They will also watch how dinosaurs were born and grew up in a 4-D theater, and leap into the wild world of big cats with model activities with proper supervision. Finally, they would be expected to make a presentation about their experiences and feelings. Given that there is Natural Science as a required subject next year, it can help them be ready for advanced courses.

If you have any questions, you can contact our program manager Benjamin at 356-8835. And we can discuss the schedule and details by e-mail or meeting. I wish to speak to you in person soon.

Sincerely,

Mr. Robert Rexley
The director
Silverton Zoo
3333 Blue Diamond Rd Silverton Lodge,
Las Vegas, NV 89139-7873

74 Why did Rexley write this letter?

(a) to invite the principal to their zoo
(b) to advertise their new program
(c) to thank for the school's loyalty
(d) to notify the principal that they open the new zoo

75 Based on the letter, how did Mr Rexley come to think out the idea?

(a) by visiting the science exposition
(b) by having a meeting with the school teacher
(c) by leading the school's excursion
(d) by conversing with a field trip guide

76 What most likely will students do if they are involved in the program?

(a) They can tame big cats
(b) They will share their experience in a formal way
(c) They will watch movies in 4-D
(d) They can excavate dinosaur fossils on site

77 What can the program benefit students engaging in the program?

(a) They can be prepared for the coming courses
(b) They will be required to complete the course
(c) They can be given the chance to get credits
(d) They will plan their own careers

78 Based on the letter, why would Mrs. Wilkinson contact Benjamin?

(a) to give some suggestions for the program
(b) to visit the zoo for the meeting
(c) to get more information about the program
(d) to schedule the school's next field trip

79 In the context of the passage, committed means ____________.

(a) enacted
(b) executed
(c) dedicated
(d) tried

80 In the context of the passage, championing means ____________.

(a) fighting
(b) winning
(c) promoting
(d) awarding

TEST 1

PART 1. 다음 전기문을 읽고 질문에 답하십시오.
지문의 밑줄 친 단어들은 어휘 문제를 위한 것입니다.

브루스 리

브루스 리는 홍콩과 미국의 배우, 무술가 그리고 호신술을 가르치는 무술 강사였다. 그는 또한 무술 영화에 사람들의 눈이 뜨이도록 한 것으로 유명하다. 혼합 무술 철학인 절권도를 만든 그는 20세기의 가장 영향력 있는 대중문화 아이콘 중 한 명이었다.

리는 그의 부모님이 샌프란시스코를 방문했을 때인 1940년에 태어났다. 그의 가족이 홍콩으로 돌아온 후, 유명한 홍콩 오페라 스타인 그의 아버지는 그를 아역 배우로 홍콩 영화계에 소개했다. 하지만 동시에 10대 내내 그는 영춘권, 태극권, 권투 그리고 풍문으로는 길거리 싸움도 자주 경험했다. 리가 몇 번의 길거리 싸움에 휘말린 후, 그의 부모는 그가 무술 훈련을 받을 필요가 있다고 결정했다. 브루스 리는 엽문과 함께 영춘권의 단련을 시작했지만, 그의 길거리 싸움은 더욱 잦아졌고 무서운 삼합회 가문의 아들을 때리기까지 했다.

1959년 4월, 그의 부모는 그를 그의 누나 아그네스 리와 함께 머물도록 미국으로 보냈다. 몇 달 후, 그는 돈을 벌기 위해 무술을 가르치기 시작했다. 그는 전통 무술 기법이 현실 세계에서 실용화되기에는 너무 경직되고 제한적이라고 생각했고, 서로 다른 싸움 기법들로부터 끌어낸 절권도를 설립했다. 세 개의 무술 학교를 운영하면서, 그는 말로우를 포함한 많은 영화에 짧게 출연하며 그의 무술 능력을 보여주었다.

주연을 맡을 기회를 찾던 도중, 그는 할리우드의 주요 역할들이 백인 배우들을 위한 것이라는 것을 깨달았다. 조연 역할에 만족하지 못한 리는 홍콩으로 돌아왔다. 브루스 리는 영화 “빅 보스”에서 첫 주연을 맡았는데, 이것은 아시아 전역에서 엄청난 흥행을 했고 또한 그를 스타덤에 오르게 했다. 그 후, 그는 장편 홍콩 무술 영화 5편에 출연했고 전 세계에 알려진 우상이 되었다.

1973년 7월 20일, 리는 32세의 나이로 사망하였다. 그의 죽음 이후에도, 리는 동서양의 차이를 메우며 현대 대중문화뿐만 아니라 현대 격투 스포츠에 계속해서 중요한 영향을 끼쳐오고 있다.

53 브루스 리는 무엇으로 가장 잘 알려져 있는가?

(a) 무술의 새로운 버전을 만듦
(b) 할리우드에서 첫 성공적인 아시아 배우가 됨
(c) 그의 특별한 방어 기술을 가르침
(d) 특정 영화 장르에 대한 관객들의 관심을 촉발시킴

54 리는 어떻게 공연의 세계에 처음으로 등장했는가?

(a) 영화에서 젊은 배우로 출연하면서
(b) 영화에서 그의 아버지와 함께 출연하면서
(c) 오페라에서 공연하면서
(d) 영화에서 무술을 소개하면서

55 리의 부모는 그의 길거리 싸움에 대해 어떻게 반응했는가?

(a) 규율적인 환경에서 기술을 연습하도록 그를 설득했다
(b) 자신의 방식을 가르치도록 그를 격려했다
(c) 학원에 가지 못하도록 그를 막았다
(d) 학업에 헌신하도록 그를 설득했다

56 리는 왜 자신의 무술 철학을 시작했을 것 같은가?

(a) 각각의 무술이 저마다의 단점을 가지고 있었기 때문에
(b) 전통주의자들이 그를 무시했기 때문에
(c) 다른 무술들은 적용하기에 융통성이 없었기 때문에
(d) 그가 자기 수양에 더 집중했기 때문에

57 왜 브루스 리가 할리우드에서 경력을 지속할 수 없었을 것 같은가?

(a) 그는 그곳에서 사는 것에 만족하지 않았다
(b) 그는 다른 영화배우들과 다르게 생겼다
(c) 그는 배우로서 충분한 지원을 받지 못했다
(d) 그는 더 많은 돈을 받기를 원했다

58 이 문맥에서, 설립했다는 ____________을/를 의미한다.

(a) 창조했다
(b) 설정했다
(c) 근거를 두었다
(d) 발견했다

59 이 문맥에서, 보여주었다는 ____________을/를 의미한다.

(a) 겨뤘다
(b) 시사했다
(c) 선보였다
(d) 표현했다

PART 2. *다음 기사를 읽고 질문에 답하십시오.*
지문의 밑줄 친 단어들은 어휘 문제를 위한 것입니다.

이기적 무리 가설의 부적절성을 나타내는 연구

이기적 무리 이론은 개체군 내의 동물들이 자신과 포식자 사이에 다른 구성원들을 끼워넣음으로써 잡아먹힐 위험을 줄이려고 시도한다고 이야기한다. W. D. 해밀턴에 따르면, 날아다니는 새들의 한 무리가 그 그룹의 가장자리로 흩어지면, 포식자는 가장 가까운 새를 공격할 것이다. 각각의 새는 다른 구성원들 사이에 있을 경우에 포식자에게 가장 가까이 있지 않고, 따라서 포식자의 공격에 취약해지지 않을 가능성이 더 높을 것이다. 결과적으로, 일반적인 새들은 생존을 위해 옆에 있는 새들 사이의 더 작은 공간들로 날아갈 것이다.

다니엘 샌키가 이끄는 연구원들은 새들이 포식 위험에 직면했을 때의 행동 모델을 들여다보기 위해 첨단 기술을 이용한 실험을 고안했다. 그들은 위성 위치 확인 시스템(GPS) 기록 장치를 부착한 작은 비둘기 떼와 큰 비둘기 떼를 모두 시험해 보았다. 그들에게 위협을 가하기 위해 송골매처럼 보이는 특별한 로봇이 사용되었는데, 리모컨을 이용하여 새떼를 쫓게 만들었다. 이러한 위협에서, 각각의 비둘기의 위치 변화는 GPS 수신기와 인공위성을 이용하여 분석되었고, 비둘기들은 로봇 송골매가 존재하지 않는 다른 그룹에 비해 더 가까워진 간격을 보이지 않았다.

이 결과를 바탕으로, 그들은 동물 집단들이 개인적, 집단적 이득의 높은 일치성 때문에 공생적인 배열을 형성하도록 적응했음을 제안했다. 무리 안에서 개체들은 그들의 위치를 바꿈으로써 포식자의 위치를 추적해야 하는 책임감으로부터 벗어날 수 있는데, 이것은 위협의 상황에서 높은 인지적 부담이다. 사실, 배열에 있어서의 이러한 변화는 새들이 V자 형태로 비행할 수 없게 하는데, 그 형태에서 새들은 앞에 있는 동료의 상승기류를 받고 비행 중 에너지를 절약할 수 있다. 따라서 동료의 위치로 향하는 새들 간의 이동은 동료를 희생시킴으로써 이득을 얻기 위함이 아니라, 자기 자신을 희생시켜 부담을 나누고 포식자들을 감시하는 동시에 충돌을 피하기 위함이다.

이러한 결론은 아직 다듬어지고 있는 중이지만, 이 실험은 광범위한 분야의 연구에 사용될 수 있다. 예를 들어, 과학자들은 동물 움직임의 생태를 더 잘 이해할 수 있고, 새들의 통솔 체계를 설명할 수 있을 뿐만 아니라 자연에서의 집단행동을 인지할 수 있다.

60 그 연구는 무엇에 관한 것인가?

(a) 서로를 보호하려는 새들의 성향
(b) 새들이 어떻게 그들의 포식자를 쫓아내는지
(c) 공격할 때 새들 대형의 변화
(d) 먹이와 포식자의 관계

61 연구자들이 실험의 대상을 어떻게 관찰했을 것 같은가?

(a) 그들은 GPS 신호를 찾기 위해 위성을 통제했다
(b) 그들은 집단 구성원의 개별적인 행동을 주목했다
(c) 그들은 기계의 변화를 관찰했다
(d) 그들은 포식자로부터 새들 무리의 거리를 측정했다

62 공격을 받았을 때 새들은 어떻게 살아남으려고 노력했을까?

(a) 그들의 모든 책임을 지도자에게 맡김으로써
(b) 공격자의 위치를 함께 추적함으로써
(c) 그들의 인지적 요구를 증가시킴으로써
(d) 충돌로 스스로를 도움으로써

63 왜 새들은 위협의 상황에서 비행에 추가적인 노력을 해야만 하는가?

(a) 그들은 충돌하지 않기 위해 더 멀리 날아가기 때문이다
(b) 그들은 추가적인 바람의 저항을 접하게 되기 때문이다
(c) V−대형을 지속적으로 유지해야 하기 때문이다
(d) 그들은 기류를 타려고 노력하기 때문이다

64 이 실험 결과를 적용할 수 없는 것은?

(a) 물뱀이 있는 연못에서의 개구리 행동 조사
(b) 양의 원초적 집단행동을 위한 연구
(c) 새의 비행에 대한 기후의 영향에 관한 연구
(d) 한 새가 다른 새들을 어떻게 이끄는지에 대한 조사

65 이 문맥에서, 취약해지지는 ____________을/를 의미한다.

(a) 접근하기 쉬워지지
(b) 면역력이 있지
(c) 예민해지지
(d) 개방되지

66 이 문맥에서, 다듬어지고 있는은 ____________을/를 의미한다.

(a) 발전되고 있는
(b) 정화되고 있는
(c) 세련되어지고 있는
(d) 함양되고 있는

PART 3. 다음 백과사전을 읽고 질문에 답하십시오. 지문의 밑줄 친 단어들은 어휘 문제를 위한 것입니다.

극악무도 철갑 딱정벌레

극악무도 철갑 딱정벌레는 주로 미국과 멕시코에서 발견되며, 나무껍질 밑이나 바위 밑에서 서식한다. 그 딱정벌레는 풀밭과 사막의 바위가 많고 모래가 많은 잔디를 따라 기어 다닌다. 그것은 나무껍질 아래나 썩어가는 나뭇가지 아래에서 자라는 곰팡이들을 주식으로 먹는다.

이 딱정벌레의 어둡고 울퉁불퉁한 껍데기는 언뜻 보기에 새까맣게 탄 바위처럼 보이며 이것은 위장용으로도 실용적이다. 많은 종류의 딱정벌레들이 날 수 있는데, 이것은 그들이 포식자로부터 도망치도록 돕지만, 이 철갑 딱정벌레는 날개를 가지고 있지 않다. 대신, 땅바닥에 사는 이 딱정벌레는 매우 튼튼한 특별하게 설계된 갑옷을 가지고 있어서 자신의 무게의 39,000배까지 견딜 수 있다. 그것은 심지어 차에 치여도 살아남을 수 있다.

이 놀라운 뼈대의 비밀은 외골격의 구조에 있다. 그것의 외골격은 위아래로 반으로 나뉘어 있으며 외골격의 상하 바깥쪽 가장자리를 따라 길쭉하게 솟아있는 능선은 함께 빗장처럼 걸려서 휘어지는 압력에 저항한다. 이 연결부는 서로 다른 모양을 가지고 있어서 서로 더 잘 연결되어있고 짓누르는 힘을 충분히 견딜 수 있을 만큼 신축성이 있다. 또한, 딱딱한 관절, 즉 봉합선은 그것의 왼쪽과 오른쪽 부분을 연결한다. 블레이드라고 불리는 일련의 돌출부들은 직소 퍼즐 조각처럼 서로 맞닿아 있어 양쪽을 연결해준다. 이 블레이드들은 여러 겹의 조직을 가지고 있는데, 이 조직들은 단백질에 의해 접착되어 있으며, 손상에 매우 강하다.

그러므로, 철갑 딱정벌레가 포식자를 만나면, 이 딱정벌레는 가만히 있다가 방해자가 포기하고 떠나기를 기다린다. 그것의 평평한 모양과 땅바닥에 가까운 그 모습은 또한 죽음을 가장하는 데 도움이 된다. 이 외양을 이용해 철갑충은 다리를 몸 밑으로 집어넣고 자신을 돌로 위장한다.

그들의 독특한 갑옷과 칙칙한 외모 덕분에, 이 1인치 길이의 딱정벌레들은 비정상적으로 긴 수명을 가질 수 있다. 대부분의 딱정벌레들이 몇 주밖에 살지 못하는 반면, 극악무도 철갑 딱정벌레는 7년에서 8년을 살 수 있다.

67 이 지문은 주로 무엇에 관한 것인가?

(a) 곤충들의 많은 생존 전략들
(b) 분해된 물질을 먹고 사는 한 곤충
(c) 그것의 아종 중 가장 큰 딱정벌레
(d) 대부분의 삶을 사막에서 보내는 한 작은 곤충

68 지문에 따르면, 철갑 딱정벌레는 어떻게 그것의 주변 환경과 어우러질 수 있나?

(a) 철갑 딱정벌레는 바위 지역 주변에 정착한다
(b) 철갑 딱정벌레는 스스로를 위장하기 위해 날개를 제거했다
(c) 철갑 딱정벌레는 갑옷처럼 단단한 껍질을 갖고 있다
(d) 철갑 딱정벌레는 무생물처럼 보일 수 있다

69 철갑 딱정벌레와 다른 딱정벌레들의 가장 큰 차이점은 무엇일 것 같은가?

(a) 철갑 딱정벌레의 지상에서의 확산
(b) 철갑 딱정벌레의 다양한 신체 색깔
(c) 철갑 딱정벌레의 무거운 무게
(d) 철갑 딱정벌레의 강한 충격을 견딜 수 있는 능력

70 다음 중 철갑 딱정벌레의 신체적 특징이 아닌 것은?

(a) 철갑 딱정벌레들의 여러 겹의 껍질이 압력을 흡수한다
(b) 철갑 딱정벌레들의 껍질은 두 부분을 연결하는 서로 얽혀있는 능선을 가지고 있다
(c) 철갑 딱정벌레들은 빠르게 재생되는 갑옷을 가지고 있다
(d) 철갑 딱정벌레들의 꼬불꼬불한 봉합선은 서로 융합되어 있다

71 철갑 딱정벌레는 왜 사지를 몸 밑으로 집어넣는가?

(a) 그것이 죽기를 기다리고 있다는 것을 보여주기 위해서
(b) 방해꾼 쪽으로 돌을 운반하기 위해서
(c) 굴러서 위협으로부터 도망치기 위해서
(d) 자신을 포식자들에게 눈에 띄지 않도록 만들기 위해서

72 이 문맥에서, <u>있다가는</u> ____________을/를 의미한다.

(a) 멈추다가
(b) 살다가
(c) 지연하다가
(d) 머무르다가

73 이 문맥에서, <u>비정상적으로는</u> ____________을/를 의미한다.

(a) 유별나게
(b) 드물게
(c) 다르게
(d) 비공식적으로

PART 4. *다음 편지를 읽고 질문에 답하십시오.*
지문의 밑줄 친 단어들은 어휘 문제를 위한 것입니다.

어니스트 윌킨슨 부인
교장
세인트 폴 루터 학교
체이스가 22120
웨스트힐스, 캘리포니아 91304-2307

어니스트 윌킨슨 교장 선생님께:
실버튼 동물원에 대한 변함없는 관심과 성원에 감사드립니다. 매년 학생들이 동물원을 방문할 때마다, 우리는 그것을 기억에 남는 경험으로 만드는 것에 헌신하고 있습니다. 그리고 저는 항상 새로운 경험을 통해 학생들의 시야를 넓힐 수 있는 방법에 대해 생각해 왔습니다. 따라서 이러한 고민에 따라 실버튼 동물원의 새로운 프로그램으로 자연탐사를 추가하게 되어 매우 기쁩니다.

특히, 저는 교장 선생님께 특별한 감사를 표하고 싶습니다. 지난해 학생들을 인솔하신 과학선생님 벨라와 함께 학교의 교육관에 대해 깊은 대화를 나눌 수 있는 기회를 가졌습니다. 저는 귀교가 체험 학습을 통한 교육의 중요성을 옹호하고 있다는 것을 알게 되었고 이러한 견해에 깊이 공감하였습니다. 이 대화는 제가 학생들의 실제적인 경험, 관찰, 피드백에 초점을 맞추어 자연탐험을 구성하도록 영감을 주었습니다.

이 프로그램에서, 학생들은 전문성을 갖춘 스태프들의 안내하에 돌고래를 만지고 돌고래들과 소통할 수 있습니다. 또한 학생들은 4-D 극장에서 공룡이 어떻게 태어나고 자랐는지 관찰하고, 적절한 지도와 함께하는 모의 활동들을 통해 대형 고양이과 동물들의 야생 세계로 들어갈 것입니다. 마지막으로, 학생들은 그들의 경험과 감정에 대해 발표하도록 요구됩니다. 내년에 필수과목으로 자연과학이 있다는 점을 고려하면, 이것은 심화과정에 대비하는 데 도움이 될 수 있을 겁니다.

문의 사항이 있으시면, 저희 프로그램 매니저인 벤자민에게 356-8835로 연락하시면 됩니다. 그리고 일정과 세부 사항은 이메일이나 회의로 협의할 수 있습니다. 당신께 곧 직접 말씀드릴 수 있기를 희망합니다.

진심을 담아,

로버트 렉슬리 씨
감독
실버튼 동물원
3333 블루 다이아몬드길 실버튼 로지,
라스베이거스, 네바다 89139-7873

74 렉슬리는 왜 이 편지를 썼는가?

(a) 교장을 그들의 동물원에 초대하기 위해서
(b) 그들의 새 프로그램을 광고하기 위해서
(c) 학교의 의리에 감사하기 위해서
(d) 교장에게 그들이 새 동물원을 열었다는 것을 알리기 위해서

75 편지에 근거하여, 렉슬리 씨는 어떻게 그 아이디어를 생각해냈는가?

(a) 과학 박람회를 방문함으로써
(b) 학교 선생님과 회의를 함으로써
(c) 학교의 여행을 안내함으로써
(d) 견학 가이드와 대화함으로써

76 학생들이 이 프로그램에 참여한다면 무엇을 할 것 같은가?

(a) 그들은 대형 고양이과 동물들을 길들일 수 있다
(b) 그들은 형식을 갖춰 그들의 경험을 공유할 것이다
(c) 그들은 4-D로 영화들을 볼 것이다
(d) 그들은 현장에서 공룡 화석을 발굴할 수 있다

77 이 프로그램은 참여하는 학생들에게 어떤 도움을 줄 수 있는가?

(a) 그들은 다가올 강의에 대비할 수 있다
(b) 그들은 그 과정을 완료하도록 요구받을 것이다
(c) 그들을 학점을 받을 기회를 얻을 수 있다
(d) 그들은 자신의 경력을 계획할 것이다

78 편지에 의하면, Mrs. 윌킨슨이 벤자민에게 왜 연락을 할 것인가?

(a) 프로그램에 대한 몇 가지 제안을 하기 위해서
(b) 회의를 위해 동물원을 방문하기 위해서
(c) 프로그램에 대한 더 많은 정보를 얻기 위해서
(d) 학교의 다음 견학 일정을 잡기 위해서

79 이 문맥에서, <u>헌신하고</u>는 ____________을/를 의미한다.

(a) 벌어지고
(b) 실행되고
(c) 전념하고
(d) 시도되고

80 이 문맥에서, <u>옹호하고</u>는 ____________을/를 의미한다.

(a) 싸우고
(b) 얻고
(c) 고취하고
(d) 수여하고

TEST 2

***PART 1.** Read the following biographical article and answer the questions. The underlined words in the article are for vocabulary questions.*

ADA LOVELACE

Augusta Ada King, Countess of Lovelace was an English mathematician and writer. She is chiefly known for her work on Charles Babbage's proposed mechanical general-purpose computer, the Analytical Engine. She recognized the machine had potential beyond pure calculation, and wrote the first algorithm. That's why she is often regarded as the first computer programmer.

Lovelace was the daughter of famed poet Lord Byron and mathematician Lady Byron, who legally separated two months after her birth. While her father was romantic, her mother was an intelligent and mathematically gifted woman. Sick of her husband's lunacy, she promoted Ada's interest in mathematics and science. She thought they are regimented to provide one with stable character. Ada was tutored by prominent academics such as William Frend, William King, and Mary Somerville, the noted researcher and scientific author.

Her educational and social background brought her into contact with scientists such as Andrew Crosse, Charles Babbage, Sir David Brewster, the author Charles Dickens, and so on. Lovelace first met Charles Babbage in June 1833, through their mutual friend Mary Somerville. Babbage invited Lovelace to see the prototype for his 'difference engine' and she acquired a fascination with the machine, leading to her correspondence with him. Babbage was impressed by Lovelace's intellect and analytic skills.

Between 1842 and 1843, Ada translated an article by Italian military engineer Luigi Menabrea about the Analytical Engine, wanting to help draw people's attention to funding. She added an elaborate set of notes, simply called "Notes", to it. Lovelace's notes are important in the early history of computers, containing what many consider to be the first computer program. She expanded the horizons of computers' ability to go beyond mere calculating or number-crunching. She demonstrated an algorithm for the Analytical Engine to compute Bernoulli numbers by writing instructions to read and work out equations.

She died of uterine cancer in 1852 at the age of 36, the same age at which her father died. The early programming language Ada was named for her, and the second Tuesday in October is deemed Ada Lovelace Day for her contributions to science, technology, engineering, and mathematics.

53 What is Ada Lovelace famous for?

(a) a designer of the first computer
(b) a co-inventor of the early general computer
(c) her endeavors in an early type of computer
(d) the first female computer programmer

54 Why did Ada's mother push her to pursue mathematics and science?

(a) to develop her taste in poetry
(b) to build her steady-state disposition
(c) to make her support family after her father's death
(d) to derive her talent from the noble descent

55 What prompted Ada's correspondence with Charles Babbage?

(a) her idea for improving the machine
(b) her captured attention to his invention
(c) her enthusiasm to progress her research
(d) his wish for being her mentor

56 Why did Ada translate an article for the Analytical Engine?

(a) She could propose a new direction to the project
(b) She could make money for her own project
(c) She could learn more about the project
(d) She could assist the project in raising funds

57 How did Ada refine the Analytical Engine through her notes?

(a) She optimized it for better performance
(b) She solved the equation to improve the machine
(c) She showed additional functions of the machine
(d) She transformed it into a writing machine

58 In the context of the passage, <u>prominent</u> means ____________.

(a) leading
(b) noticeable
(c) bold
(d) public

59 In the context of the passage, <u>deemed</u> means ____________.

(a) declared
(b) considered
(c) assumed
(d) claimed

PART 2. *Read the following magazine article and answer the questions. The underlined words in the article are for vocabulary questions.*

BRAZIL'S RAINFOREST LOSING ITS ROLE RECENTLY

Brazil has the Amazon rainforest which is the world's largest intact forest. It contributes to biodiversity as the home to various plant and animal species, as well as stores approximately 100 billion metric tons of carbon. That's more than ten times the annual global emissions from fossil fuels.

Climate change experts monitored carbon absorption and emission in each region every year, and tried to predict how variations will affect Earth's local, regional, and global climates. In 2020, Brazil rainforests' net emissions rose 14% and it reached 2.16 billion tons of carbon dioxide equivalent. The huge land that used to hold and store greenhouse gas has become a place to release it instead.

This is because of commercial mining and agriculture there, including on protected indigenous lands. Producers in Brazil have burned more and more forests to make way for cattle ranching and plantations. Since Brazil's money has become very cheap, they needed to focus more on lucrative businesses, which were exporting beef, corn, or soybeans.

It is double trouble because not only have the trees that served as carbon sink disappeared, but a huge amount of carbon is generated during the deforestation. Carbon dioxide is a greenhouse gas which causes an effect like the glass in a greenhouse. It holds heat and warms up the inside. Without carbon, Earth might be too cold to support human life, but excessive gas creates a cover that traps the sun's heat energy in the atmosphere, causing global warming to be more intense.

As the tropical forests dry up with the change in carbon level, weather patterns are changing, and this phenomenon is not exclusive to specific areas. Hurricanes are likely to become more intense, on average, in a warming world. Annual precipitation and seasonal temperatures are ever-changing. Dry areas experience more droughts. Glaciers retreats and heat would not be reflected back into the atmosphere by the shiny surface of the ice.

60 What is the article mainly about?

(a) the relationship between carbon and global warming
(b) the shifting role of forests in Brazil
(c) how to improve forest health
(d) how to reduce carbon levels across the continent

61 What did researchers observe to understand the present situation?

(a) how the climate has varied in local areas
(b) how much each region burns fossil fuels each year
(c) how the Brazil rainforests were affected in 2020
(d) how the carbon level changes over time regionally

62 According to the article, why are Brazil's rainforests producing more gas?

(a) It protected indigenous lands
(b) It made farms burn for commercial mining
(c) They were used to export more corn than beef
(d) They were set on fire to clear land

63 Why does the practice make global warming more serious?

(a) because it causes more heat energy from the sun
(b) because it makes human life feel too cold
(c) because it adds gas that produces heat
(d) because it lets less heat escape

64 Based on the article, What is NOT the effect of this carbon change?

(a) Most surfaces of the world dry up
(b) Ocean absorbs more heat without glaciers
(c) People can't predict the amount of rainfall
(d) African people face more extreme storms

65 In the context of the passage, monitored means ____________.

(a) scanned
(b) covered
(c) observed
(d) supervised

66 In the context of the passage, exclusive means ____________.

(a) controlled
(b) private
(c) limited
(d) closed

__PART 3.__ Read the following encyclopedia article and answer the questions. The underlined words in the article are for vocabulary questions.

WOODSTOCK

In August 1969, the Woodstock Music and Art Fair took place on a dairy farm in Bethel, New York. It's one of the greatest happenings of all time and the most pivotal moment in music history, bringing together over half a million people in a celebration of peace, music, and love.

The Woodstock Music and Art Fair was organized by four inexperienced promoters looking for an investment opportunity. Michael Lang and Artie Kornfeld wanted to open a recording studio in Woodstock, New York, where there was a community of artists and musicians who lived there like Bob Dylan. To help fundraise for this studio they planned a concert. At first, they had difficulties in engaging artists as performers as they had a poor cast lineup. Creedence Clearwater Revival was the first big-name talent to sign on and gave Woodstock the credibility it needed to attract other well-known musicians.

The festival began to go wrong when the towns of both Woodstock and Wallkill, New York, denied permission to stage it with resident opposition. Nevertheless, the name Woodstock was <u>retained</u> because they wanted to keep the prestige of hipness associated with the town. Finally, just a month ahead of the concert, 49-year-old dairy farmer Max Yasgur made part of his land in Bethel, New York, available for the festival.

This late change in venue did not give the festival organizers enough time to prepare. A couple of days ahead of the concert, lots of "early birds" surpassing the <u>projected</u> 50,000 had arrived at Bethel and had planted themselves in front of the half-finished stage. It was before fences, entrance gates, and ticket booths were set up. With no efficient way to charge concert-goers, Lang and his partners decided to make Woodstock a free event.

Though the festival left Roberts and Rosenman close to financial ruin, their ownership of the film and recording rights turned their finances around when the Academy Award-winning documentary film Woodstock was released in March 1970.

67 Why most likely were the organizers not successful at first?

(a) They didn't have a recording studio yet
(b) They lacked experience in contract accomplishment
(c) They were new to the music industry
(d) They didn't have a star-studded cast

68 Based on the article, what made many musicians sign in to perform in the concert?

(a) the earliest contract by the renowned band
(b) the amount of big-name investors
(c) the fame of the community in Woodstock
(d) personal connections with well-known artists

69 Why did the organizers have difficulty deciding the venue of the festival?

(a) because of residents objecting to it
(b) because of the shortage of space
(c) because of the alteration of stage use
(d) because of lack of the required documents

70 According to the article, why did Woodstock become a free concert?

(a) It had no efficient system to count people
(b) People refused to be charged admission
(c) It was not equipped to collect fees
(d) There was a too large crowd to sell tickets

71 How could the investors recover their financial loss?

(a) by winning large money from Academy Award
(b) by selling the video of the concert
(c) by showing a film about the concert in theaters
(d) by recreating the concert in the following year

72 In the context of the passage, retained means ____________.

(a) stored
(b) bought
(c) made
(d) kept

73 In the context of the passage, projected means ____________.

(a) scheduled
(b) reflected
(c) expected
(d) invited

PART 4. *Read the following business letter and answer the questions. The underlined words in the article are for vocabulary questions.*

To: @scentedfurniture.com
Sales Director
SCENTED FURNITURE

Hello,

I'm Lisa Moore who ordered a chair from your website ten days ago. I chose your company SCENTED FURNITURE in that I heard you are in high repute for great service and fine quality. The site said that any order will be delivered within five days. I also read reviews that your after-sales service is credible.

I ordered a black and cherry dining room chair on July 4th, Thursday and after seven days elapsed I realized that I didn't get my chair. At least it should have been here two days ago. I checked the tracking site with the tracking number associated with my order and it said delivery was completed. I was so embarrassed that I immediately watched the footage of closed-circuit television (CCTV) at the front door of my house and I can assure you that there has been no courier visiting me for seven days.

I contacted a customer service center and explained this situation to your service associate. And then, he said you've done your job, just checking the system without contacting the courier at all. His reply that nothing like this had ever happened before and he felt no need to check with the courier baffled me. This seems that your company has no will to solve my problem.

I was very disappointed at your irresponsible attitude. I strongly demand that you look into this and propose the appropriate solution to me within a week. I wish I don't have to involve the insurance company in this. I'm looking forward to your prompt response to this request.

Thanks in advance,

Lisa Moodie
141 Pryor St
SW, Atlanta,
GA 30303

74 Why did Lisa Moodie write this letter?

(a) to share discontent about her product delivery
(b) to ask if her order is shipped
(c) to suggest something about the company's reputation
(d) to complain about the late-delivered product

75 What could she know after she checked the tracking site?

(a) she forgot receiving her package
(b) her tracking number had an error
(c) the courier was too busy to visit her
(d) she was supposed to be given it already

76 Based on the letter, why did the company say they completed their work?

(a) because they checked with the manufacturer
(b) because they relied on what the system says
(c) because they hadn't made such a situation ever
(d) because they asked a courier about the situation

77 What did she think the service associate's reaction mean?

(a) They hadn't reached a solution to the problem
(b) They rejected to take responsibility for her problem
(c) They blamed her for this accident
(d) They are poor at treating customers properly

78 What would happen if the furniture company couldn't handle this situation within seven days?

(a) She will file a claim to receive compensation
(b) She will take out insurance against the lost package
(c) She will request a prompt response
(d) She will call a meeting for an appropriate answer

79 In the context of the passage, elapsed means ____________.

(a) expired
(b) passed
(c) left
(d) disappeared

80 In the context of the passage, assure means ____________.

(a) promise
(b) suggest
(c) convert
(d) encourage

TEST 2

PART 1. 다음 전기문을 읽고 질문에 답하십시오.
지문의 밑줄 친 단어들은 어휘 문제를 위한 것입니다.

에이다 러브레이스

러브레이스 백작부인인 오거스타 에이다 킹은 영국의 수학자이자 작가였다. 그녀는 찰스 배비지가 제안한 기계적인 범용 컴퓨터인 분석 엔진에 대한 그녀의 공헌으로 주로 알려져 있다. 그녀는 기계가 단순 계산을 넘어서는 잠재력을 가지고 있다는 것을 알아보았고 첫 번째 알고리즘을 작성했다. 그것이 그녀가 종종 최초의 컴퓨터 프로그래머로 여겨지는 이유다.

러브레이스는 유명한 시인 바이런 경과 수학자인 바이런 부인의 딸로 태어났는데, 이 부부는 그녀의 출생 두 달 후에 법적으로 헤어졌다. 그녀의 아버지는 낭만적이었던 반면, 그녀의 어머니는 지적이고 수학적으로 재능이 있는 여성이었다. 남편의 터무니없는 짓에 질린 그녀는 수학과 과학에 대한 에이다의 관심을 장려했다. 바이런 부인은 그것들이 체계화되어 있어서 사람에게 안정된 성격을 갖게 한다고 생각했다. 에이다는 윌리엄 프렌드, 윌리엄 킹, 그리고 저명한 연구자이자 과학 저자인 메리 서머빌과 같은 유명한 학자들에게서 가르침을 받았다.

러브레이스의 교육적, 사회적 배경은 그녀를 앤드류 크로스, 찰스 배비지, 데이비드 브루스터 경, 작가 찰스 디킨스 등과 같은 과학자들과 접촉하게 했다. 러브레이스는 1833년 6월, 그들의 공통의 친구인 메리 서머빌을 통해 찰스 배비지를 처음 만났다. 배비지는 러브레이스를 초대하여 그의 '차분 기관'의 프로토타입을 보여주었고, 그녀는 그 기계에 매료되어 그와 편지를 주고받게 되었다. 배비지는 러브레이스의 지성과 분석력에 깊은 인상을 받았다.

1842년에서 1843년 사이에, 에이다는 자금 투자에 대한 사람들의 관심을 끄는 데에 도움이 되고자 이탈리아의 군사 기술자 루이지 메나브레아의 해석 기관에 대한 기사를 번역했다. 그녀는 정성을 들인 주석을 번역에 덧붙였는데, 단순히 "주석"이라고 불리운다. 러브레이스의 이 주석은 컴퓨터의 초기 역사에 중요한데, 거기에는 많은 사람들이 최초의 컴퓨터 프로그램으로 간주하는 것도 포함된다. 그녀는 단순한 계산이나 수치 처리를 넘어 컴퓨터 능력의 지평을 넓혔다. 그녀는 방정식을 읽고 푸는 명령을 작성함으로써 해석 기관이 베르누이 수를 계산하는 알고리즘을 시연했다.

에이다 러브레이스는 1852년에 자궁암으로 사망하였는데, 그녀의 아버지가 죽은 나이와 같은 36세였다. 초기 프로그래밍 언어인 에이다는 그녀의 이름을 따서 지어졌고, 10월의 두 번째 화요일은 과학, 기술, 공학, 수학에 대한 그녀의 공헌을 기려 에이다 러브레이스의 날로 여겨진다.

53 에이다 러브레이스는 무엇으로 유명한가?

(a) 최초의 컴퓨터의 디자이너
(b) 초기 범용 컴퓨터의 공동 발명가
(c) 초기형 컴퓨터에 대한 그녀의 노력
(d) 최초의 여성 컴퓨터 프로그래머

54 에이다의 어머니는 왜 에이다에게 수학과 과학을 추구하도록 독려했나?

(a) 시에 대한 그녀의 취향을 개발시키기 위해서
(b) 그녀의 안정적인 기질을 키우기 위해서
(c) 아버지의 죽음 이후 그녀가 가족을 부양하게 만들기 위해서
(d) 귀족 혈통으로부터 그녀의 재능을 끌어내기 위해서

55 에이다가 찰스 배비지와 서신을 주고받은 계기는 무엇인가?

(a) 기계를 개선시키기 위한 그녀의 아이디어
(b) 그의 발명에 사로잡힌 그녀의 관심
(c) 자신의 연구를 진전시키려는 그녀의 열정
(d) 그녀의 스승이 되고 싶은 그의 소망

56 에이다가 해석 기관에 대한 기사를 번역한 이유는 무엇인가?

(a) 그녀는 그 프로젝트에 대한 새로운 방향을 제안할 수 있었다
(b) 그녀는 자신의 프로젝트를 위해 돈을 벌 수 있었다
(c) 그녀는 그 프로젝트에 대해 더 배울 수 있었다
(d) 그녀는 자금을 모아 그 프로젝트를 도울 수 있었다

57 에이다는 자신의 주석을 통해 해석 기관을 어떻게 향상시켰는가?

(a) 그녀는 더 나은 성능을 위해 그것을 최적화시켰다
(b) 그녀는 기계를 개선시키기 위한 방정식을 풀었다
(c) 그녀는 기계의 또 다른 기능들을 보여주었다
(d) 그녀는 그것을 필기 기계로 변형시켰다

58 이 문맥에서, 유명한은 ____________을/를 의미한다.

(a) 선도적인
(b) 눈에 띄는
(c) 대담한
(d) 공공의

59 이 문맥에서, 여겨진다는 ____________을/를 의미한다.

(a) 선언된다
(b) 간주된다
(c) 가정된다
(d) 주장된다

PART 2. *다음 기사를 읽고 질문에 답하십시오.*
지문의 밑줄 친 단어들은 어휘 문제를 위한 것입니다.

최근 브라질 열대우림의 역할 상실

브라질에는 세계에서 가장 큰 손상되지 않은 숲인 아마존 열대우림이 있다. 아마존 열대우림은 다양한 식물과 동물 종의 서식지로서 생물 다양성에 기여하고 있으며, 약 1,000억 미터톤의 탄소를 저장하고 있다. 그것은 화석 연료로 나오는 연간 전 세계 배출량의 10배 이상이다.

기후변화 전문가들은 매년 각 지역의 탄소 흡수량과 배출량을 추적하여 그 변화가 지구의 국지적, 지역적, 전 세계적 기후에 어떤 영향을 미칠지 예측하려고 노력한다. 2020년 브라질 열대우림의 순배출량은 14% 증가했으며, 이는 21억 6천만 톤에 상당하는 이산화탄소에 이른다. 온실가스를 잡아두고 저장하던 거대한 땅이 반대로 그것을 배출하는 곳이 되었다.

이것은 아마존에서의 상업적인 광업과 농업 때문인데, 이는 보호구역으로 지정된 토착지에서 일어나는 것을 포함한다. 브라질의 생산업자들은 점점 더 많은 숲을 태워왔는데 이는 소 목축과 대규모 농장을 위해서이다. 브라질 헤알(화폐)의 가치가 매우 저렴해졌기 때문에, 그들은 소고기, 옥수수 또는 콩을 수출하는 수익성 있는 사업에 더 집중할 필요가 있었다.

탄소 흡수대 역할을 했던 나무들이 사라졌을 뿐만 아니라 삼림 벌채 과정에서 엄청난 양의 탄소가 생성되기 때문에 이것은 엎친 데 덮친 격이다. 이산화탄소는 온실에서의 유리와 같은 효과를 일으키는 온실가스이다. 그것은 열을 붙잡아두고 내부를 데운다. 탄소가 없다면, 지구는 인간의 삶을 지탱하기에는 너무 차가울 수도 있지만, 과도한 가스는 태양의 열에너지를 대기 중에 가두는 덮개를 만들어 지구 온난화를 더 극심하게 만든다.

탄소 수치의 변화에 따라 열대 숲들은 줄어들기 때문에 날씨 패턴이 변하고 있으며, 이러한 현상은 특정 지역에만 국한된 것이 아니다. 허리케인은 평균적으로 온난한 권역에서 더 강렬해질 가능성이 있다. 연간 강수량과 계절적 온도는 변화무쌍하다. 건조한 지역은 더 많은 가뭄을 겪는다. 빙하가 줄어들고 열은 반짝이는 얼음 표면에 의해 대기로 반사되지 않을 것이다.

60 이 지문은 주로 무엇에 관한 것인가?

(a) 탄소와 지구 온난화의 관계
(b) 브라질에서 숲의 역할 변화
(c) 산림 건강을 개선하는 방법
(d) 대륙 전체의 탄소 수치를 줄이는 방법

61 연구자들은 현재 상황을 이해하기 위해 무엇을 관찰했는가?

(a) 지역마다 기후가 어떻게 변해왔는지
(b) 각 지역이 매년 화석 연료를 얼마나 많이 태우는지
(c) 2020년에 브라질 열대우림이 어떻게 영향을 받았는지
(d) 탄소 수준이 시간에 따라 지역적으로 어떻게 변하는지

62 지문에 따르면, 왜 브라질의 열대우림이 더 많은 가스를 생산하고 있는가?

(a) 브라질은 토착지를 보호했다
(b) 브라질은 상업적인 광업을 위해 농장을 불태웠다
(c) 열대우림은 소고기보다 옥수수를 더 많이 수출하기 위해 이용되었다
(d) 열대우림은 땅을 개간하기 위해 불태워졌다

63 그 행위는 왜 지구 온난화를 더 심각하게 만드는가?

(a) 그 행위가 태양으로부터 더 많은 열에너지를 야기하기 때문에
(b) 그 행위가 인간의 삶이 너무 추위를 느끼도록 만들기 때문에
(c) 그 행위가 열을 발생시키는 가스를 더하기 때문에
(d) 그 행위가 열을 덜 빠져나가게 하기 때문에

64 지문에 따르면, 이 탄소 변화의 영향이 아닌 것은 무엇인가?

(a) 세계의 대부분의 표면들이 마른다
(b) 바다는 빙하 없이 더 많은 열을 흡수한다
(c) 사람들은 강우량을 예측할 수 없다
(d) 아프리카 사람들은 더 심각한 폭풍에 직면한다

65 이 문맥에서, 추적하여는 ____________을/를 의미한다.

(a) 훑어
(b) 포함하여
(c) 관찰하여
(d) 감독하여

66 이 문맥에서, 국한된은 ____________을/를 의미한다.

(a) 통제된
(b) 사적인
(c) 한정된
(d) 폐쇄적인

PART 3. *다음 백과사전을 읽고 질문에 답하십시오. 지문의 밑줄 친 단어들은 어휘 문제를 위한 것입니다.*

우드스톡

1969년 8월, 우드스톡 뮤직 앤 아트 페어가 뉴욕 베델의 한 낙농장에서 열렸다. 그것은 50만 명 이상의 사람들이 평화, 음악 그리고 사랑을 기념하기 위해 모인, 역사상 가장 위대한 사건 중 하나이자 음악 역사상 가장 중추적인 순간이었다.

우드스톡 뮤직 앤 아트 페어는 투자 기회를 노리고 있던 경험이 부족한 기획자 4명에 의해 조직되었다. 마이클 랭과 아티 콘펠드는 뉴욕 우드스톡에 녹음 스튜디오를 열고 싶어 했는데, 우드스톡에는 밥 딜런 같은 거기에 살고 있는 예술가들과 음악가들이 공동체를 형성하고 있었다. 이 스튜디오를 위한 자금 조달에 도움이 되기 위해 그들은 콘서트를 기획했다. 처음에는 빈약한 출연진 구성 때문에 아티스트들을 섭외하는 데에 어려움을 겪었다. 크리던스 클리어워터 리바이벌이 그들이 계약한 최초의 거물급 밴드였고, 이 밴드는 우드스톡이 다른 유명한 뮤지션들을 끌어모으는 데 필요로 했던 신뢰성을 획득하게 했다.

이 축제가 문제를 겪기 시작한 것은 뉴욕의 우드스톡과 월킬 두 도시 모두가 주민들의 반대로 축제 개최를 허락하지 않았을 때였다. 그럼에도 불구하고 우드스톡이라는 이름은 유지되었는데, 이는 그들이 이 지역이 연상시키는 최신 유행의 위신을 가지고 가기를 원했기 때문이었다. 마침내, 콘서트를 불과 한 달 앞두고 49세의 낙농가 맥스 야스거가 뉴욕 베델에 있는 그의 땅의 일부를 축제에 사용할 수 있도록 내주었다.

이러한 늦은 장소 변경으로 축제 주최 측은 준비할 시간이 충분치 않았다. 콘서트 이틀 전, 예상됐던 5만 명을 넘어선 수많은 '얼리버드'들이 베델에 도착했고, 반쯤 완성된 무대 앞에 진을 쳤다. 울타리, 출입구, 그리고 매표소가 마련되기도 전이었다. 콘서트 관람객들에게 요금을 부과할 효율적인 방법이 없었기 때문에, 랭과 그의 파트너들은 우드스톡을 무료 공연으로 만들기로 결정했다.

이 축제는 로버츠와 로젠만을 재정 파탄에 가깝게 만들었지만, 그들의 영화와 녹화권리에 대한 소유권은 1970년 3월 아카데미상을 수상한 다큐멘터리 영화 우드스톡이 개봉되었을 때 그들의 재정을 회복시켰다.

67 주최자들이 처음에 성공적이지 못했을 것 같은 이유는 무엇인가?

(a) 그들은 아직 녹음실을 가지고 있지 않았다
(b) 그들은 계약을 성사해 본 경험이 부족했다
(c) 그들은 음악 산업에 익숙지 않았다
(d) 그들은 호화 출연진을 가지고 있지 않았다

68 지문에 따르면, 무엇이 많은 뮤지션들을 콘서트의 공연에 합류하게 했는가?

(a) 유명한 밴드에 의해 이뤄진 첫 계약
(b) 거물 투자자들의 숫자
(c) 우드스톡에서 그 공동체의 명성
(d) 유명한 예술가들과의 개인적인 관계

69 주최 측이 축제의 장소를 결정하는 데 어려움을 겪은 이유는 무엇인가?

(a) 그것에 반대하는 주민들 때문에
(b) 공간의 부족 때문에
(c) 무대 용도의 변경 때문에
(d) 필요한 서류의 불충분 때문에

70 지문에 따르면 우드스톡은 왜 무료 콘서트가 되었는가?

(a) 우드스톡은 사람 수를 계산할 효율적인 시스템을 가지고 있지 않았다
(b) 사람들이 입장료를 내기를 거부했다
(c) 우드스톡은 요금을 받을 장비가 갖춰지지 않았다
(d) 표를 팔기에는 너무 많은 군중이 있었다

71 투자자들은 어떻게 재정적 손실을 회복할 수 있었는가?

(a) 아카데미상으로부터 많은 상금을 수상함으로써
(b) 콘서트 비디오를 판매함으로써
(c) 콘서트에 관한 영화를 극장에서 상영함으로써
(d) 다음 해에 그 콘서트를 재조직함으로써

72 이 문맥에서, 유지되었는데는 ____________ 을/를 의미한다.

(a) 저장되었는데
(b) 구입되었는데
(c) 만들어졌는데
(d) 지켜졌는데

73 이 문맥에서, 예상됐던은 ____________ 을/를 의미한다.

(a) 예정됐던
(b) 반영됐던
(c) 기대됐던
(d) 초대받은

PART 4. *다음 편지를 읽고 질문에 답하십시오.*
지문의 밑줄 친 단어들은 어휘 문제를 위한 것입니다.

받는 사람: @scentedfurniture.com
영업이사
SCENTED FURNITURE

안녕하세요.
저는 10일 전에 귀사의 웹사이트에서 의자를 주문했던 리사 무어입니다. 좋은 서비스와 좋은 품질로 평판이 좋다고 들어서 귀하의 회사인 SCENTED FURNITURE를 선택했습니다. 그 사이트에서는 어떠한 주문도 5일 이내에 배송이 된다고 했습니다. 또한 귀사의 사후관리가 믿을 만하다는 리뷰도 읽었습니다.

저는 7월 4일 목요일에 흑체리색 식탁 의자를 한 개 주문했는데, 7일이 지나서야 의자를 받지 못한 것을 깨달았습니다. 그것은 적어도 이틀 전에 여기에 왔어야 합니다. 저는 제 주문과 연계된 배송 추적 번호로 배송 사이트를 확인해 보았고, 사이트에서는 주문이 완료되었다고 합니다. 저는 매우 당황하여 즉시 저희 집의 현관에 있는 폐쇄회로(CCTV) 영상을 확인했고, 7일 동안 저를 방문한 택배기사가 한 명도 없었다고 장담할 수 있습니다.

저는 고객 서비스 센터에 연락하여 귀사의 서비스 담당자에게 이 상황을 설명했습니다. 그리고는, 그가 말하길 귀사는 귀사가 해야할 일을 다 했다고 하면서, 택배기사와는 전혀 연락하지 않고 시스템만 확인해 보더군요. 지금까지 이런 일이 일어난 적이 없었고, 택배사에 확인할 필요가 없다고 느꼈다는 그의 대답은 저를 당혹스럽게 했습니다. 이것은 귀사가 이 문제를 해결하려는 의지가 없는 것처럼 보입니다.

저는 귀사의 무책임한 태도에 매우 실망했습니다. 저는 당신이 이것을 알아보고 일주일 내에 적절한 해결책을 제안해 줄 것을 강력히 요구합니다. 저는 제가 이 일에 보험 회사를 연루시킬 필요가 없기를 희망합니다. 이 요청에 대한 당신의 신속한 응답을 기대하고 있습니다.

미리 감사드립니다.

리사 무디
141 프라이어 세인트
SW, 애틀랜타,
GA 30303

74 리사 무디는 왜 이 편지를 썼나?

(a) 그녀의 제품 배송에 대한 불만을 말하기 위해서
(b) 그녀의 주문이 배송되었는지 물어보기 위해서
(c) 회사의 평판에 대해 무언가를 제안하기 위해서
(d) 늦게 배달된 제품에 대해 불평하기 위해서

75 그녀가 배송 사이트를 확인한 후에 무엇을 알 수 있었는가?

(a) 그녀는 소포를 받았던 것을 잊었다
(b) 그녀의 배송 추적 번호는 오류가 있었다
(c) 택배기사는 너무 바빠서 그녀를 방문하지 못했다
(d) 그녀는 이미 그것을 받았어야 했다

76 편지에 근거하여, 회사는 왜 그들의 일을 완료했다고 말했는가?

(a) 그들이 제조사에 확인했기 때문에
(b) 그들이 시스템이 말하는 것에 의존했기 때문에
(c) 그들이 그런 상황을 만들었던 적이 없기 때문에
(d) 그들이 택배기사에게 상황에 대해 물어봤기 때문에

77 그녀는 서비스 담당자의 반응이 무엇을 의미한다고 생각했는가?

(a) 그들은 그 문제에 대한 해결책에 도달하지 못했다
(b) 그들은 그녀의 문제에 대한 책임을 지기를 거부한다
(c) 그들은 이 사고에 대해 그녀를 비난한다
(d) 그들은 고객을 제대로 대우하지 못한다

78 가구 회사가 7일 이내에 이 상황을 처리하지 못한다면 어떤 일이 일어날 것인가?

(a) 그녀는 보상을 받기 위해 이의를 제기할 것이다
(b) 그녀는 잃어버린 소포에 대해 보험에 들 것이다
(c) 그녀는 빠른 답변을 요청할 것이다
(d) 그녀는 적절한 대답을 위해 회의를 소집할 것이다

79 이 문맥에서, 지나서야는 ______________을/를 의미한다.

(a) 만료되어서야
(b) 지나고 나서야
(c) 떠나서야
(d) 사라져서야

80 이 문맥에서, 장담할은 ______________을/를 의미한다.

(a) 약속할
(b) 제안할
(c) 전환할
(d) 격려할

TEST 3

***PART 1.** Read the following biographical article and answer the questions. The underlined words in the article are for vocabulary questions.*

MICHEL FOUCAULT

Michel Foucault was a French philosopher, writer, and political activist. He was best known for studying the relationship between power and knowledge, and how they are used for social control through societal institutions. He also wrote about discipline and punishment to discuss the role that power plays in society.

Michel was born on 15 October 1926 in the city of Poitiers, west-central France. His father had a <u>prosperous</u> career as a surgeon, and his paternal grandfather was a physician and taught at the medical school in Poitiers. In addition, his maternal grandfather also owned a private practice and taught anatomy. Although his father urged him to follow the path of medicine, he thought it was too disciplined and was interested in philosophy.

In 1946, Foucault entered the École Normale Supérieure d'Ulm, the most prestigious institution for education in the humanities in France. Foucault primarily studied philosophy, but also obtained qualifications in psychology. Foucault read the works of the German philosophers Heidegger and Nietzsche which had a significant impact on his later work. He started a series of lessons at the Collège de France, covering the Marxist-Leninist oriented topics. Later, Foucault co-founded the Groupe d'Information sur les Prisons(GIP), aiming to investigate and expose poor conditions in prisons and give prisoners and ex-prisoners a voice in French society.

He believed that the prison is the miniature of the society where the minority monopolizes power and knowledge and uses it to control the others. In *Discipline and Punish* he developed a notion of "biopower", which invests people's lives at a biological level to make us live according to norms. He stressed that in order to regulate humanity at the level of the population they also use school, family and culture.

Until he died in Paris in 1984, he had been <u>critiquing</u> powerful institutions and participating in campaigns against racism and human rights abuses. He would go down in history for seeking a way of understanding ideas that shape our present.

53 What is Michel Foucault best known for?

(a) helping improve prisoner's condition
(b) writing about the link between knowledge and manipulation
(c) being both philosopher and political activist
(d) struggling and seeking for power

54 Based on the article, how was Foucault's schooling in the early years?

(a) He pursued the medical practice as a family occupation
(b) His father urged him to put his mind to indisciplined study
(c) He chose a major contrary to his father's expectation
(d) He privately had a tough time deciding on a career

55 What most likely made Foucault teach at the Collège de France?

(a) He gave fairly popular lessons at that school
(b) He was part of the college administration
(c) He was recommended by the other universities
(d) He had an impressive academic background

56 What was the purpose of the Groupe d'Information sur les Prisons(GIP)?

(a) to teach how prisoners can have a voice
(b) to publish papers about French society
(c) to expose information about prison culture
(d) to investigate powerful prison officers

57 According to the article, how is the prison system useful for the people in power?

(a) They can learn about the real society
(b) They can acquire power and knowledge
(c) They can use it to supervise the behavior of certain people
(d) They can have their own norms for efficient control

58 In the context of the passage, <u>prosperous</u> means ____________.

(a) appropriate
(b) lucky
(c) successful
(d) promising

59 In the context of the passage, <u>critiquing</u> means ____________.

(a) confusing
(b) inventing
(c) labeling
(d) criticizing

PART 2. *Read the following magazine article and answer the questions. The underlined words in the article are for vocabulary questions.*

SAFFRON, THE RED GOLD

Saffron is a spice derived from the flower of *Crocus sativus*, commonly known as the "saffron crocus". The vivid crimson stigma and styles, called threads, are collected and dried for use mainly as a seasoning and coloring agent in food. Some people call its high value in question, but there are some reasons why this spice is extremely expensive.

The domesticated saffron crocus is an autumn-flowering perennial plant. The spice we think of when we hear "saffron" is actually only a small part of the plant itself. What we use for that distinctive yellow color, sweet-herb smell, and bitter taste is actually the stigma of the purple flower at the end of the red pistil. There are only three stigmata in each saffron flower. Since such a small part of the flower is used, it takes 75,000 saffron flowers to make one pound of saffron spice. Also, once the stigmata (and their red pistils) have been separated from the plant, workers should dry them to keep their color and flavor.

In addition, saffron thrives best in warm sub-tropical climate and the enriched soil should be loosened periodically. Low temperature coupled with high humidity during flowering season affects flowering of the Saffron crop negatively.

Another reason of its high retail value is labor-intensive harvesting method. For its high quality it should be harvested manually only in bloom stage as well as before flowers fully open with the warmth. Thus workers harvest them that started to bloom during the night in the early morning just before sunrise, while the crocus petals remain partly closed. This makes the flowers easier to pick and helps protect their precious crimson-red stigmas. The delicate buds are handpicked and placed into baskets.

Despite its significant cost, the global saffron market size is expanding. This is because not only do fine restaurants use it for special looks, color, and taste, but it can be used in medical and cosmetic applications, adding to the prestige. This made it one of the world's costliest spice by weight at US $5,000 per kilogram or higher. There's also another inevitable result that merchants often counterfeit the saffron by using artificial red dye and synthetic perfume.

60 What is this article mainly about?

(a) what the saffron is used for
(b) how much people consume the most expensive spice
(c) how the saffron is cultivated well
(d) why the saffron is highly valued

61 According to the article, why most likely is the production of saffron so low?

(a) because the stigma would be useless after separated from the plant
(b) because the plant flowers only in autumn
(c) because the flower is distinctively small
(d) because the flower yields a minimal amount of product

62 Why does the saffron go through dry process?

(a) to be safe before separating stigma from saffron
(b) to protect their appearance
(c) to preserve their feature
(d) to keep workers from being drained

63 Based on the article, why is the saffron collected early in the morning?

(a) because the temperature is more suitable
(b) because the flower has precious petals
(c) because the flower should not get caught in the rain
(d) because workers have difficulty harvesting under the sun

64 What most likely is the dealers' response to high demand for the saffron?

(a) They produce synthetic perfume using it
(b) They research its medical effectiveness
(c) They develop new application of it
(d) They create the imitation of it

65 In the context of the passage, delicate means ____________.

(a) unpredictable
(b) gentle
(c) dangerous
(d) fragile

66 In the context of the passage, prestige means ____________.

(a) surprise
(b) reputation
(c) rank
(d) legend

PART 3. *Read the following encyclopedia article and answer the questions. The underlined words in the article are for vocabulary questions.*

RAINBOW EUCALYPTUS

Eucalyptus deglupta is a species of tall tree, generally known as the rainbow eucalyptus, which is native to the Philippines, Indonesia, and Papua New Guinea. It is the only Eucalyptus species that usually lives in rainforest, with its vibrantly colored bark. As rainbow eucalyptus sheds the outer layer, it reveals streaks of pale green, red, orange, grey, and purplish brown.

Eucalyptus prefers warm temperatures between roughly 65 and 75 degrees Fahrenheit, and it likes a moderate humidity level, having moist soil. It cannot survive prolonged exposure to temperatures below 50 degrees Fahrenheit, so we can find lots of them sparsely with access to enough unfiltered sunlight even in temperate regions. These trees are home to many different animals and birds. It provides food and shelter for these animals, and helps keep the forest floor clean by recycling nutrients back into the soil.

This huge tree has flower buds arranged on the end of branchlets. Each bud is about 5 millimeter long and once it matures, it is pale green or cream-colored with a hemispherical operculum, the cap-like covering. As flowering time ends, the fruit comes as a woody, brown capsule with three or four valves. Each cell of the fruit contains between three and twelve minute brown seeds, each with a small wing. This wing helps its seeds spread by wind and water.

Rainbow eucalyptus trees are often used for decoration or landscaping and also cultivated for paper, perfume, and building. Oil from Eucalyptus is also used for relieving any muscle pains, and it is also applied topically to heal any burns or cuts on your skin. As expected, many tropical countries won plantations for this eye-stunning tree but they are likely to pull out trees for commercial use and not replant them. We should give more attention to its endangered status.

67 What makes the rainbow eucalyptus different from other eucalyptus?

(a) It has a wide range of color
(b) It changes color according to surrounding environment
(c) Its color varies with the temperature
(d) It grows only in Philippines and Indonesia

68 What environment does the rainbow eucalyptus tree prefer?

(a) the region where there is little competition for sunlight
(b) the area which has dry soil
(c) the environment only in rainforest
(d) the forest where there are many animals and birds

69 Based on the article, how most likely do the rainbow eucalyptus reproduce?

(a) by making its fruit brown
(b) by being cut and replanted by workers
(c) by producing stunning flower
(d) by using natural forces to disperse their seed

70 what does NOT people use the rainbow eucalyptus for?

(a) to let one smell nice
(b) to use for construction project
(c) to speed recovery of injury
(d) to make writing utensil

71 Why most likely can the rainbow eucalyptus be endangered?

(a) because people harvest trees without restoring population
(b) because workers pull out trees illegally
(c) because plantations don't have the new idea about it
(d) because laborers aren't able to replant trees

72 In the context of the passage, sheds means ____________.

(a) ends
(b) loses
(c) carries
(d) wears

73 In the context of the passage, temperate means ____________.

(a) cloudy
(b) mild
(c) cold
(d) windy

PART 4. *Read the following business letter and answer the questions. The underlined words in the article are for vocabulary questions.*

Ms. Green
Executive Chef
Oceanico Traviata
445 E 1st St
East Village Art District,
Long Beach, CA 90802-4905

Dear Ms. Green
I'm writing this letter to express my feelings for the warm welcome and invaluable experience from Oceanico Traviata. Last weekend we got our neighbor's recommendation and made a reservation to celebrate our 30th anniversary of marriage.

As soon as we arrived, we were ushered into a private dining room by your knowledgeable server. It was a clean and well-organized private dining room. The tableware was clean, and a flower was put on each plate, so we could enjoy a very romantic atmosphere. And the wide window overlooks the city skyline. Everything was in place for our dinner.

All the dishes were also satisfactory. The tomato basil soup with the bread was very savory and curry risotto was really soft but a little salty. However, you should bear in mind that people our age are used to eating bland food for health. Pizza Margherita, the main menu, was so impressive and nothing was any better than this that we had at our last trip in Italy. When we got the chocolate chiffon cake for dessert, we were too stuffed to eat it but probably we should revisit here to taste it.

As already satisfied with great dishes, we were so pleasantly surprised when the server brought a complimentary bottle of wine with your card that read "A great adventure! Thirty more!". Although we couldn't see you once, as you were busy with hectic work in the kitchen, we became your big fan. Next month we intend to visit again to celebrate our daughter's graduation.

Again thanks for making our anniversary special, and we won't forget the fabulous dinner. Hope your restaurant always keeps outstanding.

Sincerely,

Mr. & Mrs. Hill
70 Atlantic Ave,
Poly High,
CA 90802-5202

74 What is the purpose of this letter?

(a) to show appreciation for good service
(b) to compliment a pleasant server
(c) to celebrate an opening of the restaurant
(d) to provide several suggestions

75 Based on the letter, what contributed to nice atmosphere?

(a) a tasteful table setting
(b) slow, peaceful music
(c) a great ocean view
(d) a spacious dining room

76 What is NOT true about Mr. and Mrs. Hill's dinner?

(a) The main dish had ingredients imported from Italy
(b) The risotto was not enough to their taste
(c) The soup was flavored with the herb
(d) They wanted to taste dessert but couldn't

77 How most likely did Ms. Green impress the writers?

(a) by making special menu named after them
(b) by acknowledging their milestone
(c) by taking care of their bill
(d) by dropping by their table to celebrate their event

78 According to the letter, why would they visit this Oceanico Traviata again?

(a) to rate its latest dessert
(b) to hold a meeting for improvement
(c) to commemorate another event
(d) to introduce it to her daughter

79 In the context of the passage, stuffed means ___________.

(a) crowded
(b) full
(c) busy
(d) filled

80 In the context of the passage, complimentary means ___________.

(a) polite
(b) free
(c) new
(d) matching

TEST 3

PART 1. *다음 전기문을 읽고 질문에 답하십시오.*
지문의 밑줄 친 단어들은 어휘 문제를 위한 것입니다.

미셸 푸코

미셸 푸코는 프랑스의 철학자, 작가이자 정치 활동가였다. 그는 권력과 지식의 관계, 그리고 이 두 가지가 사회적인 제도를 통해 사회 통제에 어떻게 사용되는지를 연구한 것으로 가장 잘 알려져 있다. 그는 또한 권력이 사회에서 수행하는 역할에 대해 논하기 위해 규율과 처벌에 관해 저술했다.

미셸은 1926년 10월 15일 프랑스 중서부 도시 푸아티에에서 태어났다. 그의 아버지는 외과의사로서 풍부한 경력을 가지고 있었고, 그의 친할아버지는 내과 의사로 푸아티에에 있는 의과대학에서 강의했다. 게다가, 그의 외할아버지 또한 개인 병원을 소유했으며 해부학을 가르쳤다. 그의 아버지는 그가 의학의 길을 따를 것을 설득했지만, 그는 의학이 너무 규율적이라고 생각했으며, 철학에 관심을 가졌다.

1946년, 푸코는 프랑스의 가장 권위 있는 인문 대학인 École Normale Supérieure d'Ulm에 입학했다. 푸코는 기본적으로 철학을 공부했지만, 심리학에서도 학위를 취득했다. 푸코는 독일 철학자 하이데거와 니체의 저서들을 읽었는데, 이는 그의 후기 연구에 큰 영향을 미쳤다. 그는 Collège de France에서 마르크스-레닌주의 중심의 주제를 다루는 강의들을 시작했다. 이후, 푸코는 GIP(Groupe d'Information surls Prilities)를 공동 설립했는데, 그 목적은 감옥의 열악한 환경을 조사하고 폭로하여 재소자들과 전과자들이 프랑스 사회 내에서 발언권을 얻는 것이었다.

그는 감옥이 사회의 축소판으로, 소수가 권력과 지식을 독점하며 다른 사람들을 통제하기 위해 그것을 사용한다고 믿었다. 감시와 처벌에서 그는 "삶권력"의 개념을 발전시켰는데, 그것은 우리가 규범에 따라 살게끔 만들기 위해 인간의 삶을 생물학적 수준에서 소비한다. 그는 인구 수준에서 인류를 규제하기 위해 그들이 학교, 가정, 문화도 이용한다고 강조했다.

1984년 파리에서 사망할 때까지, 그는 강력한 제도를 비판하고 인종차별과 인권 유린에 반대하는 캠페인에 참여 해왔다. 그는 우리의 현재를 구성하는 사상을 이해하기 위한 방법을 모색한 것으로 역사에 남을 것이다.

53 미셸 푸코는 무엇으로 가장 잘 알려져 있는가?

(a) 죄수들의 환경 개선을 도움
(b) 지식과 조종 사이의 연관성에 대한 저술
(c) 철학자이자 정치 활동가
(d) 권력에 대한 투쟁과 구함

54 지문에 따르면 푸코의 초기 교육은 어땠는가?

(a) 그는 가업으로서 의술을 추구했다
(b) 그의 아버지는 그가 비규율적인 공부에 전념하기를 권고했다
(c) 그는 아버지의 예상과 다른 전공을 선택했다
(d) 그는 개인적으로 직업을 결정하는 데 어려움을 겪었다

55 푸코가 Collège de France에서 강의하게 된 계기는 무엇일 것 같은가?

(a) 그는 그 학교에서 매우 인기 있는 수업을 했다
(b) 그는 대학 행정부에 속해있었다
(c) 그는 다른 대학들로부터 추천받았다
(d) 그는 훌륭한 학력을 가지고 있었다

56 Groupe d'Information surls Prilities(GIP)의 목적은 무엇이었는가?

(a) 죄수들이 목소리를 낼 수 있는 방법을 가르치는 것
(b) 프랑스 사회에 관한 논문을 발표하는 것
(c) 교도소 문화에 대한 정보를 폭로하는 것
(d) 영향력을 가진 교도관들을 조사하는 것

TEST 3

57 지문에 따르면, 교도소 제도는 권력자들에게 어떻게 유용한가?

(a) 권력자들은 실제 사회에 대해 배울 수 있다
(b) 권력자들은 힘과 지식을 얻을 수 있다
(c) 권력자들은 특정 사람들의 행동을 감시하기 위해 그 제도를 사용할 수 있다
(d) 권력자들은 효율적인 통제를 위한 그들만의 규범을 가질 수 있다

58 이 문맥에서, 풍부한은 ____________을/를 의미한다.

(a) 적당한
(b) 운이 좋은
(c) 성공적인
(d) 전도유망한

59 이 문맥에서, 비판하고는 ____________을/를 의미한다.

(a) 혼란시키고
(b) 발명하고
(c) 꼬리표 붙이고
(d) 비평하고

PART 2. 다음 기사를 읽고 질문에 답하십시오.
지문의 밑줄 친 단어들은 어휘 문제를 위한 것입니다.

샤프란, 붉은 금

샤프란은 "샤프란 크로커스"라고 흔히 알려진 크로커스 사티부스의 꽃에서 얻어지는 향신료이다. 선명한 진홍색의 암술머리와 암술대는 줄기라고 불리는데, 주로 음식에서 맛을 더하고 색깔을 내는 용도로 채집되고 건조된다. 어떤 사람들은 샤프란의 높은 가치에 의문을 품지만, 이 향신료가 몹시 비싼 데에는 몇 가지 이유가 있다.

재배되는 샤프란 크로커스는 가을에 꽃을 피우는 다년생식물이다. "샤프란"을 들을 때 우리가 생각하는 향신료는 사실 식물 자체의 작은 부분에 불과하다. 우리가 그 독특한 노란 색깔, 달콤한 허브향, 쓴맛을 위해서 사용하는 것은 사실 보라색 꽃의 붉은 암술 끝에 있는 암술머리다. 각각의 샤프란 꽃에는 오직 세 개의 암술머리만 있다. 꽃의 아주 작은 부분만이 사용되기 때문에, 1파운드의 샤프란 향신료를 만들기 위해 75,000송이의 샤프란 꽃이 필요하다. 또한, 일단 암술머리들(와 그것의 붉은 암술)이 식물로부터 분리되면, 작업자들은 색과 풍미를 유지하기 위해 그것들을 건조시켜야 한다.

게다가, 샤프란은 따뜻한 아열대 기후에서 가장 잘 자라며, 비옥한 토양은 주기적으로 뒤집어줘야 한다. 개화 시기의 낮은 온도와 높은 습도는 샤프란 작물이 꽃을 피우는 데에 부정적인 영향을 미친다.

샤프란의 소매가치가 높은 또 다른 이유는 많은 노동력을 요구하는 수확방식이다. 높은 품질을 위해서 샤프란은 개화 시기에, 또한 따뜻해져서 꽃이 활짝 피기 전에만 손으로 수확되어야 한다. 따라서 작업자들은 밤 동안에 개화하기 시작한 꽃들을 해가 뜨기 직전 이른 아침에 크로커스 꽃잎이 어느 정도 닫혀 있는 동안 수확한다. 이것은 꽃을 따는 것을 더 수월하게 만들고 그것들의 소중한 진홍색 암술머리를 보호하는 데 도움을 준다. 연약한 꽃봉오리는 손으로 따서 바구니에 담아진다.

그것의 엄청난 가격에도 불구하고, 세계 샤프란 시장 규모는 확대되고 있다. 고급 레스토랑들이 특별한 장식, 색 감, 맛 등을 위해 샤프란을 사용할 뿐만 아니라, 의료용과 화장품을 위한 활용에도 사용되며 위신을 더하고 있기 때문이다. 이것은 킬로그램당 미화 5,000달러 이상의 가치로 샤프란을 세계에서 가장 비싼 향신료 중 하나로 만들었다. 또 다른 필연적인 결과도 있는데, 그것은 상인들이 종종 인공적인 붉은색 염료와 합성 향수를 사용하여 샤프란의 모조품을 만든다는 것이다.

60 이 지문은 주로 무엇에 관한 것인가?

(a) 샤프란이 무엇에 쓰이는지
(b) 사람들이 가장 비싼 향신료를 얼마나 많이 소비하는지
(c) 샤프란이 잘 재배되는 방법
(d) 샤프란이 높이 평가되는 이유

61 지문에 따르면, 샤프란의 생산량이 매우 낮은 이유는 무엇일 것 같은가?

(a) 암술머리가 식물에서 분리된 후에는 쓸모가 없기 때문에
(b) 샤프란은 가을에만 꽃을 피우기 때문에
(c) 꽃이 눈에 띄게 작기 때문에
(d) 꽃이 아주 적은 상품을 내기 때문에

62 왜 샤프란은 건조 과정을 거치는가?

(a) 샤프란에서 암술머리를 분리하기 전에 안전하도록
(b) 샤프란의 외양을 보호하기 위해서
(c) 샤프란의 특질을 보존하기 위해서
(d) 작업자들이 지치는 것을 막기 위해서

63 지문에 따르면, 샤프란이 아침 일찍 채집되는 이유는 무엇인가?

(a) 온도가 더 적합하기 때문에
(b) 그 꽃이 소중한 꽃잎을 가지고 있기 때문에
(c) 그 꽃은 비를 맞으면 안 되기 때문에
(d) 작업자들이 태양 아래서 수확하는 데 어려움을 겪기 때문에

64 샤프란의 높은 수요에 대한 중개인들의 반응은 무엇일 것 같은가?

(a) 그들은 샤프란을 사용하여 합성 향료를 만든다
(b) 그들은 샤프란의 의학적 효과를 연구한다
(c) 그들은 샤프란의 새로운 활용을 개발한다
(d) 그들은 샤프란의 모조품을 만들어낸다

65 이 문맥에서, 연약한은 __________ 을/를 의미한다.

(a) 예측할 수 없는
(b) 온화한
(c) 위험한
(d) 손상되기 쉬운

66 이 문맥에서, 위신은 __________ 을/를 의미한다.

(a) 놀라움
(b) 평판
(c) 순위
(d) 전설

__PART 3.__ 다음 백과사전을 읽고 질문에 답하십시오.
지문의 밑줄 친 단어들은 어휘 문제를 위한 것입니다.

무지개 유칼립투스

유칼립투스 데글루프타는 일반적으로 무지개 유칼립투스라고 알려진 키 큰 나무의 한 종류로 필리핀, 인도네시아, 파푸아 뉴기니가 원산지이다. 그것은 열대우림에서 서식하는 유일한 유칼립투스 종이며, 활기가 넘치는 색깔의 나무껍질을 가지고 있다. 무지개 유칼립투스가 외층을 벗으면 이 나무는 연두색, 빨간색, 오렌지색, 회색, 그리고 보랏빛 갈색의 줄무늬를 드러낸다.

유칼립투스는 화씨 약 65도에서 75도 사이의 따뜻한 기온을 선호하며, 흙을 촉촉하게 유지시키는 적당한 습도를 좋아한다. 화씨 50도 이하의 온도에 장기간 노출되면 살아남을 수 없어서, 온대 지역에서도 충분한 직사광선이 있는 장소에서는 드문드문 떨어져 있는 무지개 유칼립투스들을 많이 발견할 수 있다. 이 나무들은 다양한 동물들과 새들의 서식지이다. 나무는 이 동물들에게 음식과 피난처를 제공하고, 영양분을 다시 토양으로 만듦으로써 숲의 바닥을 깨끗하게 유지하도록 돕는다.

이 거대한 나무는 가지 끝에 나란히 자리하는 꽃봉오리들을 가진다. 각 꽃봉오리의 길이는 약 5mm이고, 일단 성숙하면, 옅은 녹색 또는 크림색을 띠며, 뚜껑과 같은 덮개인 반구형의 선개를 가진다. 개화기가 끝나면, 3~4개의 판막을 가진 목질의 갈색 캡슐인 열매가 생긴다. 모든 열매의 각 칸은 3~12개의 아주 작은 갈색 씨앗을 포함하는데, 각각의 씨앗은 작은 날개를 가지고 있다. 이 날개는 씨앗이 바람과 물에 의해 퍼뜨려지도록 돕는다.

무지개 유칼립투스 나무는 종종 장식이나 조경용으로 사용되며 종이, 향수, 건축을 위해서도 재배된다. 유칼립투스에서 나오는 오일은 근육통을 완화시키는 데에도 사용되며, 화상이나 피부에 난 상처를 치료하기 위해 국소적으로 도포된다. 예상대로, 많은 열대 국가들이 이 놀라운 나무를 위한 대규모 농장들을 지었지만, 그들은 상업적 사용을 위해 나무를 뽑고 그것들을 다시 심지는 않는 경향이 있다. 우리는 이 나무의 멸종 위기에 더 많은 관심을 기울여야 한다.

67 무지개 유칼립투스는 다른 유칼립투스들과 무엇이 다른가?

(a) 무지개 유칼립투스는 다양한 색을 가지고 있다
(b) 무지개 유칼립투스는 주변 환경에 따라 색이 변한다
(c) 무지개 유칼립투스의 색깔은 온도에 따라 변한다
(d) 무지개 유칼립투스는 필리핀과 인도네시아에서만 자란다

68 무지개 유칼립투스 나무는 어떤 환경을 선호하는가?

(a) 햇빛에 대한 경쟁이 거의 없는 지역
(b) 건조한 토양을 가진 지역
(c) 열대우림에만 있는 환경
(d) 많은 동물과 새들이 있는 숲

69 지문에 따르면, 무지개 유칼립투스는 어떻게 번식할 것 같은가?

(a) 그 열매를 갈색으로 만듦으로써
(b) 노동자들에 의해 잘라지고 다시 심어짐으로써
(c) 멋진 꽃을 피움으로써
(d) 자연의 힘을 이용하여 씨앗을 흩어지게 함으로써

70 사람들이 무지개 유칼립투스를 사용하는 용도가 아닌 것은?

(a) 사람이 좋은 향기가 나도록 한다
(b) 건설 프로젝트에 사용한다
(c) 상처의 회복을 앞당긴다
(d) 필기구를 만든다

71 무지개 유칼립투스가 멸종될 수 있는 이유는 무엇일 것 같은가?

(a) 사람들이 개체 수를 회복시키지 않고 나무를 수확하기 때문에
(b) 노동자들이 불법적으로 나무를 뽑기 때문에
(c) 대규모 농장들이 멸종에 대한 새로운 아이디어를 가지고 있지 않기 때문에
(d) 노동자들이 나무를 다시 심을 수 없기 때문에

72 이 문맥에서, 벗으면은 ______________을/를 의미한다.

(a) 끝내면
(b) 잃으면
(c) 운반하면
(d) 착용하면

73 이 문맥에서, 온대는 ______________을/를 의미한다.

(a) 흐린
(b) 온화한
(c) 추운
(d) 바람이 부는

TEST 3

__PART 4.__ 다음 편지를 읽고 질문에 답하십시오.
지문의 밑줄 친 단어들은 어휘 문제를 위한 것입니다.

그린 씨
총괄 요리사
오세아니코 트라비아타
445 E 1st St
이스트 빌리지 예술 지구,
롱비치, CA 90802-4905

친애하는 그린 씨에게

오세아니코 트라비아타로부터 받은 따뜻한 환영과 소중한 경험에 대한 제 마음을 표현하기 위해 이 편지를 씁니다. 지난 주말에 우리는 이웃의 추천을 받아서 우리의 결혼 30주년을 기념하기 위한 예약을 했습니다.

도착하자마자, 우리는 당신의 정통한 종업원에 의해 별도 식사공간으로 안내되었습니다. 깨끗하고 잘 정돈된 별도의 식사 공간이었지요. 식기들은 깨끗했고, 접시마다 꽃 한 송이가 놓여 있어서 매우 낭만적인 분위기를 즐길 수 있었습니다. 그리고 넓은 창문은 도시의 스카이라인을 내려다보았습니다. 우리의 저녁 식사를 위한 모든 것들이 준비되어 있었어요.

음식도 모두 만족스러웠습니다. 빵과 함께 나온 토마토 바질 수프는 매우 고소했고 커리 리조또도 정말 부드러웠지만 조금 짰습니다. 하지만, 우리 나이의 사람들은 건강을 위해서 싱겁게 먹는 것에 익숙하다는 것을 기억해주세요. 주메뉴인 마르게리타 피자는 매우 인상적이었고, 우리가 지난번 이탈리아 여행에 갔을 때 먹었던 그 어느 것도 이것에는 못 미쳤습니다. 후식으로 초코 쉬폰 케이크가 나왔을 때 우리는 너무 배가 불러서 케이크를 먹을 수는 없었지만, 아마도 그걸 맛보기 위해 다시 이곳을 방문해야 할 것 같아요.

이미 훌륭한 요리들에 만족하고 있었는데, 우리는 종업원이 "멋진 모험! 30년 더!"라고 적힌 카드와 함께 무료 와인을 가져와서 정말 놀랐습니다. 주방에서 정신없이 일하시느라 너무 바쁘셔서 비록 한 번도 당신을 못 뵈었지만, 저희는 당신의 열렬한 팬이 되었습니다. 다음 달에 우리는 딸의 졸업을 축하하기 위해 다시 방문할 예정입니다.

우리의 기념일을 특별하게 만들어 주셔서 다시 한번 감사드리며, 우리는 이 멋진 저녁식사를 잊지 않을 겁니다. 당신의 레스토랑이 항상 훌륭하길 바랍니다.

진심을 담아,
힐 부부
애틀랜틱 애비뉴 70번지
폴리 하이,
CA 90802-5202

74 이 편지의 목적은 무엇인가?

(a) 좋은 서비스에 감사를 표하기 위해서
(b) 예의 바른 종업원을 칭찬하기 위해서
(c) 레스토랑의 개점을 축하하기 위해서
(d) 몇 가지 제안을 하기 위해서

75 편지에 의하면, 무엇이 좋은 분위기에 일조했는가?

(a) 고급스러운 테이블 세팅
(b) 느리고 평화로운 음악
(c) 멋진 오션뷰
(d) 널찍한 식사 공간

76 힐 부부의 저녁 식사에 대해 사실이 아닌 것은?

(a) 메인 요리에는 이탈리아에서 수입된 재료들이 사용되었다
(b) 리조또가 그들의 입맛에 충분하지 않았다
(c) 수프는 허브로 맛을 냈다
(d) 그들은 디저트를 맛보고 싶었지만 맛볼 수 없었다

77 그린 씨는 발신자들에게 어떻게 깊은 인상을 남겼을 것 같은가?

(a) 그들의 이름을 딴 특별한 메뉴를 만듦으로써
(b) 그들의 기념비적인 일을 인정함으로써
(c) 그들의 계산서를 처리함으로써
(d) 그들의 행사를 축하하기 위해 그들의 테이블에 들름으로써

78 편지에 따르면, 그들은 왜 이 오세아니코 트라비아타를 다시 방문할 것인가?

(a) 최신 디저트를 평가하기 위해서
(b) 개선을 위한 회의를 열기 위해서
(c) 다른 사건을 기념하기 위해서
(d) 그녀의 딸에게 오세아니코 트라비아타를 소개하기 위해서

79 이 문맥에서, 배가 불러서는 ____________을/를 의미한다.

(a) 붐벼서
(b) 배부르게 먹어서
(c) 바빠서
(d) 가득 차서

80 이 문맥에서, 무료는 ____________을/를 의미한다.

(a) 공손한
(b) 공짜의
(c) 새로운
(d) 어울리는

PART 1. *Read the following biographical article and answer the questions. The underlined words in the article are for vocabulary questions.*

MARY HIGGINS CLARK

Mary Higgins Clark was an American mystery and suspense writer who was a fixture on best-seller author lists for more than four decades. She is famed for page-turning thrillers with innovative and resilient female characters heading the plot. Each of her 56 books was a bestseller in the US and various European countries, and all of her novels remain in print.

Mary Higgins was born on December 24th, 1927 in the Bronx to a married couple of Irish descent. From the time when she was a small child, she took an interest in writing, so she began writing poetry at the age of six and crafted short stories for her friends to play. When her father had died in his sleep of a sudden, her middle-aged mother couldn't provide for the family of four. To help pay the bills, she placed aside study and went to work as a switchboard operator at the Shelton Hotel and then as a secretary at an advertising agency.

After three years, she became a flight attendant with Pan American World Airways, which became the basis for her tales of adventure and intrigue according to her reminiscence. In 1949, she married William Clark and focused on writing short stories while becoming a mother of five children. She expanded her own experiences as a flight attendant into a short story called "*Stowaway*", and she spent much time pitching short stories to publishing companies. After she lost her husband unfortunately, she got a job as a radio scriptwriter for a four-minute program. Finally, her constant effort to rise at 5 a.m. before work to write resulted in her first best-selling novel, *Where Are the Children?*(1975), which garnered her a series of multimillion-dollar contracts with her publisher Simon & Schuster.

Clark became known as the "Queen of Suspense," and several of Clark's novels and stories were adapted into films. Her plots followed a formula, with her characters placed into perilous situations, and often triumphing. She also co-authored a series of Christmas-themed mysteries with her daughter, Carol Higgins Clark. Unlike her original pieces, *Reagan Reilly* series incorporated humor and suspense into its narratives.

Higgins Clark was still writing when she died in Naples, Florida, on January 31, 2020, at her age of 92. There are more than 100 million copies of her books in print in the United States and people are still engrossed in her stories. She paved the way for women writing their own stories and would be loved for any length of time.

53 What is Higgins Clark famous for?

(a) being an innovative and resilient female
(b) writing a number of best-sellers
(c) being the first female best-seller author
(d) creating stories with strong female leads

54 Why most likely did she work as a switchboard operator?

(a) because she wanted to find sources of stories
(b) because her mother asked her to support the family
(c) because her family was struggling in poverty
(d) because she didn't want to go to school

55 When did she become a best-selling author?

(a) after she penned radio scripts
(b) while she was providing services on the planes
(c) before she had five children
(d) once her radio program became popular

56 How was *Reagan Reilly* series different from her former novels?

(a) Its suspense was built early in the story
(b) It had a first-person narrative
(c) It was the only series that she worked on with another author
(d) It included humorous elements

57 Based on the article, which achievement did she leave behind?

(a) She has presented opportunities for the other female authors
(b) She has popularized the mystery genre in America
(c) She has contributed to printing books
(d) She has taught how to write one's own story

58 In the context of the passage, pitching means ___________.

(a) connecting
(b) limiting
(c) throwing
(d) proposing

59 In the context of the passage, garnered means ___________.

(a) allowed
(b) showed
(c) earned
(d) assigned

PART 2. *Read the following magazine article and answer the questions. The underlined words in the article are for vocabulary questions.*

WHAT ANCIENT SCULPTURES DISCLOSE ABOUT UNIVERSAL FACIAL EXPRESSIONS

While Darwin proposed that facial expressions of emotion are universal, he also proposed that gestures are culture-specific conventions. This sparked the wide-ranging debate among scientists across fields of study over whether facial expressions can be common across cultures.

To offer a new take on the age-old question, a team of researchers led by Dacher Keltner and Alan Cowen at the University of California, Berkeley, conducted a study in a novel way. In order to rule out cultural contact and circumvent potential biases, they scoured sculptures crafted between 3,500 and 600 years ago in Mexico and Central America, which all predate Europeans' arrival. Then they selected 63 works portraying subjects within identifiable contexts, including discernible depictions of faces and deemed credibly authentic upon expert review. They could be assorted into eight readily discernible contexts such as being tortured, holding a baby, carrying a heavy object, or playing music.

Researchers compiled sculptures that include apparent facial expressions with powerful emotions and isolated the face depictions from images of each artwork to remove indications of their broader context. 325 volunteers were asked to judge 30 emotional categories such as "awe" and "anger" and 13 broader affective features such as "happiness" or "sadness". In addition, the other 114 participants were provided with verbal descriptions of the statues' situations and requested to expect someone's expression in each of the eight contexts.

Overall, the emotions reported by volunteers presented with visual and verbal cues appeared to align with what the researchers expected given the situations portrayed. That link between ancient and modern groups seems to indicate there are universality and genetic origins of particular emotion expressions. It's the feat over previous researches suggesting that individuals across cultures classify emotions in similar ways.

After all, the study conducted by UC Berkeley showed a preliminary glimpse of how people who lived long ago, and who had no exposure to any modern culture, expressed certain emotions with their faces as Westerners now do. Nevertheless, those findings won't settle the long-standing debate. There are still inconsistent studies such as one from Papua New Guinea that emotional meanings of faces may not translate across cultures.

60 What did Darwin consider universal?

(a) the way that people's faces show their culture
(b) the way that people's faces show their opinions
(c) the way that people's faces show their feelings
(d) the way that people's faces show their intelligence

61 How did researchers gain the subject of the study?

(a) They ignored potential biases
(b) They crafted statues like in Mexico and Central America
(c) They looked for sculptures isolated from Western influence
(d) They collected portraits that predate 600 years ago

62 Why most likely did researchers use strong emotions for the study?

(a) because they are most visibly demonstrated
(b) because they are easiest to express
(c) because they are simplest to measure
(d) because they are most common globally

63 What most likely does the result of the experiment suggest?

(a) All cultures share a similar emotion classification
(b) Various facial expressions can be shown from the same emotion
(c) Westerners have distinctive emotions
(d) Certain facial expressions are comparable universally

64 According to the article, why could there be more follow-up studies?

(a) because the debate is a long-standing one
(b) because there are inconsistent interpretations on the result
(c) because there is a conflicting evidence in the field
(d) because the study disregarded subtle emotions

65 In the context of the passage, sparked means ___________.

(a) started
(b) flashed
(c) forced
(d) settled

66 In the context of the passage, novel means ___________.

(a) new
(b) quick
(c) similar
(d) imaginary

__PART 3.__ Read the following encyclopedia article and answer the questions. The underlined words in the article are for vocabulary questions.

COATI

Coati, also known as coatimundi, is a diurnal mammal that is related to raccoons. They extend in wooded regions only in the American Continents, especially parts of South America, Central America, and North America. They have long front claws to dig in or keep secure when they move freely on the tall tree trunks.

Coatis are about 30 centimeters tall and weigh between 2 and 8 kilograms, about the size of a large house cat. Like its cousin raccoon, it has a long, ringed tail for balance and signaling. One of their characteristics is their long and pig-like snout, which is why they are nicknamed 'the hog-nosed raccoon'. It's so flexible that it can be rotated up to 60 degrees in any direction to forage for food such as seeds, fruits, and small mammals. They comb the trees, probe gaps between rocks, and search under piles of leaves.

It is known that coati is a very gregarious animal, traveling through their territories in bands made up of 5 to 25 individuals. They communicate their intentions or feelings with various sounds and show cooperative grooming, nursing, vigilance, and evident defensive behavior. Bands can be antagonistic to other bands when they meet, but peaceful interactions can also occur, characterized by intergroup grooming sessions.

A band of coatis usually consists of females and their young. Adult males spend most of their time on their own, only joining the band when it's time to mate. Because offsprings are born blind, female coatis in the band take turns nursing pups while some go out for food or patrol. They babysit young for up to 4 months until they open their eyes and be able to climb, walk, and hunt well.

There are four species of coatis, all of which are thought to be decreasing in numbers, and the primary threats to them are habitat loss and hunting. Although they are protected under Wildlife Protection Act, in Arizona they are considered game and captured by licensed hunters for their skin or hide.

67 Based on the article, where can coatis be found?

(a) in the vast arid region with brushes
(b) in the high mountain slopes
(c) in the woodlands of specific regions
(d) throughout seven continents

68 What made Coatis nicknamed 'hog-nosed raccoon'?

(a) their resemblance to other animals
(b) their frightening appearance
(c) their habit similar to the pig's
(d) the size of their nose

69 How do coatis resolve disputes between groups?

(a) by risking a combat for peace
(b) by making their own rules
(c) by interacting through representatives
(d) by communicating through physical contact

70 In what way do the female coatis take care of their blind pups?

(a) They teach them how to find out the food.
(b) They let them learn to nurse each other in turn.
(c) They ask male coatis to guard them.
(d) They collaborate with each other to protect their pups.

71 Why most likely are coatis hunted in Arizona?

(a) because Wildlife Protection Act made an exception
(b) because they are aggressive there
(c) because the law does not protect them
(d) because they are more valuable there

72 In the context of the passage, forage means ___________.

(a) plan
(b) search
(c) wait
(d) beg

73 In the context of the passage, gregarious means ___________.

(a) energetic
(b) social
(c) careful
(d) attractive

PART 4. *Read the following business letter and answer the questions. The underlined words in the article are for vocabulary questions.*

To: “Ms. Mary Louise Chang” <marychang@washingtonhall.com>
CC: All Staff at Planning office
From: “Jeremy Mason” <director.J@willowschools.org>

Dear Mary Louise Chang,

Hello, Ms. Chang. I’m Jeremy Mason, the director of Student Orchestra of Willow Middle School(SOW). SOW consists of 35 middle school students, and its purpose is to enrich and enhance our surrounding community with various collaborative music-making. In pursuit of this purpose, we hold a charity concert every September with the huge help of sponsors. So we are hoping to perform this year at Washington Music Center, one of the greatest, most state-of-the-art concert venues in this community if you are willing to help us.

As we’ve performed more than 10 times, we have captivated huge audiences through every generation with assorted genres including jazz, classic, rap, or dance. I am assured that this opportunity can draw the new generation to Washington Music Center. In addition, the concert is a charity fundraiser for 3 orphanages and 50 underprivileged children in Washington, so you are going to be part of helping children in need in our community. And of course, we would happily like to promote your donation program before the start of the performance.

Sharing the common value of helping children, an outstanding event planner is ready to help organize the concert. She expressed excitement at the possibility of planning the event at Washington Music Center. She said that your facilities accommodate all of our needs so that we don’t have to rent anything at all. Also, she is experienced enough and confident that she can take care of audiences in changing weather conditions. We would come equipped with large folding tents in case it should rain.

Our talented students and all staff are looking forward to your affirmative response. If you have any further questions or something to discuss, please feel free to contact me. Attached here are our office number and e-mail address. Also, you can call me at my mobile phone number at any time.

Sincerely,

Jeremy Mason

Willow Middle School
4100 Chain Road SE
Olympia WA 98501

Office: (360) 596-3000
orchestra@willowschools.org
Mobile: +1 (878) 305-0098

74 What is the purpose of this letter?

(a) requesting permission to use the venue
(b) promoting that they will hold a concert
(c) asking to fund the event favorably
(d) appreciating being allowed to put on a performance

75 Why most likely could SOW's concert appeal to all ages?

(a) It can influence people with music
(b) It features many kinds of music
(c) People can contribute to the community with donations
(d) Children can take part in the concert

76 Which is NOT an advantage the concert can give Washington Music Center?

(a) participating in contributing to the community
(b) raising funds for charities
(c) advertising its donation program
(d) attracting young people

77 What is the event planner being confident about?

(a) instructing how to build folding tents
(b) predicting the weather condition
(c) leasing the hall at a reasonable price
(d) protecting audiences from the weather

78 What most likely does the writer want Ms Chang to do?

(a) to meet in person for mediation
(b) to contact as quickly as possible
(c) to send a contract through e-mail
(d) to give a couple of days to choose from

79 In the context of the passage, captivated means ____________.

(a) created
(b) impressed
(c) absorbed
(d) contained

80 In the context of the passage, accommodate means ____________.

(a) hold
(b) serve
(c) welcome
(d) inspire

***PART 1.** 다음 전기문을 읽고 질문에 답하십시오.*
지문의 밑줄 친 단어들은 어휘 문제를 위한 것입니다.

메리 히긴스 클라크

메리 히긴스 클라크는 미국의 미스터리, 서스펜스 작가로 40년이 넘는 시간 동안 베스트셀러 작가 명단에 이름을 올렸다. 그녀는 흥미진진한 스릴러물로 유명한데, 혁신적이고 회복력이 뛰어난 여성 캐릭터들이 그 줄거리를 이끌어간다. 그녀의 56권의 책들 각각이 미국과 다양한 유럽 국가들에서 베스트셀러였으며, 소설 모두가 여전히 출간 중이다.

메리 히긴스는 1927년 12월 24일, 브롱크스에서 아일랜드계 부부 사이에서 태어났다. 그녀는 어렸을 때부터 글쓰기에 관심을 가져서 6살 때 시를 쓰기 시작했고, 친구들이 연극을 할 단편 소설을 만들었다. 그녀의 아버지가 갑작스럽게 자다가 돌아가셨을 때, 중년의 어머니는 4명의 가족을 부양할 수가 없었다. 공과금 지불을 돕기 위해, 그녀는 공부를 제쳐두고 셸턴 호텔에서 교환원으로 일했고 그 후 광고 대행사에서 비서로 일했다.

3년 후, 그녀는 팬아메리칸 월드 에어웨이즈의 승무원이 되었는데, 그녀의 회상에 따르면 이것은 모험과 호기심에 대한 그녀의 이야기의 기반이 되었다. 1949년, 그녀는 윌리엄 클라크와 결혼하여 다섯 아이의 엄마가 되는 동안 단편소설을 쓰는 데 집중했다. 그녀는 승무원으로서 자신의 경험을 "*Stowaway*"라는 단편소설로 확장시켰고, 출판사에 단편소설들을 제안하는 데에 많은 시간을 보냈다. 불행하게도 남편을 잃은 후, 그녀는 4분짜리 라디오 프로그램의 대본 작가로 취직했다. 작품을 쓰기 위해 아침 5시에 일어난 그녀의 끊임없는 노력이 마침내 그녀의 첫 번째 베스트셀러 소설인 *Where Are the Children?*(1975)으로 결실을 맺었는데, 이는 그녀에게 출판사 사이먼 & 슈스터와의 수백만 달러의 계약을 안겨주었다.

클라크는 "서스펜스의 여왕"으로 알려지게 되었고, 클라크의 소설과 이야기 중 몇몇은 영화로 각색되었다. 그녀의 줄거리는 공식을 따르는데, 위험한 상황에 놓은 등장인물들이 승리를 거두곤 한다. 그녀는 또한 크리스마스를 테마로 한 미스터리 시리즈를 그녀의 딸인 캐롤 히긴스 클라크와 함께 공동 집필했다. 그녀의 본래 작품들과 달리, *레이건 라일리* 시리즈는 이야기에 유머와 서스펜스를 품고 있다.

2020년 1월 31일 플로리다주 나폴리에서 92세의 나이로 사망했을 때 히긴스 클라크는 여전히 글을 쓰고 있었다. 미국에서 1억 부 이상의 그녀의 책이 인쇄되었으며 사람들은 여전히 그녀의 이야기에 푹 빠져 있다. 그녀는 자신의 이야기를 쓸 수 있는 여성들을 위한 길을 닦았으며, 언제까지나 사랑받을 것이다.

53 히긴스 클라크는 무엇으로 유명한가?

(a) 혁신적이고 회복력이 뛰어난 여성인 것
(b) 많은 베스트셀러를 쓴 것
(c) 최초의 여성 베스트셀러 작가인 것
(d) 강력한 여성 주인공들로 이야기를 만든 것

54 그녀가 교환원으로 일한 이유는 무엇일 것 같은가?

(a) 그녀가 이야기의 소재들을 찾기를 원했기 때문에
(b) 그녀의 어머니가 그녀에게 가족을 부양해달라고 부탁했기 때문에
(c) 그녀의 가족은 가난에 허덕이고 있었기 때문에
(d) 그녀는 학교에 다니고 싶지 않았기 때문에

55 그녀는 언제 베스트셀러 작가가 되었는가?

(a) 그녀가 라디오 대본을 쓴 후에
(b) 그녀가 비행기에서 서비스를 제공하던 동안에
(c) 그녀가 다섯 아이를 낳기 전에
(d) 그녀의 라디오 프로그램이 인기를 얻자

56 *레이건 라일리* 시리즈는 그녀의 이전 소설들과 어떻게 달랐는가?

(a) 그 시리즈는 긴장감이 이야기의 초반부에 쌓인다
(b) 그 시리즈는 1인칭 서술을 가졌다
(c) 그 시리즈는 그녀가 다른 작가와 함께 작업한 유일한 시리즈였다
(d) 그것은 유머러스한 요소를 포함했다

57 지문에 근거하여, 그녀는 어떤 업적을 남겼는가?

(a) 그녀는 다른 여성 작가들에게 기회를 제공했다
(b) 그녀는 미국에서 미스터리 장르를 대중화했다
(c) 그녀는 책 인쇄에 기여했다
(d) 그녀는 자신의 이야기를 쓰는 법을 가르쳤다

58 이 문맥에서, 제안하는은 ____________을/를 의미한다.

(a) 연결시키는
(b) 제한하는
(c) 던지는
(d) 제시하는

59 이 문맥에서, 안겨주었다는 ____________을/를 의미한다.

(a) 허용해주었다
(b) 보여주었다
(c) 얻어주었다
(d) 할당해주었다

TEST 4

PART 2. *다음 기사를 읽고 질문에 답하십시오.*
지문의 밑줄 친 단어들은 어휘 문제를 위한 것입니다.

고대 조각들이 보편적 얼굴 표정에 대해 드러내는 것

다윈은 감정에 대한 표현이 보편적이라고 주장하면서, 동시에 몸짓은 문화에 특화된 관습이라고도 제안했다. 이것은 얼굴 표정이 문화 전반에 걸쳐 공통적일 수 있는지에 대해 연구하는 분야 전반에 걸쳐 과학자들 사이에서 광범위한 논쟁을 촉발시켰다.

이 오래된 질문에 대한 새로운 견해를 제시하기 위해, 캘리포니아 버클리 대학의 대처 켈트너와 알란 코웬이 이끄는 연구팀은 이전에 없던 방법으로 연구를 수행했다. 문화적 접촉을 배제하고 가능한 편향을 피해 가기 위해, 그들은 3,500년에서 600년 전 사이에 멕시코와 중앙아메리카에서 만들어진 조각품들을 샅샅이 뒤졌는데, 모두 유럽인들이 도착하기 이전의 것이었다. 그런 다음 그들은 인식 가능한 맥락 내에서 대상을 묘사하는 63개의 작품을 선정했는데, 그것들은 식별 가능한 얼굴 묘사를 가지고 있고, 전문가의 심사를 통해 신뢰할 수 있는 진품으로 간주되었다. 그것들은 고문을 당하거나, 아기를 안고 있거나, 무거운 물건을 들고 있거나, 음악을 연주하는 것과 같이 쉽게 식별할 수 있는 여덟 가지 상황으로 분류된다.

연구원들은 강한 감정으로 명확한 얼굴 표정을 보여주는 조각품들을 모아 각 예술 작품의 이미지로부터 얼굴 묘사를 따로 떼어냈는데, 이는 작품들의 보다 전반적인 맥락의 암시를 제거하기 위함이었다. 325명의 지원자들은 "경외"와 "분노" 같은 30개의 감정 범주와 "행복"과 "슬픔" 같은 13개의 더 넓은 감정적 특징을 판단하도록 요청받았다. 거기에 더해, 다른 114명의 참가자들은 조각상들의 상황에 대한 설명을 듣고 그 조각상의 표정을 8개의 맥락 내에서 예측해 보도록 요구받았다.

전반적으로, 시각적, 언어적 단서를 제공받은 지원자들이 대답한 감정들은 조각상이 묘사하는 상황에 따라 연구원들이 예상했던 것과 일치하는 것으로 보였다. 고대와 현대의 인류 사이의 그러한 관련성은 특정한 감정 표현에 보편성과 유전적 이유가 있다는 것을 나타내는 것처럼 보인다. 그것은 여러 문화권의 사람들이 비슷한 방식으로 감정을 분류한다는 것을 보여주는 이전의 연구들을 넘어선 업적이다.

결국, UC 버클리가 실시한 연구는 오래전에 살아 근대 문화에 전혀 노출되지 않았던 사람들이 현재의 서양인들처럼 그들의 얼굴을 사용해 어떻게 특정 감정들을 표현했는지에 대한 최초의 발견을 보여주었다. 그럼에도 불구하고, 그러한 결과들은 그 오랜 논쟁을 해결하지 못할 것이다. 표정의 감정적인 의미가 문화권이 달라지면 통역되지 않을 수 있다는 파푸아뉴기니의 연구와 같이 모순되는 연구들이 여전히 존재한다.

60 다윈이 보편적이라고 생각한 것은 무엇인가?

(a) 사람들의 얼굴이 그들의 문화를 보여주는 방식
(b) 사람들의 얼굴이 그들의 의견을 보여주는 방식
(c) 사람들의 얼굴이 그들의 감정을 보여주는 방식
(d) 사람들의 얼굴이 그들의 지성을 보여주는 방식

61 연구자들은 연구의 대상을 어떻게 모았는가?

(a) 그들은 잠재적 편견을 무시했다
(b) 그들은 멕시코와 중앙아메리카에 있는 것과 같은 조각상을 만들었다
(c) 그들은 서양의 영향을 받지 않은 조각품들을 찾았다
(d) 그들은 600년 전 이전의 초상화들을 수집했다

62 연구를 위해서 연구원들이 강한 감정들을 이용한 이유는 무엇일 것 같은가?

(a) 강한 감정들이 가장 분명하게 묘사되기 때문에
(b) 강한 감정들이 가장 표현하기 쉽기 때문에
(c) 강한 감정들이 측정하기 가장 간단하기 때문에
(d) 강한 감정들이 세계적으로 가장 흔하기 때문에

63 실험의 결과가 시사하는 바로 가장 적절한 것은 무엇인가?

(a) 모든 문화는 비슷한 감정 분류를 공유한다
(b) 다양한 얼굴 표정들이 같은 감정으로부터 표현될 수 있다
(c) 서양인들은 독특한 감정들을 가지고 있다
(d) 특정한 얼굴 표정은 보편적으로 비슷하다

64 지문에 따르면, 왜 더 많은 후속 연구가 있을 것 같은가?

(a) 그 논쟁이 오래된 것이기 때문에
(b) 결과에 대한 해석이 일관성이 없기 때문에
(c) 그 분야에 상반된 증거가 있기 때문에
(d) 그 연구가 미묘한 감정을 무시했기 때문에

65 이 문맥에서, 촉발시켰다는 ______________ 을/를 의미한다.

(a) 시작시켰다
(b) 내보였다
(c) 강제했다
(d) 해결했다

66 이 문맥에서, 이전에 없던은 ______________ 을/를 의미한다.

(a) 새로운
(b) 빠른
(c) 비슷한
(d) 상상의

PART 3. 다음 백과사전을 읽고 질문에 답하십시오.
지문의 밑줄 친 단어들은 어휘 문제를 위한 것입니다.

긴코너구리

코아티문디로도 알려져있는 긴코너구리는 너구릿과에 속하는 주행성 포유류이다. 이들은 오직 아메리카 대륙, 특히 남아메리카와 중앙아메리카, 북아메리카의 일부 숲이 우거진 지역에 분포한다. 그들은 긴 앞발톱을 가지고 흙을 파거나 또는 높은 나무 둥치에서 자유롭게 움직일 때 안정감을 가진다.

긴코너구리는 약 30cm의 길이에 2~8kg 사이의 무게로, 집고양이 정도의 크기이다. 그것의 사촌인 너구리처럼, 그것은 균형과 신호 전달을 위한 긴 고리 모양의 꼬리를 가지고 있다. 그들의 특징 중 하나는 길고 돼지처럼 생긴 코인데, 이 때문에 '돼지코 너구리'라는 별명이 붙여졌다. 이 코는 매우 유연해서 씨앗, 과일, 작은 포유류와 같은 먹이를 찾기 위해 어느 방향으로도 60도까지 회전된다. 그들은 나무를 샅샅이 뒤지고, 바위 사이의 틈을 조사하고, 나뭇잎 더미 아래를 수색한다.

긴코너구리는 매우 사교적인 동물로 5~25마리가 무리를 이뤄 자신의 영역을 돌아다닌다고 알려져 있다. 그들은 다양한 소리로 자신의 의도나 감정을 전달하고, 함께 털 손질, 육아, 경계, 눈에 띄는 방어적 행동을 보여준다. 한 무리가 다른 무리와 만나면 적대적일 수도 있지만, 무리 간에 털 손질을 해주는 시간으로 나타나는 평화적인 교류 또한 일어날 수 있다.

긴코너구리의 한 무리는 보통 암컷과 암컷의 새끼들로 구성된다. 성체 수컷들은 대부분의 시간을 혼자 보내며, 짝짓기를 할 때만 무리에 합류한다. 새끼들은 눈이 안 보이는 상태로 태어나기 때문에, 무리 내의 암컷 긴코너구리들은 교대로 새끼들을 돌보며 먹이나 순찰을 위해 외출한다. 새끼들이 눈을 떠서 나무를 타고, 걷고, 사냥을 잘할 수 있을 때까지 긴코너구리는 최대 4개월까지 새끼들을 돌본다.

긴코너구리는 4종이 있으며 4종 모두 개체수가 감소하고 있는 것으로 여겨지는데, 이들에게 주된 위협은 서식지 감소와 사냥이다. 비록 긴코너구리들이 야생동물 보호법에 따라 보호받고 있지만, 애리조나주에서 그들은 사냥감으로 간주되어 피부나 가죽을 노리는 허가 받은 사냥꾼들에게 포획된다.

67 지문에 따르면, 긴코너구리는 어디에서 발견될 수 있는가?

(a) 덤불이 있는 넓은 건조 지대에서
(b) 높은 산비탈에서
(c) 특정 지역의 삼림지대에서
(d) 일곱 개 대륙 도처에서

68 긴코너구리가 '돼지코 너구리'라는 별명을 갖게 된 이유는 무엇인가?

(a) 긴코너구리의 다른 동물들과의 유사성
(b) 긴코너구리의 무서운 외양
(c) 돼지와 비슷한 긴코너구리의 습성
(d) 긴코너구리의 코 크기

69 긴코너구리는 무리 간의 분쟁을 어떻게 해결하는가?

(a) 평화를 위해 전투의 위험을 무릅씀으로써
(b) 그들만의 규칙을 만듦으로써
(c) 대표자를 통해 교류함으로써
(d) 신체적 접촉을 통해 의사소통함으로써

70 암컷 긴코너구리는 눈이 보이지 않는 새끼들을 어떻게 돌보는가?

(a) 그들은 새끼들에게 음식 찾는 방법을 가르친다
(b) 그들은 새끼들에게 서로를 차례로 돌보는 방법을 배우게 한다
(c) 그들은 수컷에게 그들을 보호해 줄 것을 요청한다
(d) 그들은 그들의 새끼들을 보호하기 위해 서로 협력한다

71 애리조나에서 긴코너구리는 왜 사냥당할 것 같은가?

(a) 야생동물 보호법이 예외를 두었기 때문에
(b) 긴코너구리들은 거기에서 공격적이기 때문에
(c) 법이 긴코너구리들을 보호하지 않기 때문에
(d) 긴코너구리들은 거기에서 더 가치있기 때문에

72 이 문맥에서, 찾기는 ____________을/를 의미한다.

(a) 계획하기
(b) 탐색하기
(c) 기다리기
(d) 간청하기

73 이 문맥에서, 사교적인은 ____________을/를 의미한다.

(a) 정력적인
(b) 사회적인
(c) 신중한
(d) 매력적인

PART 4. *다음 편지를 읽고 질문에 답하십시오.*
지문의 밑줄 친 단어들은 어휘 문제를 위한 것입니다.

받는 사람: 메리 루이스 장 〈marychang@washingtonhall.com〉
참조: 기획실의 모든 직원
보낸이: "제레미 메이슨" 〈director.J@willowschools.org〉

친애하는 메리 루이스 장에게,

안녕하세요, 장 선생님. 저는 윌로우 중학교 학생 오케스트라(SOW)의 지휘자인 제레미 메이슨입니다. SOW는 서른 다섯명의 중학생들로 구성되어 있으며, 다양한 협업적 합주로 우리의 지역사회를 풍요롭게 하고 발전시키는 것을 목표로 합니다. 이를 위해 후원자들의 큰 도움으로 매년 9월 자선 콘서트를 개최하고 있습니다. 그래서 우리는 당신이 도와주신다면 올해 이 지역에서 가장 훌륭하며 최첨단의 공연장 중 하나인 워싱턴 뮤직 센터에서 공연을 하기를 희망합니다.

10회가 넘는 공연을 해오면서, 저희는 재즈, 클래식, 랩, 댄스 등 다양한 장르로 세대를 아울러 많은 관객들을 사로잡았습니다. 이번 기회를 통해 워싱턴 뮤직 센터에 새로운 세대를 끌어올 수 있을 것이라고 확신합니다. 또한 이번 콘서트는 워싱턴에 있는 세 개의 고아원과 오십명의 소외된 어린이들을 위한 자선 모금 행사이므로 여러분도 우리 지역사회의 어려운 어린이들을 돕는 일에 동참하게 될 것입니다. 그리고 물론 공연이 시작되기 전에 워싱턴 홀의 기부 프로그램을 기꺼이 홍보하고 싶습니다.

아이들을 돕는다는 공통의 가치를 공유하는 뛰어난 이벤트 기획자가 콘서트 기획을 도울 준비가 되어 있습니다. 그녀는 워싱턴 뮤직 센터에서 이 행사를 기획한다는 가능성에 흥분을 표했습니다. 그녀가 말하길 워싱턴 뮤직센터의 시설은 우리의 모든 요구를 수용하기 때문에 어느 것도 렌트할 필요가 없다고 했습니다. 또한, 그녀는 충분히 경험이 많고 변화하는 날씨 조건에서 관객들을 책임질 수 있음을 확신합니다. 비가 올 경우를 대비해 저희는 커다란 접이식 텐트를 챙겨갈 것입니다.

우리의 재능 있는 학생들과 모든 스태프들은 당신의 긍정적인 답변을 기대하고 있습니다. 다른 질문이나 의논할 것이 있으면 언제든지 연락해 주십시오. 여기 첨부된 것은 저희의 사무실 번호와 이메일 주소입니다. 또한 언제든지 제 핸드폰 번호로 전화하셔도 괜찮습니다.

진심을 담아,
제레미 메이슨

윌로우 중학교
4100 체인 로드 SE
올림피아 WA 98501

사무실: (360) 596-3000
orchestra@willowschools.org
이동전화: +1 (878) 305-0098

74 이 편지의 목적은 무엇인가?

(a) 행사장 사용에 대한 허가 요청
(b) 그들이 콘서트를 열 것임을 홍보
(c) 행사에 호의적인 자금 지원 요구
(d) 공연 허락에 대한 감사

75 왜 SOW의 콘서트가 모든 연령대에게 관심을 끌 수 있을 것 같은가?

(a) SOW는 음악으로 사람들에게 영향을 줄 수 있다
(b) SOW는 많은 종류의 음악을 선보인다
(c) 사람들은 기부금으로 지역사회에 기여할 수 있다
(d) 아이들이 콘서트에 참여할 수 있다

76 콘서트가 워싱턴 뮤직 센터에 줄 수 있는 이점이 아닌 것은?

(a) 지역 사회 기여에 참여
(b) 자선 단체를 위한 기금 모금
(c) 기부 프로그램 광고
(d) 젊은이들을 끌어옴

77 이벤트 기획자가 자신 있어 하는 것은 무엇인가?

(a) 접이식 텐트를 만드는 방법에 대해 설명하는 것
(b) 날씨 상태를 예측하는 것
(c) 적당한 가격에 홀을 임대하는 것
(d) 관객들을 날씨로부터 보호하는 것

78 글쓴이는 장 씨가 무엇을 하기를 가장 바라는가?

(a) 조정을 위해 직접 만나는 것
(b) 가능한 한 빨리 연락하는 것
(c) 이메일을 통해 계약서를 발송하는 것
(d) 선택할 수 있는 몇 개의 날짜를 주는 것

79 이 문맥에서, 사로잡았습니다는 ___________ 을/를 의미한다.

(a) 만들었습니다
(b) 감동시켰습니다
(c) 빠지게 만들었습니다
(d) 포함시켰습니다

80 이 문맥에서, 수용하기는 ___________ 을/를 의미한다.

(a) 담기
(b) 충족시키기
(c) 환영하기
(d) 영감을 주기

TEST 4

정답 한눈에 보기

TEST 1

53	54	55	56	57	58	59
(d)	(a)	(a)	(c)	(b)	(a)	(c)
60	61	62	63	64	65	66
(a)	(b)	(b)	(b)	(c)	(d)	(a)
67	68	69	70	71	72	73
(b)	(d)	(d)	(c)	(d)	(d)	(a)
74	75	76	77	78	79	80
(b)	(d)	(b)	(a)	(c)	(c)	(c)

TEST 2

53	54	55	56	57	58	59
(c)	(b)	(b)	(d)	(c)	(a)	(b)
60	61	62	63	64	65	66
(b)	(d)	(d)	(d)	(a)	(c)	(c)
67	68	69	70	71	72	73
(d)	(a)	(a)	(c)	(c)	(d)	(c)
74	75	76	77	78	79	80
(a)	(d)	(b)	(b)	(a)	(b)	(a)

TEST 3

53	54	55	56	57	58	59
(b)	(c)	(d)	(c)	(c)	(c)	(d)
60	61	62	63	64	65	66
(d)	(d)	(c)	(a)	(d)	(d)	(b)
67	68	69	70	71	72	73
(a)	(a)	(d)	(d)	(a)	(b)	(b)
74	75	76	77	78	79	80
(a)	(a)	(a)	(b)	(c)	(b)	(b)

TEST 4

53	54	55	56	57	58	59
(d)	(c)	(a)	(d)	(a)	(d)	(c)
60	61	62	63	64	65	66
(c)	(c)	(a)	(d)	(c)	(a)	(a)
67	68	69	70	71	72	73
(c)	(a)	(d)	(d)	(c)	(b)	(b)
74	75	76	77	78	79	80
(a)	(b)	(b)	(d)	(b)	(b)	(b)

좋은 책을 만드는 길, 독자님과 함께하겠습니다.

2025 시대에듀 답이 보이는 지텔프 독해 - 실전편

개정2판1쇄 발행	2025년 01월 10일 (인쇄 2024년 11월 14일)
초 판 발 행	2023년 04월 05일 (인쇄 2023년 02월 28일)
발 행 인	박영일
책 임 편 집	이해욱
저 자	케이티
편 집 진 행	박종옥 · 장민영
표지디자인	박수영
편집디자인	박지은 · 하한우
발 행 처	(주)시대고시기획
출 판 등 록	제10-1521호
주 소	서울시 마포구 큰우물로 75 [도화동 538 성지 B/D] 9F
전 화	1600-3600
팩 스	02-701-8823
홈 페 이 지	www.sdedu.co.kr
I S B N	979-11-383-8164-2 (13740)
정 가	23,000원

답이 보이는

지텔프 독해 실전편

문제 풀이는 SKill
빠르게 푸는 전략!